# Mit eigenen Worten 6

**Hauptschule Bayern**

Erarbeitet von:
Tanja Akkus, *Hemhofen*
Ursula Busley, *München*
Frank Didschies, *Uttenreuth*
Gerhard Langer, *Memmelsdorf*
Norbert Langhans, *Würzburg*
Renate Libera, *München*
Miriam Scholz, *Landshut*

**westermann**

Diese Ausgabe wurde erarbeitet mit Beiträgen von
Martin Bannert, Barb Deutenbach, Petra Eisenbraun, Michael Fuder, Ute Hofmann,
Stephanie Lüthgens, Tamara Müller, Henrieke Schniepp, Mario Seibt, Angelika Wölfle.

**Hinweise:**

Zeichen für Schreibaufgabe

Zeichen für Aufgaben, die mit dem Computer bearbeitet werden können

Zeichen für Seitenverweise

In den Lehrermaterialien werden verschiedene Arbeitsblätter,
Spielvorlagen und Übungszirkel als Kopiervorlagen angeboten.
Darauf verweist der Vermerk Copy.

© 2005 Bildungshaus Schulbuchverlage
Westermann Schroedel Diesterweg Schönigh Winklers GmbH, Braunschweig
www.westermann.de

Haftungsausschluss für Hyperlinks: Zum Zeitpunkt der Aufnahme der Verweise (Hyperlinks) auf Seiten
im Internet (Websites) in dieses Werk waren die entsprechenden Websites frei von illegalen Inhalten.
Da auf die aktuelle und zukünftige Gestaltung sowie auf die Inhalte dieser Sites keine Einflussnahme
möglich ist, wird auch keine Verantwortung übernommen. Für illegale, fehlerhafte und unvollständige
Inhalte und insbesondere für Schäden, die aus der Nutzung oder Nichtnutzung solcherart dargebotener
Informationen entstehen, haftet allein der Anbieter der Site, auf welche verwiesen wurde.

Druck A [1] / Jahr 2005
Alle Drucke der Serie A sind im Unterricht parallel verwendbar.

Redaktion: Heiko Judith
Herstellung: Denis Steinwachs, Braunschweig 2005
Einbandillustration: Ute Ohlms, Grafik Design, Braunschweig
Druck und Bindung: westermann druck GmbH, Braunschweig

ISBN 3-14-**123146**-X

# Inhaltsverzeichnis

## Thematische Einheiten

## Methodentraining

## Sprechen und Spielen

## Lesen und Medien gebrauchen

## Schreiben

## Sprache untersuchen

Einheiten mit * enthalten zusätzliche
Fachbegriffe für leistungsstärkere Schüler.

# Rechtschreiben

# Meine Schule und ich

**1** Welche Situationen geben die Bilder wieder? Sprecht darüber.

**2** Was fällt euch alles zu eurer Schule ein? Erstellt mit eurem Partner zusammen einen Cluster. Lest dazu den Tipp auf Seite 92. Schreibt auch eure Gefühle auf.

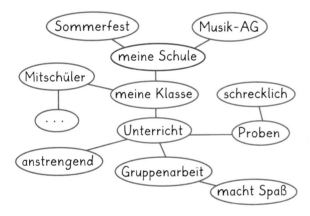

**3** Schreibt ein Elfchen, das zu eurer Schule oder zu eurer Klasse passt. Lest den Tipp.

Glücklich
Meine Klasse
Jeden Tag wieder
Ich fühle mich wohl
6a

**4** Ihr könnt auch ein Wortgedicht schreiben. Seht euch das Beispiel unten an.

M ITEINANDER LERNEN
A
FR EUNDE TREFFEN
T
I
N
S PORT MAG ICH
C
H
U
L
E

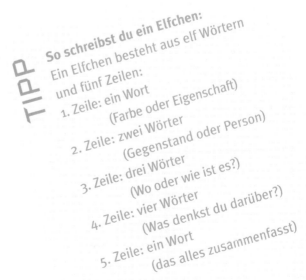

**TIPP**

**So schreibst du ein Elfchen:**
Ein Elfchen besteht aus elf Wörtern und fünf Zeilen:
1. Zeile: ein Wort (Farbe oder Eigenschaft)
2. Zeile: zwei Wörter (Gegenstand oder Person)
3. Zeile: drei Wörter (Wo oder wie ist es?)
4. Zeile: vier Wörter (Was denkst du darüber?)
5. Zeile: ein Wort (das alles zusammenfasst)

# Unser Motto

**1** a) Lest die Mottos. Wozu fordern sie auf?
b) Welches Motto spricht euch besonders an?
Sprecht darüber.

**2** a) Findet gemeinsam ein Motto
für eure Klasse. Bildet dazu Gruppen.
 b) Jeder von euch ergänzt auf einer Wortkarte
den folgenden Satz:
*Ich fühle mich in der Klasse wohl,
wenn ...*

...wenn ich keine Angst habe.

... wenn mich die anderen mögen.

c) Lest in der Gruppe eure Vorstellungen vor.
Welche Gemeinsamkeiten stellt ihr fest?
d) Überlegt, ob sich eure Wünsche in einem
Motto zusammenfassen lassen.
Lest dazu die Info.

## INFO

**Motto**
Ein Motto drückt in wenigen Worten ein
gemeinsames Ziel aus.

**3** a) Jede Gruppe schreibt ihr Motto
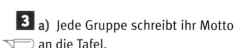 an die Tafel.
b) Besprecht die Vorschläge in der Klasse.
c) Stimmt darüber ab, welcher Vorschlag
das Klassenmotto sein soll.
d) Wie kann man euer Motto durch ein Bild
unterstützen? Macht Vorschläge.

**4** a) Entwickelt in Gruppen ein Plakat,
das euer Motto in Text und Bild wiedergibt.
Lest dazu den Tipp.
b) Hängt eure Plakate im Klassenzimmer
oder in eurem Flur auf.

**TIPP**

**So gestaltest du ein Plakat:**
1. Verwende Papierbögen,
die ca. 70 x 100 cm groß sind.
2. Schreibe deine Texte auf farbige
Kärtchen oder Streifen aus Ton-
papier. Fehler lassen sich dann
leicht korrigieren.
3. Schreibe in Druckbuchstaben.
Sie sollen mindestens 4 bis 5 cm
groß sein.
4. Hebe die Überschrift durch Farbe
oder Unterstreichungen hervor.
5. Durch selbst gemalte Bilder oder
Ausschnitten aus Zeitschriften
kann man die Aussagen des
Textes unterstützen.

# Ich + Du = Wir

**1** **a)** Mit den folgenden Spielen könnt ihr mehr über euch erfahren.
Lest die Texte A bis F durch.
**b)** Gebt in Partnerarbeit jedes Spiel mit eigenen Worten wieder.
**c)** Einigt euch in der Klasse, mit welchem Spiel ihr beginnen wollt.

**2** Tauscht euch nach jedem Spiel aus:
– Was habt ihr erfahren und erlebt?
– Habt ihr eure Klassenkameraden besser kennengelernt ?

**A** Ihr erhaltet Kartenpaare mit pantomimischen Aufgaben (z. B. *Mache einen Hasen nach.*). Alle beginnen gleichzeitig mit ihrer Vorführung. Du musst möglichst schnell den Mitschüler finden, der das Gleiche darstellt wie du!

**B** Suche dir einen Partner und erfühle seine Hände. Trennt euch wieder. Geht nun mit geschlossenen Augen durch das Klassenzimmer und versucht, euch wiederzufinden. Sprechen verboten!

**C** Auf deinem Rücken wird ein Bild befestigt (z. B.: *Schmetterling, Rennwagen …*).
Durch gezielte Fragen an deine Mitschüler sollst du erraten, was abgebildet ist: *Ist es ein Gegenstand oder ein Tier? Kann es laufen?*

**D** Bildet in der Klasse Gruppen.
In jeder Gruppe stellen sich alle hintereinander auf. Der Lehrer sagt dem Letzten in der Reihe einen Begriff, den dieser dem Vordermann auf den Rücken zeichnet. Dieser gibt das Bild nach vorne weiter, bis es an die Tafel gezeichnet wird.
Bei welcher Gruppe erkennt man den Begriff?

**E** Bildet zu viert oder fünft Gruppen.
Vor euch liegt ein großes, weißes Blatt Papier und farbige Stifte. Alle Gruppenmitglieder beginnen gleichzeitig zu malen.
Wichtig ist, dass ihr aufeinander eingeht, sodass am Schluss ein einheitliches Bild entsteht.
Sprechen verboten!

**F** Dein Partner erhält ein Bild und „diktiert" dir, was er darauf sieht. Du zeichnest mit. Wie genau stimmen die beiden Bilder am Schluss überein? Wichtig: Genau beschreiben und gut zuhören!

# Selbstständig arbeiten

**1 a)** Kennt ihr auch solche Situationen ?

**b)** Besprecht jedes Beispiel:
– Wie kommt es zu solchen Situationen?
– Warum stören solche Fragen?
– Wie lassen sich solche Fragen vermeiden?

**2** Die Abkürzung ELBA fasst zusammen, wie man mit Arbeitsblättern richtig umgeht. Welche Arbeitsschritte sich hinter dieser Abkürzung verstecken, könnt ihr selbst herausbekommen. Ergänzt dazu in der Tabelle unten die fehlenden Buchstaben.
Übertragt dazu die Tabelle in euer Heft oder benützt die Copy 1.

*Wer hat mein Arbeitsblatt?*

*Was soll ich mit dem Blatt machen?*

*Wo ist das Lösungsblatt aus dem Freiarbeitsordner?*

**3 a)** Zu jedem Arbeitsschritt von ELBA gehören bestimmte Tätigkeiten.
Welche Tätigkeiten in der Liste unten gehören zu welchem Arbeitsschritt? Ordnet die Tätigkeiten den Arbeitschritten in der Tabelle zu.

**b)** Vergleicht eure Ergebnisse.

**c)** Wann könnt ihr ELBA noch anwenden?

## ELBA – vier Arbeitsschritte

| Arbeitsschritte | Tätigkeiten |
|---|---|
| **E** rhalten des Arbeits-blattes | – Du holst dir ein Arbeitsblatt.<br>– ☆ ☆ ☆ |
| **?** esen der Arbeits-aufträge | – ☆ ☆ ☆<br>– ☆ ☆ ☆<br>– ☆ ☆ ☆ |
| **?** earbeiten der Arbeits-aufträge | – ☆ ☆ ☆<br>– ☆ ☆ ☆<br>– ☆ ☆ ☆<br>– ☆ ☆ ☆ |
| **?** ufräumen | – ☆ ☆ ☆<br>– ☆ ☆ ☆ |

– Schreibe sauber und deutlich.
– Lege das Arbeitsblatt an der richtigen Stelle ab.
– Überprüfe, ob du den Arbeitsauftrag verstanden hast.
– Arbeitsblätter werden ausgeteilt.
– Überprüfe, welches Arbeitsmaterial du benötigst.
– Störe deine Mitschüler nicht.
– Bearbeite alle Arbeitsaufträge sorgfältig und sauber.
– Räume deine Arbeitsmittel auf.
– Vergleiche deine Lösung mit der Aufgabenstellung.
– Erkläre deinem Partner den Arbeitsauftrag mit eigenen Worten.

# Sich in der Schule wohl fühlen

**1** Solche Situationen kennt jeder von euch. Warum tragen sie nicht zum Wohlfühlen bei?

**2** a) Überlegt, wann ihr euch im Klassenzimmer oder im Schulgebäude nicht wohl fühlt. Lasst euch von den Stichwörtern im Kasten unten anregen.

Stühle · Bücher · Obstreste · leere Getränkebehälter · Papierkorb · Jacken · Papier · Tafel · Tische · auf den Boden spucken

b) Jeder von euch schreibt mindestens drei Sätze auf, wann er sich nicht wohl fühlt.

Ich finde es eklig, wenn unter der Bank Bananenschalen liegen.
Ich mag nicht, wenn auf dem Pausenhof ...

**3** a) Bildet Murmelgruppen. Lest dazu die Info auf Seite 41. Vergleicht eure Ergebnisse.
b) Haltet auf Wortkarten fest, was euch stört.
c) Stellt eure Wortkarten der Klasse vor.

**4** a) Macht Vorschläge, wie man Ordnung und Sauberkeit in eurer Klasse und in der Schule verbessern kann.
b) Formuliert Regeln, an die sich alle halten.

Jeder räumt unter seiner Bank auf, bevor er das Klassenzimmer verlässt.

**5** Schreibt diese Regeln auf Plakate, die ihr im Klassenzimmer oder im Schulgebäude aufhängt. Ihr könnt dazu den Computer benützen. Lest dazu den Tipp.

**TIPP**

**So gestaltest du ein Plakat mit dem Computer:**
1. Gib den Text ein.
2. Überprüfe ihn mit dem Rechtschreibprogramm (siehe Seite 214).
3. Klicke in der Menüleiste unter *Ansicht* das Stichwort *Seitenlayout* an.
4. Wähle die Schriftart aus.
5. Wähle die Schriftgröße möglichst groß, aber so, dass der Text auf eine Seite geht.
6. Lass die A4-Seite von deinem Lehrer auf eine A3-Seite vergrößern.
7. Gestalte den Text farbig aus.

# Das war doch nur **Spaß!**

**1 a)** Erzählt, was auf diesen Bildern passiert.
**b)** Warum denkt Jürgen „Mist"?

**2 a)** Lest das Gespräch rechts.
**b)** Warum wird im Gespräch der Konflikt immer heftiger? Untersucht dazu die Sprache und das Verhalten von Mario und Jürgen.
**c)** Wie hätte Jürgen, wie Mario diesen Konflikt „herunterfahren" können? Macht Vorschläge.
**d)** Mario will auf Jürgen losgehen. Wie geht es wohl weiter?

Mario: „He du Blödmann! Du spinnst wohl total?!"
Jürgen lacht lauthals los.
Mario: „Wie schaut denn meine Tasche jetzt aus! So ein Mist!"
Jürgen grinst immer noch: „Ist doch nichts passiert!"
Mario: „Nichts passiert? Die Tasche ist total dreckig. Und aufgerissen ist sie auch noch."
Jürgen: „Na und? Pech für dich!"
Mario: „Was? Du kaufst mir eine neue, klar?"
Jürgen: „Das kannst du vergessen!"
Mario: „Von wegen!"
Mario geht auf Jürgen los.

## INFO

**Streitschlichtergespräch**
So verläuft ein Streitschlichtergespräch:
1. Zwei Streitschlichter leiten das Gespräch.
2. Sie geben jedem Streitenden nacheinander die Möglichkeit darzustellen, wie es zum Streit kam.
3. Jeder darf seine Gefühle äußern.
4. Keiner darf den anderen anschreien oder beleidigen.
5. Die Streitschlichter fassen zusammen, was gesagt wurde.
6. Mit den Streitenden suchen sie eine Lösung und halten das Ergebnis in einem Vertrag fest.

**3 a)** Mario könnte sich auch an Streitschlichter wenden. Lest dazu die Info.
**b)** Was würdet ihr ihm raten? Begründet eure Entscheidung.

**4 a)** Ladet Streitschlichter zu einem Gespräch ein und lasst sie von ihrer Arbeit berichten.
**b)** Führt mit ihnen in einem Rollenspiel ein Streitschlichtergespräch durch.
Dazu versetzt sich einer von euch in die Rolle von Mario und ein anderer in die Rolle von Jürgen.

# Ich-Botschaften äußern

Kerstin hat mit Leanda gestern Nachmittag die Englisch-Hausaufgabe erledigt. Heute braucht sie selbst Hilfe.

Kerstin: „Kannst du mir heute bei Mathe helfen?"

Leanda (verlegen): „Nö, keinen Bock!"

Kerstin (enttäuscht): „Du bist fies. Du denkst immer nur an dich!" ⟷ Kerstin: „Ich bin enttäuscht von dir, weil du mir nicht hilfst."

Leanda (gereizt): „Du nervst. Hau ab!" ⟷ Leanda: „Ich versteh', dass du sauer bist, aber ich hab' heut' wirklich keine Zeit."

Kerstin (wütend): „Was bist denn du für eine Freundin?"

Kerstin und Leanda hätten auch so reagieren können:

Kerstin: ?

---

**1**
a) Lest das Gespräch oben links mit getrennten Rollen.
b) Warum ist die Freundschaft in Gefahr?

**2** Lest das Gespräch erneut vor, diesmal aber mit den veränderten Sätzen rechts. Wird Kerstin noch immer wütend sein?

**3**
a) Worin besteht der Unterschied der Sätze rechts zu den Sätzen links?
b) Warum wirken sie anders?
c) Lest die Info?

**4**
a) Welche Sätze enthalten Ich-Botschaften?
b) Formuliere Du-Botschaften in Ich-Botschaften um.

1. Ich finde es nicht richtig, dass …
2. Kannst du nicht zuhören?
3. Wo bist du bloß mit deinen Gedanken?
4. Ich bin so sauer auf dich!
5. Pass halt besser auf!
6. Ich bin enttäuscht darüber, dass …
7. Nimm gefälligst dein Lineal!

**5**
a) Stell dir folgende Situation vor: Dein Banknachbar leiht sich ständig Blockblätter. Du möchtest ihm keine mehr geben. Formuliere eine Ich-Botschaft.
b) Überlegt zu eigenen Beispielen Ich-Botschaften.

## INFO

**Du-Botschaften – Ich-Botschaften**

In einem Streitgespräch beginnen Vorwürfe häufig mit: *Du bist …, Immer machst du …*

Solche Ausrufe nennt man Du-Botschaften. Sie enthalten häufig Vorwürfe und werden daher oft als Angriff verstanden. Verletzende Ausdrücke verschärfen die Situation.

In Ich-Botschaften sagt jemand etwas über sich aus: was er fühlt, was ihn stört, was er vom anderen erwartet oder was er ändern möchte. Ich-Botschaften geben eigene Gefühle, Wünsche, Meinungen und Anliegen wieder, ohne den anderen zu verletzen. Ich-Botschaften können helfen, einen Konflikt zu entschärfen.

# Das Projekt **planen**

**1** In diesem Projekt könnt ihr das Buch „Ronja Räubertochter" von Astrid Lindgren als Buch und als Film kennen lernen.
Der Klappentext rechts ist durcheinander geraten. Findet heraus, worum es in diesem Buch geht. Richtig angeordnet, ergeben die Buchstaben einen Namen.

**2** **a)** Was hat euch der Klappentext über das Buch „Ronja Räubertochter" verraten?
**b)** Wer hat schon einmal etwas über das Buch oder den Film gesehen? Berichtet darüber.

**3** Fragt in eurer Schul- oder Gemeindebibliothek nach, ob sie euch einen Klassensatz von „Ronja Räubertochter" und den Film (Video oder DVD) zur Verfügung stellen kann.

**N** Mitten im Wald, zwischen Räubern, Graugnomen und Wilddruden, wächst Ronja, die Tochter des Räuberhauptmanns Mattis, auf.

**J** Eines Tages trifft sie auf ihren Streifzügen Birk, den Räubersohn aus der verfeindeten Sippe von Borka.

**O** Ja, es war eine Gewitternacht, dass sich selbst alle Unholde, die im Mattiswald hausten, erschrocken verkrochen …

**R** In der Nacht, als Ronja geboren wurde, rollte der Donner über die Berge.

**A** Und als die Eltern den beiden verbieten, Freunde zu sein, fliehen Ronja und Birk in die Wälder.

**4** Was könnte man in einem Buch-/Filmprojekt machen? Sammelt eigene Vorschläge.

Zum Text Bilder malen.

Wir können einen Comic herstellen.

Wir könnten eine Szene spielen.

**5** Überlegt, wie ihr die Ergebnisse zeigen wollt:

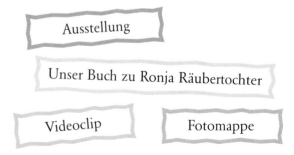

Ausstellung

Unser Buch zu Ronja Räubertochter

Videoclip

Fotomappe

**6** Auf den folgenden Seiten findet ihr zu verschiedenen Kapiteln Vorschläge, wie man sich in Partner- oder Gruppenarbeit mit dem Buch und dem Film auseinandersetzen kann. Sie geben euch Anregungen für die Bearbeitung der anderen Kapitel. Jeder von euch sollte ein Arbeit fertigstellen, die am Ende euren Mitschülern oder Eltern gezeigt werden kann. Diese Ergebnisse könnt ihr in einem Portfolio sammeln und präsentieren. Lest dazu die Info auf Seite 16.

**7** Das Buch ist recht umfangreich. Überlegt, wie ihr vorgehen wollt.

> **1** Alle lesen parallel die Kapitel zu Hause.

> **2** Alle lesen im Unterricht die Kapitel.

> **3** Die Lehrerin liest alles vor.

> **4** In Partnerarbeit werden einzelne Kapitel vorbereitet und Auszüge vorgelesen.

**8** Überlegt, wann ihr den Film sehen wollt. Auf den Seiten 22–23 wird vorgeschlagen, zum 9. Kapitel die passende Filmstelle genau anzuschauen. Plant dies ein.

**9 a)** Überlegt auch schon, zu welchem Anlass ihr eure Arbeiten präsentieren wollt. Wann muss alles fertig sein?
**b)** Entwickelt einen Zeitplan. Lest dazu die Info.

### Wer übernimmt was?

| Kapitel | Wer? | Welches Ergebnis? |
|---|---|---|
| 1 | Gül/Laura | Wortgedichte |
| 2 | | |
| ... | | |
| 9 | | |
| Vergleich mit dem Film | in Gruppen Film mit Text vergleichen | verschiedene Gruppenergebnisse |
| 10 | | |
| ... | | |

> **INFO**
>
> **Ablauf eines Buchprojekts**
> 1. **Eine Projektidee entwickeln.**
> 2. **Das Projekt planen:**
>    – Was wollen wir machen?
>    – Wie wollen wir es duchführen?
>    – Wann sollen die Ergebnisse vorliegen?
>    – Welche Zwischenschritte benötigen wir?
> 3. **Das Projekt durchführen:**
>    – Gruppen bilden,
>    – Zeit für Gruppenarbeit und Plenumsgespräche einplanen,
>    – Material besorgen,
>    – geplante Arbeiten durchführen.
> 4. **Das Ergebnis präsentieren.**
> 5. **Rückschau halten.**

# Lesen macht Spaß

**1** **a)** Zu dem Buch könnt ihr gemeinsam
ein Portfolio anlegen. Lest dazu die Info.
**b)** Wenn ihr euch für ein gemeinsames
Portfolio entschieden habt, überlegt,
was ihr alles in die Mappe aufnehmen wollt.
Anregungen findet ihr auf dieser und den
folgenden Seiten.
**c)** In welcher Reihenfolge wollt ihr das
Portfolio anlegen? Macht Vorschläge.
**d)** Wer ist für die Führung des Portfolio
verantwortlich und achtet darauf,
dass die Arbeiten pünktlich kommen
und richtig eingeordnet werden?

**2** **a)** Im ersten Kapitel werden die Mitglieder
der Mattisbande näher vorgestellt.
Die Umrisse findet ihr auf dem Bild rechts.
Welche Personen erkennt ihr?

**b)** Nehmt Copy 2 und malt die Umrisszeich-
nungen nach euren Vorstellungen aus.
Auch zur Borka-Bande findet ihr in Copy 2
eine Umrisszeichnung.

**c)** Ergänzt die Abbildungen durch kurze
Beschreibungen wie in einem Steckbrief:
*Mattis: Vater von Ronja, stark, schlau.*

**INFO**

**Was ist ein Portfolio?**
Ein Portfolio ist eine Sammelmappe zu
einem Thema (hier zum Buch und zum
Film „Ronja Räubertochter"). Es enthält
alle Informationen, die man zu dem
Thema gefunden hat, sowie selbst gefer-
tigte Bilder und Texte. Ein Portfolio ist
damit auch eine Form der Präsentation
von Ergebnissen und sollte daher sauber
und ansprechend angelegt werden.
Da ein Portfolio recht umfangreich werden kann, sollte ein Inhaltsverzeichnis
nicht fehlen.
Ihr könnt jeder für sich ein Portfolio
anlegen oder ein gemeinsames Portfolio,
das Beiträge von allen Schülern enthält
und später ausgestellt wird.

**3** Wie stellst du dir die Mattis-Burg vor?
Male ein Bild von der Burg.

**4** Im zweiten Kapitel wird beschrieben,
wie Ronja im Wald frei herumstreunt.
Aber im Wald lauern Gefahren: Graugnomen
und Wilddruden. Lest nach, was über diese
Wesen gesagt wird. Entwickelt Wortgedichte
zu *Gnom* und *Drude*.

G efährlich          D
u n heimlich          r
t o llpatschig          u
    m isstrauisch          d
                 e

**5** **a)** Worauf bezieht sich der Brief rechts?
Lest im 3. Kapitel nach.
**b)** Was ist in Birk vorgegangen, als er
über den gefährlichen Höllenschlund sprang?
Wie hat er sich gefühlt?
Lest im 3. Kapitel nach.
**c)** Schreibt aus Birks Sicht einen Brief
an Ronja, in dem er seine Gefühle
bei dem Wettspringen beschreibt.

**6** **a)** Im 5. Kapitel gerät Ronja in eine gefährliche Situation. Wie es dazukommt und wie
sie wieder befreit wird, zeigt euch das ange-
fangene Leporello unten. Lest diese Stelle.
**b)** Legt selbst ein Leporello an und ergänzt
die fehlenden Bilder und Bildunterschriften.

Liebe Ronja,

was ging denn da ab? Zieht die Borkabande
einfach in die Nordhälfte eurer Burg ein!
Das ist ja ganz schön frech von denen.
Super, dass du es Birk gezeigt hast.
Euer Springen über den Höllenschlund war
echt spannend. Du bist sowieso viel mutiger
und stärker als er. Lass dir bloß nichts
gefallen von dem! Bin schon gespannt,
wann du ihm wieder begegnest.
Bestimmt braucht er wieder Hilfe.

Deine Sewas

RONJA VERLIERT EINEN SKI

RONJAS FUß STECKT IN DER HÖHLE DER RUMPELWICHTE

???

???

**7** Die Sprache der Rumpelwichte klingt
für uns sehr lustig. Bereitet die Stelle
zum Vorlesen vor, als die Rumpelwichte
um Ronja herumstehen und schimpfen:
„Wiesu tut sie su?"
Lest dazu den Tipp auf Seite 67.

**8** Ihr könnt zu dem 6. Kapitel eine Notiz
für ein Lesetagebuch schreiben.

15. Februar
Heute haben wir das 6. Kapitel gelesen.
Ronja ist schwer erkrankt und hat Fieber.
Ihr Vater macht sich große Sorgen, da er
seine Tochter sehr lieb hat. Aber nach
wenigen Tagen ist sie wieder gesund ...

# Ronja Räubertochter (Auszug) *Astrid Lindgren*

*Im 9. Kapitel wird Birk von der Mattisbande gefangen genommen. Mattis will ihn als Geisel benutzen, um die Borkasippe zum Verschwinden zu bringen.*

Und dort standen sie sich am Höllenschlund gegenüber, wie schon einmal zuvor, Mattis und Borka mit ihren Räubern. Auch Undis war ge-kommen, und Ronja hörte schon von weitem
5 ihr Gekeife und ihre Verwünschungen. Es war Mattis, den sie so inbrünstig verfluchte, dass es nur so sprühte. Aber Mattis ließ sich nicht län-ger beschimpfen.

„Kannst du deinem Weib nicht endlich das Maul
10 stopfen, Borka?" fragte er. „Es wäre nämlich gut, wenn du hörst, was ich dir zu sagen habe." Ronja hatte sich dicht hinter ihn gestellt, damit er sie nicht sah. Sie selber aber sah und hörte mehr, als sie ertragen konnte. Neben Mattis
15 stand Birk. Jetzt war er nicht länger an Händen und Füßen gefesselt, sondern trug einen Riemen um den Hals, und diesen Riemen hielt Mattis in der Hand, als habe er einen Hund an der Leine.
20 „Du bist ein harter Mann, Mattis", sagte Borka. „Und ein übler dazu. Dass du mich von hier fort haben willst, das verstehe ich. Aber dass du dich an meinem Kind vergreifst, um deinen Willen durchzusetzen, das ist niederträchtig!"
25 „Ich habe dich nicht gebeten, mir zu sagen, was du über mich denkst", antwortete Mattis. „Ich will nur wissen, wann du von hier ver-schwindest."
Borka schwieg verbittert, die Worte blieben ihm
30 im Halse stecken. Lange stand er schweigend da, und schließlich sagte er:
„Zuerst muss ich einen Platz finden, wo wir uns ohne Gefahr niederlassen können. Und das kann sehr schwierig werden.

Aber wenn du mir meinen Sohn zurückgibst, 35 dann hast du mein Wort darauf, dass wir weg sind, ehe der Sommer vorbei ist."
„Gut", sagte Mattis. „Dann hast du mein Wort darauf, dass du deinen Sohn zurückbekommst, ehe der Sommer vorbei ist." „Ich meinte, dass 40 ich ihn jetzt haben will", sagte Borka.
„Und ich meinte, dass du ihn jetzt nicht bekommst", antwortete Mattis. „Wir haben ja genügend Kerker in der Mattisburg. Also das Dach über dem Kopf wird ihm nicht fehlen. 45 Das dir nur zum Trost, falls es im Sommer viel regnet."
Ronja wimmerte leise. So grausam hatte ihr Vater sich das ausgedacht, Borka sollte fort auf der Stelle. „Schneller als er seinen ersten Mor- 50 genfurz fahren lässt", das hatte Mattis ja gesagt, sonst würde Birk bis zum Ende des Sommers in einem Verlies eingesperrt sitzen. Doch so lange würde er dort nicht am Leben bleiben, das wusste Ronja. Er würde sterben, und sie 55 würde keinen Bruder mehr haben.
Einen Vater, den sie liebte, würde sie dann auch nicht mehr haben. Und das tat weh. Aber sie wollte Mattis strafen, auch dafür, dass sie nicht länger seine Tochter sein konnte. Oh, wie 60 heiß sie wünschte, dass er genauso litt wie sie, und wie brennend sie wünschte, sie könnte ihm alles verderben und seine Pläne zunichte machen.
Und plötzlich wusste sie, wie. Wusste, was sie 65 zu tun hatte. Schon einmal vor recht langer Zeit hatte sie es ja getan, und auch damals aus Zorn, aber nicht so außer sich vor Wut, wie sie jetzt war. Fast wie von Sinnen nahm sie einen Anlauf und flog über den Höllenschlund. 70 Mattis sah sie mitten im Sprung, und ein Schrei brach aus ihm heraus. Es war ein Schrei, wie ihn wilde Tiere in Todesangst ausstoßen,

und seinen Räubern gefror das Blut in den
75 Adern, denn Schlimmeres hatten sie nie gehört.
Und dann sahen sie Ronja, seine Ronja, auf
der andern Seite des Abgrunds beim Feind.
Ärgeres hätte nicht geschehen können, und
auch nichts, was so unfassbar war.
80 Unfassbar war es auch für die Borkaräuber. Sie
starrten Ronja an, als hätte sich plötzlich eine
Wilddrude unter ihnen niedergelassen.
Borka war genauso verblüfft, fasste sich aber
bald. Etwas war geschehen, das alles änderte.
85 Soviel war ihm klar. Hier war also Mattis'
Wilddrude von Tochter gekommen, um ihm
aus der Klemme zu helfen. Warum sie etwas so
Wahnwitziges getan hatte, begriff er zwar
nicht, aber er legte ihr flink einen Riemen um
90 den Hals und lachte in sich hinein, während er
es tat.
Dann rief er Mattis zu: „Auch auf unserer Seite haben wir Kerker unter der Erde. Auch deine
Tochter wird ein Dach über dem Kopf haben,
95 falls es im Sommer viel regnet. Tröste auch du
dich damit, Mattis!"
Aber Mattis war jenseits von allem Trost. Wie
ein angeschossener Bär stand er dort und wiegte seinen schweren Körper hin und her, als
100 wollte er einen unerträglichen Schmerz dämp-
fen. Ronja weinte, als sie ihn so sah. Er hatte
den Riemen, mit dem er Birk gefangen gehal-
ten hatte, losgelassen, aber Birk war neben ihm
stehen geblieben, bleich und verzweifelt. Über
105 den Höllenschlund sah er Ronja an und sah,
wie sie weinte. Jetzt ging Undis zu Ronja und
versetzte ihr einen Knuff. „Ja, heul du nur! Das
würde ich auch tun, wenn ich ein solches
Untier zum Vater hätte."
110 Borka aber bat sein Weib, sich zum Donner-
drummel zu scheren. Hier habe sie sich nicht
einzumischen, sagte er. Auch Ronja hatte Mattis
ein Untier genannt, dennoch wünschte sie jetzt,
sie könnte ihn trösten für das, was sie ihm

angetan hatte und was ihn so maßlos peinigte. 115
Und Lovis wollte ihm beistehen wie immer,
wenn er in Not war. Sie stand an seiner Seite,
aber er merkte es nicht einmal. Nichts merkte er.
In diesem Augenblick war er allein auf der Welt.
Da rief Borka ihm zu: „Hör mal, Mattis, willst 120
du mir nun meinen Sohn zurückgeben oder
willst du es nicht?"
Mattis stand nur da, schaukelte hin und her
und antwortete nicht.
Da brüllte Borka: „Willst du mir meinen Sohn 125
zurückgeben oder willst du es nicht?"
Endlich kam Mattis zu sich.
„Natürlich will ich das", sagte er gleichgültig.
„Wann du willst."
„Ich will es jetzt!" rief Borka. „Nicht erst, wenn 130
der Sommer vorbei ist, sondern jetzt!"
Mattis nickte.
„Wann du willst, habe ich gesagt."
Es war, als ginge ihn das alles nichts mehr an.
Aber Borka sagte mit einem Grinsen: „Und im 135
selben Augenblick kriegst auch du dein Kind
zurück. Tauschhandel ist Tauschhandel. Auf so
was verstehst du dich doch, du Hundsfott!"
„Ich habe kein Kind", sagte Mattis. Borkas fro-
hes Grinsen erlosch. 140
„Was meinst du damit? Ist das etwa eine neue
Schandtat, die du da ausgeheckt hast?"
„Komm und hole dir deinen Sohn", sagte
Mattis. „Aber mir kannst du kein Kind zurück-
geben, denn ich habe keins." „Aber ich habe 145
eins", schrie Lovis mit einer Stimme, dass die
Krähen von den Zinnen aufflogen. „Und die-
ses Kind will ich zurückhaben, verstehst du,
Borka? Jetzt!"
Dann sah sie Mattis durchdringend an. 150
„Auch wenn der Vater des Kindes völlig den
Verstand verloren hat."
Mattis machte kehrt und ging mit schweren
Schritten davon.

Ich bin Lovis, die Mutter von Ronja. Ich bin hin und hergerissen. Ja, die Borka-Sippe soll verschwinden. Aber dass Mattis den Jungen zur Geisel nimmt, das geht zu weit.

# Einen Ausschnitt
# darstellen

**1 a)** In dem Bild oben wird eine bestimmte Stelle des 9. Kapitels in einem Standbild nachgestellt. Lest in der Info nach, was man unter einem Standbild versteht.

**b)** Welche Stelle kommt hier zur Darstellung? Schaut euch das Bild genau an und lest im Buch nach.

**c)** Versetzt euch in die Rollen der Hauptpersonen. Was würdet ihr an deren Stelle über eure Gefühle und Meinungen sagen?

**2** Nach dem Sprung von Ronja auf die Seite der Borkasippe hat sich die Situation schlagartig verändert. Stellt diese Szene als Standbild dar:

– Was denken und fühlen die Personen jetzt?
– Wie ändert sich der Ausdruck der Personen?
Achtet auf die Hinweise im Text:
*Aber Mattis war jenseits von allem Trost.*
*Wie ein angeschossener Bär stand er dort*
*und wiegte seinen schweren Körper hin*
*und her …*

**3 a)** Macht von den Standbildern Fotos. Klebt sie auf einen A4-Bogen.

**b)** Schreibt in Sprechblasen, was die Personen denken. Legt auch diese Arbeit in euer Portfolio.

## INFO

**Was ist ein Standbild?**

1. Bei einem Standbild (auch „Momentaufnahme" genannt) wird eine wichtige Stelle im Buch ausgewählt.
2. Diese Szene wird als bewegungsloses, „eingefrorenes" Bild, jedoch mit passender Mimik und Gestik nachgestellt.
3. Die dargestellten Personen treten nacheinander aus dem Bild heraus und stellen sich vor.
4. Sie beschreiben aus ihrer Sicht, was sie von diesem Ereignis halten und wie sie sich fühlen.

Regiebuch zu Ronja Räubertochter
Kapitel 9: „Die Räuberbanden am Höllenschlund"

| Regieanweisungen | Text |
|---|---|
| 1. Szene<br>Von beiden Seiten gehen die Räuberbanden auf den Höllenschlund zu. Man hört Undis laut schimpfen. | Undis (schimpfend): Mattis, dieser Kindesräuber, dieser Erpresser! So etwas macht kein anständiger Räuber! |
| Die Räuber stehen sich am Höllenschlund gegenüber. Birk steht neben Mattis.<br>Er hat einen Riemen um den Hals, der von Mattis gehalten wird. Neben Lovis steht Ronja. | Mattis (ruft triumphierend): Da bist du ja, Borka. Schau was ich dir mitgebracht habe.<br>Undis (schimpft im Hintergrund): Dieser unverschämte Mattis, was bildet sich der denn ein? Ein Hundsfotts ist er, jawohl.<br>Mattis (nach einer kleinen Pause): Kannst du deinem Weib nicht das Maul stopfen, Borka? Es wäre nämlich gut, wenn du hörst, was ich dir zu sagen habe.<br>Borka ( wütend): Du bist ein harter Mann, Mattis ... |

**4** a) Habt ihr Lust, diese Szene am Höllenschlund zu spielen? Ein Regiebuch hilft euch dabei. Lest den Tipp rechts und den Anfang oben.

b) Setzt in Gruppen das Regiebuch fort.

c) Lest euch die Entwürfe der Gruppen vor.

d) Einigt euch auf einen Vorschlag. Übernehmt geeignete Ideen aus den Entwürfen der anderen Gruppen und arbeitet sie in den gemeinsamen Vorschlag ein.

**5** a) Wer von euch übernimmt welche Rolle?

b) Lernt die Redetexte auswendig.

c) Achtet bei den Proben, wie ihr durch Mimik (Gesichtsausdruck) und durch Körperbewegungen (Gestik) den Redetext unterstützen könnt.

d) Nehmt diese Spielszenen mit einer Videokamera auf.

e) Legt das Regiebuch und die Bilder von der Aufführung in euer Portfolio.

**TIPP**

**So schreibt man ein Regiebuch:**
In einem Regiebuch wird genau festgehalten, was die einzelnen Personen sagen (= Dialoge). Es enthält auch Angaben darüber, wie etwas gesagt wird, wo die Personen stehen und wohin sie sich bewegen. Diese Angaben nennt man Regieanweisungen. Geht so vor:

1. Beschreibt zunächst in einer Regieanweisung, wie die Personen zu Beginn der Szene stehen.

2. Überlegt, was die Personen sprechen. Gebt jedes Mal an, wer spricht.

3. Ergänzt wichtige Hinweise für den Spieler in Klammern (Soll er wütend sprechen? Wem wendet er sich zu?).

4. Es ist hilfreich, ein Drehbuch mit dem Computer zu schreiben, denn häufig muss man nach einer Probe noch die Dialoge und Regieanweisungen verändern.

# Buch und Film im **Vergleich**

**1 a)** Schaut euch den Film bis zu der Szene „Die Räuberbanden am Höllenschlund" an.
**b)** Welche Szenen geben die Bilder oben wieder? Nennt die Personen und erzählt die Handlung dieser Stellen.

**2** Tauscht eure Eindrücke aus:
– Wie gefallen euch die beiden Darsteller von Ronja und Birk?
– Welche Stellen im Buch habt ihr euch ganz anders vorgestellt?
– Welche Stellen im Film haben euch besonders beeindruckt? Wodurch?

**3 a)** Welche Kameraeinstellung geben diese Bilder wieder? Lest dazu die Info.
**b)** Wenn ihr einen Computer mit DVD-Laufwerk habt, könnt ihr einzelne Bilder aus dem Film als Screenshots aufnehmen und in eurer Portfolio ablegen.
Fragt dazu euren IT-Lehrer.

INFO

**Kameraeinstellungen**
Ein Film besteht aus verschiedenen Bildschnitten. Nach jedem Bild kann die Kameraeinstellung wechseln.
**1. Die Totale:** Der gesamte Ort des Geschehens ist zu sehen, z.B. die Burg mit den Räubern. Die Personen sind klein.

**2. Nahaufnahme:** Personen erscheinen in normaler Größe. Man kann gut die Körperbewegungen erkennen.

**3. Großaufnahme:** Einzelheiten, wie z.B. ein Gesicht füllen das ganze Bild aus. Dadurch wirkt das Gezeigte (Gesicht) sehr eindringlich.

**4** **a)** Die Szene „Die Räuberbanden am Höllenschlund" habt ihr selbst schon dargestellt. Sie entspricht dem Textausschnitt auf den Seiten 18 und 19. Seht euch diese Stelle im Film noch einmal genau an.
Bildet dazu Gruppen.
**b)** Jede Gruppe wählt sich dazu eine der folgenden Beobachtungsaufgaben aus:

**A** Achtet auf die Dialoge: Inwieweit stimmt der Text im Film mit der Vorlage im Buch überein? Lest dazu auch im Buch nach.

**B** Die Musik spielt in Filmen eine große Rolle. Überprüft folgende Fragen:
– An welchen Stellen wird in diesem Ausschnitt Musik eingesetzt?
– Ist sie laut oder leise?
– Welches Instrument spielt?
– Welche Wirkung hat die Musik auf euch?

**C** Als Ronja zu der Borka-Bande springt, heißt es im Buch an dieser Stelle über Mattis: „Wie ein angeschossener Bär stand er dort und wiegte seinen schweren Körper hin und her."
Lest diese Stelle im Buch nach.
Wie wird dieser Moment im Film dargestellt?

**D** Am Ende des 9. Kapitels fordert Lovis von Borka sofort ihr Kind zurück.
Der letzte Satz lautet: „Mattis machte kehrt und ging mit schweren Schritten davon."
Wie beschließt der Film diese Szene?
Lest dazu auch den Anfang des Kapitels 10.

**E** Eure Gruppe beobachtet die Kameraeinstellungen. Legt euch folgende Strichliste an und macht nach jedem Bildwechsel einen Strich:
1. Totale: ||
2. Nahaufnahme: ||||  |
3. Großaufnahme: |||||
Welche Kameraeinstellung habt ihr am häufigsten festgestellt?
Welche Wirkung hat diese Einstellung?

**F** Ein Höhepunkt des Ausschnitts ist der Sprung Ronjas über den Höllenschlund.
– Aus welcher ungewöhnlichen Sicht zeigt er Ronja?
– Welche Wirkung hat diese Kameraführung?
– Wie wird der Sprung von Birk gezeigt?

**5** **a)** Besprecht in der Gruppe eure Aufgabe.
**b)** Seht euch den Filmausschnitt mindestens zweimal an.
**c)** Haltet in jeder Gruppe euer Beobachtungsergebnis schriftlich fest.
**d)** Legt die Ergebnisse in die Portfoliomappe.

**6** Tauscht eure Gruppenergebnisse in der Klasse aus. Welche Ergebnisse waren für euch besonders interessant?

**7** Ihr habt das Buch und den Film kennen gelernt. Vergleicht beide Medien miteinander. Ergänzt dazu folgende Fragen:

Beim Buch hat mir gefallen, dass   ...

Beim Film hat mir gefallen, dass ...

# Lust auf mehr?

An dieser Stelle wollte ich Ronja sein!

**1** Gibt es für euch ein Lieblings-
kapitel? Malt dazu ein Bild.
Das Bild rechts zeigt z.B.
eine Szene aus dem 13. Kapitel.

**2** Im 14. Kapitel werden Ronja und
Birk von den Druden angegriffen.
Du bist ein Reporter, der „live"
berichtet. Setze den Anfang fort.

„ Ich stehe hier
am Glupafall. Bei dem Lärm der
Wassermassen kann man kaum sein
eigenes Wort verstehen. Und über mir schreien
die Druden. Da, jetzt sehe ich sie wieder, die
Köpfe von Ronja und Birk. Ich kann von hier aus
nicht genau erkennen, woran sich die Kinder da
klammern. Ja, ich glaube es ist ein dicker
Baumstamm. Was mögen die beiden
fühlen, meine lieben
Zuhörer?

**3** Wie stellt ihr euch die Höhle von Birk
und Ronja vor? Baut mit Decken und Fellen
usw. eine Höhle nach euren Vorstellungen.
Verwendet dazu auch Äste, Blätter, Moos,
Rinde ...
Ihr könnt diese Höhle auch als Modell in
einem Schuhkarton wiedergeben.
Legt Fotos von der Höhle in das Portfolio.

**4** Auf der folgenden Seite steht ein wichtiger
Auszug aus dem 16. Kapitel. Dazu gehören
die Aufgaben 5 und 6.
Lest den Text und bearbeitet die Aufgaben.

**7 a)** Entwickelt für andere Schüler eine
Internet-Rallye. Gebt in eine Internet-
Suchmaschine den Namen *Astrid Lindgren* an.
Wählt ein Suchergebnis aus, das euch über
die Autorin und über ihre Bücher informiert.
**b)** Entwickelt Quizfragen zur Autorin und
ihren Büchern. Lest dazu die Beispiele unten.
**c)** Ergänzt eure Quizfragen mit der Angabe
der Internetquelle und lasst eure Mitschüler
im Internet die passenden Antworten suchen.

1. Welches der folgenden Bücher
stammt von Astrid Lingren?
a) Die Brüder Löwenherz
b) Pippi Langstrumpf
c) Der Räuber Hotzenplotz
d) Harry Potter

2. In welchem Buch erzählt sie
von ihrer Kindheit?
a) Pippi Langstrumpf
b) Madita
c) Die Kinder von Bullerbü

*Auszug aus dem 16. Kapitel*

Mattis hielt sie ein Stück von sich ab, damit er ihr ins Gesicht sehen konnte, und fragte demütig: „Ist es wahr, was Lovis sagt, dass du heimkommst, wenn ich dich darum bitte?"

5 Ronja schwieg. In diesem Augenblick sah sie Birk. Zwischen den Birken stand er, weiß im Gesicht und die Augen voll Trauer. So unglücklich durfte er nicht sein – *Birk, mein Bruder, woran denkst du, wenn du so aussiehst?*

10 „Ist es wahr, Ronja, kommst du mit mir nach Hause?" fragte Mattis wieder.

Ronja schwieg immer noch und sah Birk an – *Birk, mein Bruder, erinnerst du dich an den Glupafall?*

15 „Komm, Ronja, jetzt gehen wir", sagte Mattis. Und Birk, der da stand, wusste, dass die Zeit gekommen war. Die Zeit, Ronja Lebewohl zu sagen und sie Mattis zurückzugeben.

So musste es kommen, er hatte es ja selber gewünscht. Und hatte es schon lange gewusst. 20 Warum tat es dann doch so weh? *Ronja, du weißt nicht, wie weh es tut, aber geh! Geh schnell! Geh gleich!*

„Aber noch habe ich dich ja nicht darum gebeten", sagte Mattis. „Jetzt tu ich es. Ich bitte 25 dich inständig, Ronja, komm wieder nach Hause zu mir!"

Schwerer hab ich es nie in meinem Leben gehabt, dachte Ronja. Jetzt musste sie das sagen, was Mattis zerbrechen würde, das wusste sie, 30 und doch musste sie es sagen. Dass sie bei Birk bleiben wollte. Dass sie ihn nicht allein lassen konnte, ausgeliefert dem Kältetod im Winterwald – *Birk, mein Bruder, im Leben und im Tod kann nichts uns trennen, weißt du das nicht?* 35

---

**5** **a)** Dieser Auszug stammt aus dem 16. Kapitel. Ronja trifft auf ihren Vater, der sie bittet nach Hause zurückzukehren. Bereitet den Auszug oben zum Vorlesen vor. Benutzt dazu Copy 2.
Überlegt, wie ihr mit der Betonung, der Lautstärke und mit Sprechpausen diesen Ausschnitt gestaltet. Lest dazu den Tipp auf Seite 67.

**b)** Die kursiv gedruckten Stellen sind Gedanken von Ronja und von Birk. Wie kann man das beim Vorlesen zum Ausdruck bringen?

**6** Ronja steht vor einer schwierigen Entscheidung. Was würdet ihr Ronja raten? Führt dazu ein Schreibgespräch durch. Lest dazu den Tipp und schaut euch das Beispiel rechts an.

Ronja, du solltest mit deinem Vater gehen. Birk wird schon einsehen, dass ihr den Winter nicht in der Höhle verbringen könnt.

Das glaube ich nicht! Birk wird sehr verletzt sein und Ronja verlassen.

**Wie soll Ronja sich entscheiden?**

Sag doch deinem Vater, dass du erst mit Birk sprechen willst. Ich glaube nämlich, dass ...

**TIPP**

**So führt ihr ein Schreibgespräch durch:**
In der Mitte eines großen Papierbogens steht eine Frage, zu der jeder von euch persönlich Stellung nehmen soll.
Ihr könnt dabei auch auf Beiträge von Mitschülern eingehen, sie bestätigen oder ihnen widersprechen.
Während des Schreibgesprächs wird nicht gesprochen.

# Präsentation und Rückschau

**1** In eurem Portfolio habt ihr viele Texte und Bilder gesammelt. Zeigt euer Portfolio euren Eltern oder Mitschülern.
Wann, wo und wie wollt ihr diese Präsentation durchführen? Sammelt dazu Ideen.

**2** a) Wenn ihr euch entschieden habt, müsst ihr eure Präsentation gut vorbereiten. Sammelt in einem Brainstorming alle Aufgaben, die ihr noch erledigen müsst. Lest dazu den Tipp.

b) Legt in einem Arbeitsplan die Reihenfolge der Aufgaben fest.

| Was ist zu tun? | Wer? | Wann? |
|---|---|---|
| 1. Einladung schreiben | | |
| 2. ... | | |

**TIPP**

**So führt ihr ein Brainstorming durch:**
Brainstorming heißt übersetzt „das Gehirn stürmen lassen". Alle Beteiligten sollen so viele Gedanken wie möglich äußern. Es gelten folgende Regeln:
1. Alle Äußerungen sind erlaubt.
2. Die Äußerungen werden nicht kritisiert.
3. Alle Vorschläge werden aufgeschrieben und anschließend besprochen.

**3** Ihr habt die Reise in das Abenteuerland von Ronja Räubertochter beendet.
Wie ist es euch während des Projekt ergangen, wie habt ihr euch gefühlt? Schreibt eure Eindrücke auf.

Am Anfang dachte ich, so ein dickes Buch schaffe ich nie. Doch dann konnte ich gar nicht mehr aufhören.

Eigentlich lese ich nicht so gerne. Aber das Spielen der Banden am Höllenschlund hat mir gut gefallen.

Das war für mich gar nicht wie Schule. Es war mal ganz was anderes.

**4** a) Führt gemeinsam eine Arbeitsrückschau durch. Schreibt auf einzelne Zettel, was euch gefallen und was euch nicht gefallen hat.
b) Legt ein Plakat wie unten an und klebt eure Zettel in die entsprechenden Spalten.
c) Wertet eure Erfahrungen aus: Was kann man beim nächsten Projekt besser machen?

Projektauswertung

☺ Das hat uns gefallen | ☹ Das hat uns nicht gefallen

# Worum geht es in diesem Text?

**1** Häufig müsst ihr schnell herausfinden, welcher Text euch die Informationen gibt, die ihr gerade sucht. Dabei hilft euch das überfliegende Lesen. Lest dazu den Tipp.

**2** a) Wendet den Tipp bei dem Text rechts an. Ihr könnt zum Markieren der Nomen eine Folie auf das Buch legen oder Copy 3 benützen.
b) Schaut euch nur die markierten Wörter an. Enthält dieser Text
– ein Märchen über eine Prinzessin?
– einen Hinweis zum Züchten einer besonderen Rosenart?
– eine Information über eine Wüstenpflanze?
c) Lest anschließend den Text genau.
d) Übt diese Methode an anderen Texten (z.B. Seite 69, 70, 72) ein.

**TIPP**

**So lernst du das überfliegende Lesen:**
1. Lege ein Lineal, eine Folie und einen Marker bereit.
2. Lege die Folie über den Text.
3. Das Lineal legst du von der linken oberen Ecke diagonal zur rechten unteren Ecke des Textes.
4. Markiere alle Nomen, die auf der rechten Seite des Lineals stehen.
5. Fasse in einem Satz zusammen, worum es in diesem Text geht.

> Die Wüstenpflanze wächst über einen
> ~~langen~~ Zeitraum in der Erde und ver-
> ~~mehrt~~ sich wie jede andere Pflanze
> auch. ~~...t~~ sie so lange, bis der
> Boden, ~~auf dem~~ sie wächst, nicht
> mehr genug ~~...ffe~~ hergibt. Ist

### Die Rose von Jericho

Die Wüstenpflanze wächst über einen langen Zeitraum in der Erde und vermehrt sich wie jede andere Pflanze auch. Das tut sie so lange, bis der Boden, auf
5 dem sie wächst, nicht mehr genug Nährstoffe hergibt. Ist dieser Zeitpunkt gekommen, zieht die Rose von Jericho ihre Wurzeln aus dem Erdreich zurück und trocknet zu einem Ball zusammen.
10 Dann lässt sie sich vom Wind über den Wüstenboden treiben, bis sie in einer Umgebung angekommen ist, wo sie wieder wachsen und sich verbreiten kann. Die Pflanzen fassen keineswegs immer
15 gleich dort Fuß, wo sie liegen bleiben. Also müssen sie irgendwie spüren, ob der Boden für sie geeignet ist und ob sie auf ihm wachsen können.

# Überfliegendes Lesen anwenden

**1. Aufgabe:** Suche Texte zum Thema „<u>Mode</u> in <u>Rom</u>".

**1** **a)** Warum sind die Wörter *Mode* und *Rom* unterstrichen?
**b)** Überprüft durch überfliegendes Lesen, welche Texte (A–F) euch Informationen zum Thema der 1. Aufgabe geben.

**2** **a)** Bearbeitet die 2. bis 5. Aufgabe. Unterstreicht zuerst in der Frage wichtige Schlüsselwörter. Verwendet dazu eine Folie oder Copy 4.
**b)** Schreibt auf, welche Texte in den Aufgaben 2 bis 5 gesucht werden: *Aufgabe 2 = Text ...*

**2. Aufgabe:** Suche einen Text, der dir von der gesunden Ernährung der Soldaten berichtet.

**3. Aufgabe:** Suche Texte zum Thema „Essen in Rom".

**4. Aufgabe:** Welcher Text handelt von den unterschiedlichen Stoffen der römischen Kleidung?

**5. Aufgabe:** Welche Texte erklären den Unterschied von Arm und Reich am Beispiel von Kleidung oder Schmuck?

**Text A**
In Rom war die Art der Kleidung streng vorgeschrieben. So war die Toga als Haupt-oberbekleidung nur den römischen Bürgern erlaubt. Ausländer und Sklaven durften sie
5 nicht tragen, und auch ein Römer, der seine Rechte verlor, durfte sie nicht mehr tragen. Die Toga bestand aus einem großen ovalen Stück Stoff, das um den Körper gewickelt wurde und diesen bis auf den rechten Arm
10 fast völlig verhüllte, wobei die Falten vorne einen Überwurf bildeten. Für das Anlegen der Toga gab es feste Vorschriften.

**Text B**
Auch der Schmuck der Römer konnte die Funktion von Rangabzeichen überneh-men. So durften lange Zeit nur Kinder der Vornehmen die „goldene Bulla" tragen, ein
5 amulettartiges Schmuckstück für Knaben. Ärmeren Jungen stand nur ein ledernes Amulett zu. Der römische Staat bemühte sich, dem zunehmenden Luxusbedürfnis seiner Bürger, das sich in aufwendigen
10 Ketten, Armbändern und Gewandfibeln zeigte, durch Schmuckgesetze entgegenzu-wirken.

**Text C**

Sowohl in Griechenland als auch in Rom unterlag die Mode im Lauf der Jahrhunderte gewissen Änderungen, aber die Grundform der Kleidung blieb die gleiche. Die

5 Griechen, Männer wie Frauen, trugen als einfaches Gewand den Chiton, eine Art Hemdbekleidung aus Leinen oder Wolle. Herodot berichtet von einem Trachtenwechsel der Frauen, der sich 568 v. Chr.

10 ereignet haben soll. Die Athenerinnen sollen einen Krieger, der aus dem unglücklich verlaufenen Feldzug gegen Aegina allein heimkehrte, mit ihren Gewandnadeln erstochen haben. Deshalb zwangen

15 ihre Männer sie, die zuvor mit Nadeln zusammengehaltenen Gewänder gegen den genähten Chiton einzutauschen.

**Text D**

Das Frühstück der Römer, bestand aus Brot, Käse, Eiern, Milch und eben jenen Steinfrüchten, den Oliven, die nur eingelegt genießbar sind. Dies ist heute durch

5 Funde von Essensresten belegt.
Das Abendessen war eher ein Menü. Als Vorspeise gab es Häppchen aus Fisch, Gemüse oder Krusten- und Schalentieren, weichgekochte Eier oder einen Salat. Der

10 Hauptgang bestand aus Fleisch- oder Fischgerichten mit verschiedenen Saucen und Würzen. Besonders beliebt war eine Fischsauce aus ausgepressten Sardellen. Abgerundet wurde das Essen von weichem

15 Käse, Früchten und Gebäck. Frauen und Kinder aßen sitzend, Männer hingegen lagen zu Tisch. Da die meisten Speisen mit den Händen gegessen wurden, griff man häufiger als heute zur stets bereitliegenden

20 Serviette.

**Text E**

Auch die Soldaten lebten auf ihren Märschen und Kriegszügen für moderne Begriffe gesund: Etwa alle zwei Wochen bekam jeder eine Ration von 12-15 Kilo

5 Gerste oder Weizen zugeteilt. Diese mahlten die Soldaten selbst, wahrscheinlich sogar täglich frisch. Dann kochten sie daraus einen Brei oder backten es zu Brot und Fladen. Dazu gab es oft Gemüse und Käse,

10 seltener Fleisch.
In Friedenszeiten oder in den befestigten Winterlagern konnten sie den Speiseplan mit weiteren Produkten der umliegenden Landwirtschaftsbetriebe abwechslungsrei-

15 cher gestalten: Hier gab es auch Flussfische, Wild, Rindfleisch, Früchte, Nüsse und Honig.

**Text F**

Griechenland und Rom übernahmen mehr als ein Jahrtausend lang die Führung auf dem Gebiet der Mode. Aus dem Orient und aus Asien wurden Baumwolle, Seide und viele

5 andere Luxuswaren importiert, sodass die antiken Gewänder aus unterschiedlichen und qualitativ hochwertigen Stoffen gemacht werden konnten. Allerdings konnten sich nur die reichen Leute die kostbaren Stoffe kau-

10 fen, und die Art der Bekleidung ließ deutlich erkennen, zu welcher Schicht der Träger oder die Trägerin gehörte. Die Kleidung der Handwerker, Bauern und Sklaven bestand aus gröberen Stoffen und einfachen

15 Schnitten. Als Hemdkleid trugen Männer und Frauen die Tunika, die von allen Schichten getragen wurde. Durch verschiedene Streifen wurden jedoch Rangunterschiede deutlich. So war zum Beispiel die Tunika der

20 Senatoren durch breite Streifen geschmückt.

# Im **Internet** Informationen suchen

Wo gibt es in Bayern Ausgrabungen aus der Zeit der Römer?

Wo finde ich in meiner Umgebung ein Museum über Römer?

???

Wie lebten römische Soldaten in einem Kastell?

**1** In eurer Umgebung waren einmal römische Ansiedlungen. Was würdet ihr gerne darüber erfahren? Sammelt Fragen.

**2** Wie kann man zu euren Fragen Informationen im Internet bekommen?
Lest dazu die Info.

**3** Gebt in die Suchmaschine folgende Begriffe ein:

| roemer bayern | Suche |

**4** a) Auf dem Bildschirm erscheinen die ersten zehn Kurztitel von Internetdokumenten zu diesem Thema. Schaut euch dazu die Seite 31 an:
 – Wie viele Internetdokumente zu den Such-begriffen „römer bayern" gibt es insgesamt?
 – Was bedeutet auf der Seite unten die Angabe „Ergebnis-Seite: 1 2 3 4 5 ..."?
b) Überprüft die Kurztitel und die Adressen: Enthalten sie Informationen über Römer in Bayern?
c) Klickt drei Titel an. Sind sie für euch brauchbar? Begründet eure Entscheidung.

**5** Was bedeuten in der Kopfzeile die unter-strichenen Begriffe *Bilder, Groups* ...?
Klickt an eurem Computer solche Begriffe an. Tauscht euch aus, was ihr gefunden habt.

**INFO**

**Informationen im Internet suchen**
Im Internet stehen mehrere Suchmaschi-nen zur Verfügung (z.B. *www.google.de, www.yahoo.de, www.altavista.de*).
Diese Datenbanken erfassen alle wichti-gen Begriffe eines im Internet stehenden Textes. Gibt man den Begriff „römer" ein, werden alle Texte aufgeführt, in denen dieser Begriff vorkommt.
Gibt man mehrere Suchbegriffe ein, z.B. „römer museen bayern", schränkt sich die Auswahl der Texte ein. Per Klick mit der Maustaste auf den Titel des Internetdokuments lässt sich das Doku-ment direkt laden. Der Titel und die Kurzbeschreibung geben wichtige Hinweise darauf, ob das Dokument geeignete Informationen enthält.

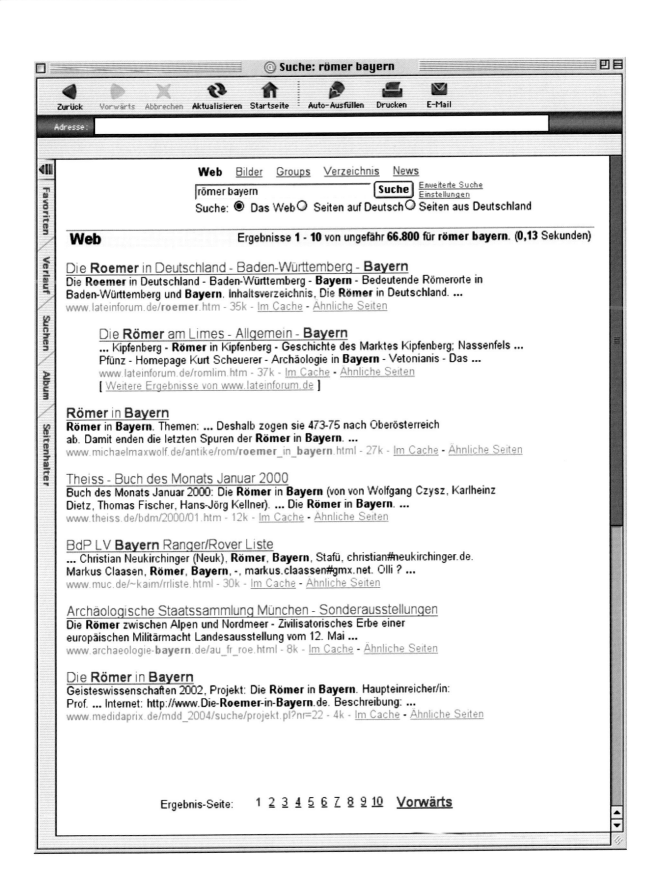

# Vom Suchbegriff zur **Homepage**

> Wo finde ich in meiner Umgebung ein Museum über Römer?

**1** a) Die Suchbegriffe „*römer bayern*" ergeben über 66 000 Hinweise. Es ist also sinnvoll durch weitere Suchbegriffe die Suche einzuschränken. Lest dazu den Tipp.

b) Schreibt die Frage oben ab und unterstreicht die Schlüsselbegriffe.

c) Welche Suchbegriffe ergeben sich? Wie könnt ihr „meine Umgebung" ersetzen?

d) Gebt eure Suchbegriffe ein. Welche Ergebnisse erhaltet ihr?

e) Sucht auch zu anderen Fragen von Aufgabe 1 auf Seite 30 die Suchbegriffe.

**2** a) Wählt ein Römermuseum in eurer Umgebung aus, z.B. das „Römische Museum Augsburg". Gebt dazu folgende Suchbegriffe ein:

| roemer museum augsburg | | Suche |

b) Ruft die Homepage auf. Lest die Info.

**3** a) Auf Seite 33 seht ihr die Homepage des „Römischen Museums Augsburg". Sie enthält verschiedene Links. Lest dazu die Info.

b) Sucht in Partnerarbeit Informationen zu folgenden Stichworten und schreibt sie auf.

> – Öffnungszeiten    – Besondere Ausstellung
> – Eintrittspreise    – Museumsführungen
> – Abteilungen    – E-Mail-Adresse, Telefon
> – Adresse    – Laufende Ausgrabungen

**4** a) Entwerft eine E-Mail oder ein Fax an das Museum, in dem ihr den Besuch eurer Klasse ankündigt.

b) Fragt an, ob ihr an einer Führung teilnehmen könnt und was das kostet.

c) Stellt auch Fragen, die ihr aufgrund der Homepage nicht klären konntet (z.B. *Gibt es Schülerfragebogen für Rundgänge?*)

**TIPP**

**Suchbegriffe finden**
Je mehr Suchbegriffe du eingibst, um so genauere „Treffer" erhältst du. Gehe daher so vor:
1. Schreibe deine Suchfrage auf.
   *Wo gibt es in Bayern Ausgrabungen aus der Zeit der Römer?*
2. Unterstreiche die Schlüsselwörter.
3. Verwende diese als Suchbegriffe.

**INFO**

**Homepage**
Unter **Homepage** versteht man die Startseite eines Anbieters.
Sie enthält einführende Texte und Bilder. Häufig kann man durch das Anklicken von **Links** (das sind unterstrichene oder farbig markierte Wörter) weiterführende Informationen enthalten. Diese Links stehen oft in einer Navigationsleiste (navigieren = steuern).
Auch der Text kann Links enthalten.

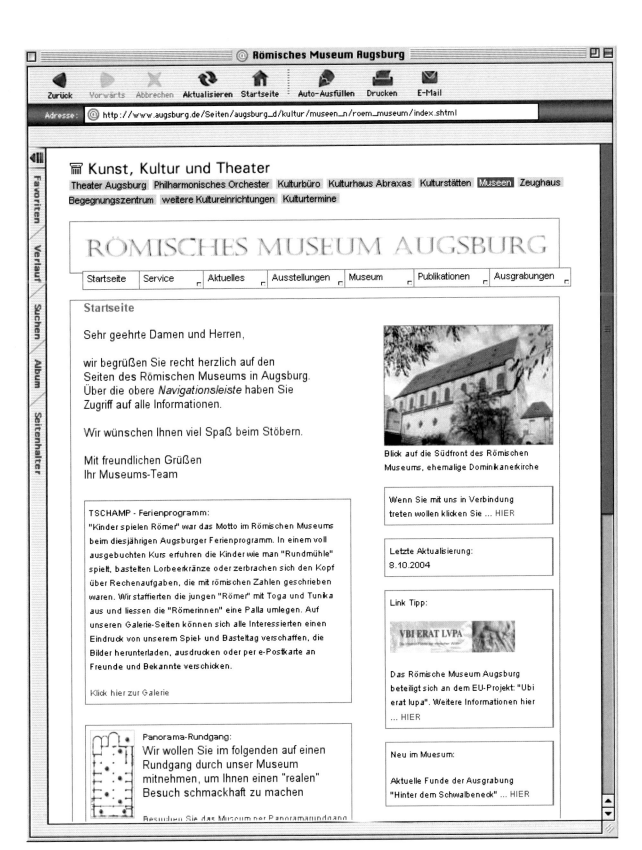

Römisches Museum Augsburg

Zurück   Vorwärts   Abbrechen   Aktualisieren   Startseite   Auto-Ausfüllen   Drucken   E-Mail

Adresse: http://www.augsburg.de/Seiten/augsburg_d/kultur/museen_n/roem_museum/index.shtml

## Kunst, Kultur und Theater

Theater Augsburg   Philharmonisches Orchester   Kulturbüro   Kulturhaus Abraxas   Kulturstätten   Museen   Zeughaus
Begegnungszentrum   weitere Kultureinrichtungen   Kulturtermine

# RÖMISCHES MUSEUM AUGSBURG

Startseite | Service | Aktuelles | Ausstellungen | Museum | Publikationen | Ausgrabungen

### Startseite

Sehr geehrte Damen und Herren,

wir begrüßen Sie recht herzlich auf den
Seiten des Römischen Museums in Augsburg.
Über die obere *Navigationsleiste* haben Sie
Zugriff auf alle Informationen.

Wir wünschen Ihnen viel Spaß beim Stöbern.

Mit freundlichen Grüßen
Ihr Museums-Team

Blick auf die Südfront des Römischen
Museums, ehemalige Dominikanerkirche

Wenn Sie mit uns in Verbindung
treten wollen klicken Sie ... HIER

Letzte Aktualisierung:
8.10.2004

**TSCHAMP - Ferienprogramm:**
"Kinder spielen Römer" war das Motto im Römischen Museums
beim diesjährigen Augsburger Ferienprogramm. In einem voll
ausgebuchten Kurs erfuhren die Kinder wie man "Rundmühle"
spielt, bastelten Lorbeerkränze oder zerbrachen sich den Kopf
über Rechenaufgaben, die mit römischen Zahlen geschrieben
waren. Wir staffierten die jungen "Römer" mit Toga und Tunika
aus und liessen die "Römerinnen" eine Palla umlegen. Auf
unseren Galerie-Seiten können sich alle Interessierten einen
Eindruck von unserem Spiel- und Basteltag verschaffen, die
Bilder herunterladen, ausdrucken oder per e-Postkarte an
Freunde und Bekannte verschicken.

Klick hier zur Galerie

Link Tipp:

VBI ERAT LVPA

Das Römische Museum Augsburg
beteiligt sich an dem EU-Projekt: "Ubi
erat lupa". Weitere Informationen hier
... HIER

Neu im Muesum:

Aktuelle Funde der Ausgrabung
"Hinter dem Schwalbeneck" ... HIER

**Panorama-Rundgang:**
Wir wollen Sie im folgenden auf einen
Rundgang durch unser Museum
mitnehmen, um Ihnen einen "realen"
Besuch schmackhaft zu machen

Besuchen Sie das Museum per Panoramarundgang

# Den Inhalt eines Textes erfassen

Für den Unterricht braucht ihr immer wieder Informationen zu einem bestimmten Thema. Dazu findet ihr häufig in Büchern, Zeitschriften oder Nachschlagewerken Texte. Oft enthält ein Text mehr Informationen, als ihr zur Beantwortung einer Frage braucht.

**1** a) Wie ihr einem Text bestimmte Informationen entnehmt, zeigen euch in der Info die drei Arbeitsschritte der Texterschließung.
b) Lest die Info. Klärt im Gespräch, was euch bei der Vorgehensweise noch unklar ist.

**TIPP**

**Arbeitsschritte der Texterschließung**

**1. Schritt: Den Text kennen lernen**
– Lies den Text durch. Unterkringle alle Wörter, die du nicht sofort verstehst.
– Kläre diese Wörter aus dem Textzusammenhang oder mit Hilfe von Nachschlagewerken (Wörterbuch, Lexikon oder Atlas).

**2. Schritt: Den Inhalt des Textes erschließen**
– Gliedere den Text nach Sinnabschnitten, falls keine Absätze vorhanden sind. Das sind alle Sätze, die inhaltlich zusammengehören.
– Unterstreiche die Schlüsselstellen jedes Abschnitts.
– Fasse die Schlüsselstellen mit einem Stichwort oder einem kurzen Satz (Teilüberschrift) zusammen.
– Schreibe diese Teilüberschrift/ das Stichwort an den Rand.

**3. Schritt: Den Inhalt in Stichpunkten festhalten**
– Schreibe die Stichwörter oder Teilüberschriften vom Rand als Hauptgliederungspunkte heraus.
– Ordne die unterstrichenen Schlüsselstellen den Hauptgliederungspunkten zu. Notiere sie in Stichpunkten.

Im Mittelalter durften nur Orte, die das Stadtrecht besaßen, Märkte abhalten. Am Markttag kamen Kaufleute mit schwer beladenen Wagen und Bauern aus der Umgebung mit ihren Produkten in die Stadt gezogen, um sie den Bürgern zum Kauf anzubieten. Aber auch die Handwerker der Stadt verkauften in Buden und Ständen ihre Waren, um die sich eine kauflustige Menge drängte.

Wer verkaufte Waren?

Wer verkaufte Waren?
- Kaufleute
- Bauern
- Handwerker der Stadt

# Markttag in einer mittelalterlichen Stadt

Im Mittelalter durften nur Orte, die das Stadtrecht besaßen, Märkte abhalten.

Im Herzen der Stadt, dort, wo alle wichtigen Straßen zusammenliefen, befand sich der
5 Marktplatz. Dort wurden an festgelegten Markttagen Fleisch, Fisch, Kleider, Töpfe und viele andere Dinge verkauft. Neben diesem Hauptmarkt hatten größere Städte noch Nebenmärkte, wie den Viehmarkt, den
10 Kornmarkt oder den Weinmarkt.

Am Markttag kamen Kaufleute mit schwer beladenen Wagen und Bauern aus der Umgebung mit ihren Produkten in die Stadt gezogen, um sie den Bürgern zum Kauf
15 anzubieten. Aber auch die Handwerker der Stadt verkauften in Buden und Ständen ihre Waren, um die sich eine kauflustige Menge drängte.

Da gab es Bäcker, die ihre Brote und Brezeln
20 auf Holzbrettern ausgelegt hatten. Dahinter verkauften Metzger an weiß gescheuerten Tischen Schweinsköpfe, Kalbsfüße, Räucherschinken und vieles mehr. Ein Stück weiter hatten die Fischer ihre Stände. Die Fische wurden aus großen Holzfässern ver- 25 kauft und von den Hausfrauen in kupfernen Kesseln nach Hause getragen. Auch an den anderen Ständen standen Leute, mit Schüsseln, aber auch mit Körben, Krügen und sogar mit Schubkarren, um die offenen 30 unverpackten Waren nach Hause zu schaffen. In der Nähe der Bauern, die Eier, Mehl, Butter, Gemüse, Obst und grobes Leinen feilboten, befanden sich die Stände der Handwerker und Kaufleute. 35

Man fand Schuster, die ihre Waren an Schnüren aufgehängt hatten, Hutmacher, deren Hüte und Kappen an den kahlen Ästen abgesägter Bäume hingen, oder Häfner, die tönerne Schalen, Becher, 40 Kannen und Teller anboten.

In den Buden der Gewandschneider ließen sich betuchte Kunden Maß nehmen. Daneben boten Plattner Rüstungsteile und
45 Schwerter an. Vor allem reiche und vornehme Leute drängten sich um die Stände der Tuch- und Gewürzhändler, die kostbare Stoffe wie Samt und Seide aus Italien und teure Gewürze wie Pfeffer, Ingwer oder Muskat aus
50 dem fernen Indien verkauften.
Nahe der Kirche konnten bei Wachsziehern Kerzen gekauft werden.
Bezahlt wurden die Waren mit den jeweiligen Münzen der Stadt. So konnte man beispiels-
55 weise in Würzburg nur mit Würzburger Pfennigen und Talern einkaufen und Kunden aus fremden Städten mussten ihre Geldstücke vor dem Einkauf erst bei Geldwechslern umtauschen.
60 Markttage zogen auch allerlei fahrendes Volk an, das für Unterhaltung sorgte. Spielleute unterhielten die Marktbesucher mit kurzen Theaterstücken, Puppenspiel und Musik, Gaukler zeigten ihre Kunststücke.

Um Recht und Ordnung trotz des großen 65 Gedränges rund um den Marktplatz aufrecht-zuerhalten, gab es eine strenge Markt-ordnung, die vom Rat der Stadt aufgestellt wurde. Handwerker mussten ihre Stände, an denen die gleichen Waren verkauft wurden, 70 nebeneinander haben, damit die Käufer bes-ser vergleichen konnten. Ebenso wurden die Maße und Gewichte festgelegt, die für die Stadt gültig waren. Die Marktordnung sah auch vor, dass derjenige, der den Markt- 75 frieden störte, mit Waffen erschien oder stritt, der falsche Gewichte verwendete oder seine Waren falsch wog, an Ort und Stelle vom Marktrichter bestraft wurde. Neben Geld-strafen war vor allem der Pranger gefürchtet, 80 an dem kleinere Verbrecher, an Kopf und Händen befestigt, vor den Marktbesuchern zur Schau gestellt, beschimpft, verspottet und bespuckt wurden.
Mit dem Läuten der Rathausglocke bei 85 Anbruch der Dämmerung war der Markttag zu Ende.

**2** Lasst euch den Text *Markttag in einer mittel-alterlichen Stadt* kopieren (Vorlage: Copy 5) oder legt eine Folie auf den Text.

**3** Lies den Text durch und kennzeichne Begriffe oder Textstellen, die du nicht verstehst.

**4** a) Was bedeuten die Wörter *Häfner* (Zeile 40) und *Plattner* (Zeile 44)? Versuche die Bedeutung aus dem Textzusammenhang zu klären.
b) Schlage die Bedeutung der beiden Wörter im Wörterbuch oder im Lexikon nach. Vergleiche sie mit deiner Erklärung.
c) Wo kannst du dich noch informieren (Lehrer, Eltern, Großeltern, Fachleute)?

**5** Erkläre die Wörter *Pranger* (Zeile 80) und *Tuch* (Zeile 46). Ein Nachschlagewerk hilft dir dabei.

**6** a) Gliedere den Text in Sinnabschnitte und überprüfe, ob sie den Abschnitten des Textes entsprechen.
b) Unterstreiche die Schlüsselstellen des Abschnitts und fasse sie in einer Teilüberschrift zusammen.
c) Schreibe die Teilüberschrift an den Rand.

**7** a) Überprüfe, ob du nur das Wichtigste jedes Abschnitts unterstrichen hast. Lies dazu jeden Abschnitt mehrmals durch.
b) Vergleicht eure unterstrichenen Schlüsselstellen.

**8** a) Häufig sucht man Informationen zu einer bestimmten Frage. Markiere die Abschnitte, die Informationen zu den Fragen in den Denkblasen oben rechts enthalten.
b) Fasse den Inhalt des Textes in Stichpunkten zusammen.

Was legte die Marktordnung auf einem mittelalterlichen Markt fest?

Wer verkaufte am Markttag Waren?

**9** Bearbeite auch den Sachtext unten (Vorlage: Copy 6) nach den drei Arbeitsschritten der Texterschließung.

## Die Kilianimesse

Keine der Nachfolgemessen hatte solchen Zulauf wie die Kilianimesse, die sich in Stadt und Land des Zuspruchs der Frommen erfreuen konnte. Wer das Hochamt erlebt
5 hatte, wer gegessen, getrunken und sich ein neues Wams gekauft hatte, der besaß noch Neugier auf das Ausgefallene, das Ungewöhnliche, das noch nicht frei Haus geliefert wurde. Kiliani war daher die große Zeit der
10 Gaukler, der Seiltänzer, der Schwertschlucker, die dem gaffenden Publikum eine Gänsehaut über den Rücken jagte: Denn ohne Netz und Hilfestellung mussten sich Akrobaten und Tierbändiger um die Kupfermünzen, Käselaibe
15 und Brote bemühen.

In den Augen derer, die ihnen zuklatschten oder ein Essen spendierten, waren sie „unehrlich", also ohne Ehre.
Sie konnten kein Haus in der Stadt
20 erwerben,
kein Handwerker nahm ihren Jungen als Lehrling, ihre Tochter gar als
25 Schwiegertochter auf.
Unstet und verachtet zogen sie über Land, von Messe zu Messe, von Markt zu Markt.
30

# Augen
## sprechen an

„Ich möchte euch von meinem Hobby erzählen: Ich lerne Waldhorn in einem Blasorchester. Das Waldhorn ist ein Blechblasinstrument mit einem warmen, weichen Ton. Es wurde aus dem Jagdhorn entwickelt."

**1**
a) Auf jedem Bild gibt das gleiche Mädchen ihrer Klasse dieselbe Information.
Auf welchem Bild spricht euch das Mädchen am meisten an?
b) Woran liegt das?
Tauscht eure Vermutungen aus.
c) Wohin schauen im Fernsehen Schauspieler, Nachrichtensprecher, Quizteilnehmer?
Warum tun sie das wohl jeweils?
d) Überlegt, warum es wichtig ist, im Gespräch miteinander Blickkontakt zu halten.

**2**
a) Bildet Kleingruppen von drei bis sechs Schülern.
b) Nacheinander erzählt jeder den anderen, was er besonders gerne isst und trinkt – und was er nicht mag.
Dabei soll der Erzähler alle in der Gruppe gleich oft und gleich lange anschauen.

**3**
a) Jetzt wird es noch etwas schwerer:
Einige von euch erzählen der ganzen Klasse, was sie in ihrer Freizeit am liebsten machen.
Dabei sollen sie möglichst viele Schüler einmal anschauen.
b) Nehmt diesen kleinen Vortrag mit der Videokamera auf.
Achtet bei der Wiedergabe auf den Blickkontakt.

**TIPP**

**Blickkontakt halten**
Suche stets Blickkontakt zu deinen Zuhörern. Sie fühlen sich dadurch angesprochen. Das steigert ihre Aufmerksamkeit und ihr Interesse. Versuche möglichst viele Zuhörer anzusehen.

# Was der **Körper** verrät

Nach dem Vogelhaus gingen wir in das Affenhaus. Gleich im ersten Käfig saß ein riesiger Gorilla. Irgendwie mochte er mich nicht, denn plötzlich warf er eine Bananenschale nach mir.

**1** a) Bei welchem Kind wirkt die Erzählung lebendiger?
b) Woran liegt das wohl?
c) Lest im Tipp, was man unter Körpersprache versteht.

**2** a) Erinnert euch an euren letzten Zoo-, Zirkus- oder Kinobesuch.
Überlegt, was ihr besonders interessant oder aufregend fandet. Macht euch auf einem Zettel Notizen für einen Zwei-Minuten-Vortrag.
b) Überlegt, wie ihr durch Mimik und Gestik euren Vortrag interessant gestalten könnt.
c) Haltet euren kleinen Vortrag mit einer Videokamera fest.

**3** a) Seht euch die Vorträge einmal ohne Ton an. Zeigen sich schon in der Art des Vortragens Unterschiede? Worin bestehen sie?
b) Vergleicht eure Vorträge in Bild und Ton. Welche Vorträge sind nach eurer Meinung lebendig und ansprechend?
c) Untersucht, wie in diesen Beispielen die Mimik und Geslik eingesetzt wurden.

**4** Bereitet einen weiteren Zwei-Minuten-Vortrag vor. Wählt zwischen folgenden Themen:
– Wie ich einmal Angst hatte
– Wie ich mich einmal verlaufen habe
– Wie ich mich über ein Geschenk gefreut habe
Unterstützt euren Vortrag durch eine angemessene Gestik und Mimik.

**TIPP**

**Mit dem Körper sprechen**
Mit seiner Körperhaltung kann der Vortragende den Vortrag unterstützen. Dabei spielen der Gesichtsausdruck (die Mimik) und die Hände (die Gestik) eine ganz wichtige Rolle.
Der Gesichtsausdruck kann z.B. zeigen, ob der Vortragende etwas als spannend, interessant, lustig oder traurig empfindet.
Die Hände können sich – je nach Inhalt des Gesagten – ruhiger oder lebhafter bewegen. Mindestens eine Hand sollte sich in der Höhe des Brust- oder Bauchbereichs bewegen.

# Partnervortrag:
## Mein Traumtag

**1** a) Wie sieht dein Traumtag aus? Überlege.

b) Notiere in Stich-
worten den Ablauf
deines Traumtages.

*Mein Traumtag*
*– lange schlafen*
*– frühstücken*
*– ...*

c) Deinen Traumtag
sollst du in einem
Kurzvortrag vorstellen.
Murmele für dich zur Vorbereitung zu jedem
Stichwort ein oder zwei Sätze.
Du hast dafür fünf Minuten Zeit.

**2** a) Tragt eure Vorträge einem Partner vor.
Dazu eignet sich ein Doppelkreis.
Lest den Tipp rechts.

b) Beachtet die folgenden drei Hinweise:

**Hinweise zum Vortrag**
1. Sprich langsam und deutlich.
2. Mache Sprechpausen.
3. Blicke deinen Zuhörer an.

**3** a) Gebt den Vortragenden Rückmeldung
(Feedback) über den Vortrag: *Ich konnte mir
deinen Traumtag gut vorstellen, weil ...*

b) Geht auch darauf ein, ob der Vortragende
die „Hinweise zum Vortrag" eingehalten hat:
*Du solltest deine Zuhörer öfters ansehen ...*

**4** a) Wechselt anschließend die Rollen
(siehe den 6. Hinweis im Tipp).

b) Wendet in den folgenden Partnervorträgen
die Verbesserungsvorschläge an.

**TIPP**   **Im Doppelkreis vortragen**

1. Bildet einen Stuhlkreis.
2. Zählt immer ab: 1, 2 – 1, 2.
3. Jeder Zweite nimmt seinen Stuhl und
   setzt sich seinem linken Nachbarn
   gegenüber. Dieser ist sein Partner.
4. Die Schüler des Außenkreises
   beginnen ihren Kurzvortrag.
5. Nach dem Vortrag geben die Schüler
   des Innenkreises dem Vortragenden
   ein Feedback (siehe Tipp auf S. 41).
6. Anschließend halten die Schüler
   des Innenkreis ihren Vortrag und
   die Schüler des Außenkreises geben
   Feedback.
7. Auf ein Signal des Lehrers stehen
   alle Schüler des Außenkreises auf
   und wechseln um drei Positionen
   nach rechts. So ergeben sich neue
   Partner für den Kurzvortrag.
8. Wechselt höchstens dreimal.

# Freies Vortragen in Murmelgruppen

Mein Haustier

Ein schöner Ausflug

Ein tolles Hobby

Mein leckerstes Rezept

Mein Sportverein

**1** a) Oben findest du verschiedene Vorschläge für einen kurzen Vortrag (Dauer: 2 Minuten). Entscheide dich für ein Thema.
b) Mache dir zu deinem Thema Stichpunkte.
c) Bereite dich in fünf Minuten auf deinen Vortrag vor: Flüstere für dich zu den Stichpunkten Sätze.

**2** a) Das Vortragen kann man gut in Murmelgruppen üben. Lest dazu die Info.
b) Bildet in der Klasse Murmelgruppen.
c) Einigt euch, wer anfängt. Jeder Vortragende darf seinen Stichwortzettel benützen.
d) Beachtet beim Vortragen wieder folgende Hinweise:

> 1. Sprich langsam und deutlich.
> 2. Mache Sprechpausen.
> 3. Blicke deine Zuhörer an.

**3** a) Gebt dem Vortragenden Feedback. Lest dazu die Info.
b) Wechselt anschließend den Vortragenden und geht wieder genauso vor. Jeder in der Gruppe muss vorgetragen haben.

**4** Wechselt die Murmelgruppen. Versucht bei euren Vorträgen die Anregungen des Feedbacks anzuwenden.

**5** Schüler, die es sich zutrauen, können ihren Vortrag vor der ganzen Klasse halten. Nach jedem Vortrag: Applaus!

## INFO

**Murmelgruppen**
1. Drei bis vier Schüler bilden eine Gruppe.
2. Die Gruppen stehen im Raum verteilt.
3. Die Lautstärke der Gruppen muss gedämpft („murmeln") sein, damit sich alle Gruppen verständigen können.
4. Auf ein Signal werden neue Murmelgruppen gebildet.
5. In den neuen Gruppen sollen Schüler sein, die sich noch nicht ausgetauscht haben.

**TIPP**

**So gibst du Feedback:**
1. Beginne damit, das Positive zu nennen: *Mir hat gefallen ...*
2. Äußere deine Kritik in Form von Verbesserungsvorschlägen: *Wenn du etwas langsamer sprichst, versteht man dich besser.*
3. Sei auf keinen Fall verletzend.
4. Nenne nichts, was der Feedback-empfänger nicht ändern kann.
5. Formuliere dein Feedback in der „Ich-Form".

# Nicht nur reden, auch zuhören

**A** Kaugummikauen sollte in der Schule erlaubt werden!

**1** a) Lest die vier Aussagen rechts.

b) Teilt die Klasse in vier gleich große Gruppen. Jede Gruppe erhält eine der vier Aussagen.

**B** Während des Pausenverkaufs sollten keine Süßigkeiten verkauft werden!

**2** a) Welche Meinung habt ihr zu eurer Aussage? Tauscht euch aus und entscheidet euch für eine Meinung.

**C** Hausaufgaben sind völlig sinnlos!

b) Jeder von euch soll anschließend vor anderen in einem kurzen Vortrag das Problem darstellen und die Meinung der Gruppe begründen. Verfasst gemeinsam eine Stichwortsammlung. Jedes Gruppenmitglied braucht diese Sammlung.

**D** Die Putzfrau muss das Klassenzimmer sauber machen, nicht die Schüler!

- Kaugummikauen stört.
- K. kleben unter dem Tisch.
- Kaugummikauen ➝ besser konzentrieren
- ...

**3** a) Lest den Tipp und bildet neue Gruppen.

b) Schaut euch gemeinsam den Beobachtungsbogen unten an:
– Worauf soll der Vortragende achten, worauf der Zuhörer?
– Welche Aufgaben haben die Beobachter?

c) Schreibt den Beobachtungsbogen ab.

d) Wechselt nach der ersten Runde die Aufgaben. Jeder muss einmal vortragen.

c) Baut in eurem Vortrag eigene Erfahrungen ein. Das wirkt lebendiger.

**TIPP**

**Vortragen und Zuhören trainieren**

1. Bildet eine neue Gruppe aus je einem Schüler der vier Gruppen.

2. In der neuen Gruppe ist einer der Vortragende, einer ist Zuhörer und zwei sind Beobachter. Von diesen beobachtet einer den Vortragenden, der andere den Zuhörer.

3. Ablauf:
   – Der Vortragende hält seinen Vortrag.
   – Der Zuhörer wiederholt den Inhalt.
   – Anschließend geben die Beobachter Feedback.

## Beobachtungsbogen

**Beobachtung des Vortragenden**

|  | oft | nie |
|---|---|---|
| 1. Redet er laut und deutlich? | ⦿⦿⦿⦿⦿ | ⦿ |
| 2. Baut er Pausen ein? | ⦿⦿⦿⦿ | ⦿ |
| 3. Hält er Blickkontakt? | ⦿⦿⦿⦿⦿ |  |

**Beobachtung des Zuhörers**

|  | oft | nie |
|---|---|---|
| 1. Zeigt er Aufmerksamkeit? | ⦿⦿⦿⦿⦿ |  |
| 2. Schaut er den Vortragenden an? | ⦿⦿⦿⦿⦿ | ⦿ |
| 3. Fasst er richtig zusammen? | ja ⦿ | nein ⦿ |

# Diskussionszirkel

1. AN DEINE GESPRÄCHSPARTNER BLICKE.
2. WÄHREND SEI GESPRÄCHS DES HÖFLICH.
3. AUFMERKSAM HÖRE GESPRÄCHS-PARTNERN DEINEN ZU.
4. GESAGTE EIN GEHE DAS AUF.
5. DIE AUSSPRECHEN ANDEREN LASS.

**1** a) Welche Regeln sollte man bei einer Diskussion beachten?
Schreibt die Regeln oben richtig auf.

b) Vergleicht eure Lösungen.

**2** Die Regel 4 kann man in unterschiedlicher Absicht einsetzen:

A Man möchte einem vorhergehenden Beitrag zustimmen.

B Man möchte einen vorhergehenden Beitrag weiterführen.

C Man möchte einen vorhergehenden Beitrag ablehnen.

**3** Welche Absicht steht hinter folgenden Aussagen? Ordne den Ziffern die entsprechenden Buchstaben zu: 1 = A.

1. „Ich möchte noch auf das eingehen, was Kevin gesagt hat."
2. „Damit bin ich aber gar nicht einverstanden, ich meine vielmehr …"
3. „Karo hat sich eben für eine Disko ausgeprochen. Dafür bin ich auch, denn …"
4. „Deiner Mcinung kann ich nicht folgen, weil …"
5. „Ich finde die Begründung von Yeliz super und möchte noch ergänzen …"

**4** a) In einem Diskussionszirkel sollt ihr das Diskutieren üben. Lest dazu den Tipp.

b) An jeder Station findet ihr eine Aussage, über die ihr diskutieren sollt:
– Handys sollte man immer benutzen dürfen.
– Unsere Schule ist die Beste!
– Hausaufgaben sollte man in der Schule machen dürfen.
– Hausarrest sollte verboten werden.

c) Überlegt selbst weitere Aussagen, die sich zum Diskutieren eignen.

**TIPP**

**So führt ihr einen Diskussionszirkel durch:**

1. Im Klassenzimmer findet ihr an fünf Stationen verschiedene Aussagen.
2. Bildet Gruppen von 5–7 Schülern.
3. Jede Gruppe begibt sich zu einer Station und führt fünf Minuten lang eine Diskussion zu der Aussage.
4. Zwei Mitglieder der Gruppe diskutieren nicht mit. Sie beobachten, ob die Gesprächsregeln eingehalten werden.
5. Auf ein Signal eures Lehrers beendet ihr die Diskussion. Habt ihr die Regeln für eine Diskussion befolgt? Teilt eure Einschätzung dem Beobachter mit.
6. Im Anschluss daran wird euch der Beobachter Feedback geben.
7. Nach einem weiteren Signal wechselt ihr im Uhrzeigersinn zur nächsten Station. Bestimmt andere Mitglieder als Beobachter und startet mit der nächsten Diskussion.
8. Durchlauft alle Stationen.

# Probleme bei der **Gruppenarbeit**

**1** In dieser Gruppe gibt es Streit.
Woran könnte das liegen?
Stellt Vermutungen an.

**2** Was hat bei eurer letzten Gruppenarbeit
nicht geklappt? Jeder bekommt drei Kärtchen.
Schreibt auf jedes Kärtchen eines der aufge-
tretenen Probleme.

**3** a) Stellt einem Partner eure Kärtchen vor.
Beschreibt, was ihr mit eurer Formulierung
meint. Schildert auch, was ihr damals
empfunden habt.
b) Vielleicht habt ihr ganz ähnliche oder
gleiche Dinge geschrieben.
Legt doppelte Karten weg.

**4** a) Je drei Paare bilden eine Gruppe.
Stellt euch gegenseitig eure Kärtchen vor.
Legt doppelte Kärtchen wieder auf die Seite.
b) Präsentiert eure Kärtchen an der Tafel.

c) Berichtet euren Mitschülern, bei welchen
Problemen ihr der gleichen Meinung wart und
bei welchen Punkten ihr ganz gegensätzliche
Ansichten hattet.

# Lösungsvorschlag:
# Sonderaufgaben
## verteilen

**1** Vielleicht klappt eure Gruppenarbeit besser, wenn ihr bestimmte Sonderaufgaben verteilt. Lest dazu den Tipp und anschließend die Aufgabenkärtchen rechts.

**2** Ihr habt auf Kärtchen bestimmte Probleme bei der Gruppenarbeit festgehalten. Welche Probleme könnten durch einen Projektmanager, einen Gesprächsleiter oder einen Präsentator gelöst werden? Ordnet die Kärtchen den Sonderaufgaben zu.

### INFO

**Sonderaufgaben**

Gruppenarbeiten funktionieren besser, wenn in der Gruppe folgende Sonderaufgaben verteilt werden:
1. Projektmanager,
2. Präsentator,
3. Gesprächsleiter.
Schüler, die diese Aufgaben wahrnehmen, müssen dennoch an der Gruppenarbeit teilnehmen. Die Sonderaufgaben können nach einiger Zeit von anderen übernommen werden.

**Projektmanager/in**
1. Er/Sie achtet auf die Zeit.
2. Er/Sie hilft die Aufgabenstellung zu klären.
3. Er/Sie achtet darauf, dass die Gruppe den Arbeitsauftrag entsprechend der Aufgabenstellung ausführt.
4. Er/Sie achtet darauf, dass die Arbeit zielstrebig erledigt wird.

**Gesprächsleiter/in**
1. Er/Sie erteilt das Wort.
2. Er/Sie fasst Teilergebnisse zusammen.
3. Er/Sie achtet auf die Einhaltung der Gesprächsregeln.
4. Er/Sie ermuntert Schweigsame zur Beteiligung.

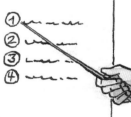

**Präsentator/in**
1. Er/Sie notiert Zwischenergebnisse mit.
2. Er/Sie bereitet mit anderen die Präsentation der Ergebnisse vor.
3. Er/Sie entscheidet über die Gestaltung des Arbeitsergebnisses.
4. Er/Sie führt die Präsentation allein oder mit anderen durch.

**3** Was hat die Projektmanagerin wohl missverstanden? Lest in der Info nach.

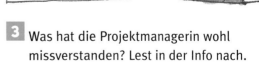

Du machst ja überhaupt nicht mit!

Ich bin ja schließlich die Projektmanagerin.

# Gruppenarbeit mit Sonderaufgaben

## Allein in der Wildnis

Eine Familie verbringt ihren Urlaub in Kanada. Sie macht dort einen Ausflug mit Kanus. Der Fluss liegt mitten im Gebirge, das nächste Dorf ist mindestens einen Tagesmarsch entfernt. Die Geschwister Tom
5 und Anna teilen sich ein Kanu. Im zweiten Kanu fahren die Eltern. Plötzlich geraten die Kinder in eine Stromschnelle und ihr Kanu kentert. Die Eltern bemerken das Unglück zu spät und können nicht helfen, da die starke Strömung ihr Kanu stromab-
10 wärts treibt. Die beiden Kinder treiben im Wasser.

Mit letzter Kraft retten sie sich ans Ufer. Erschöpft bleiben sie liegen und ruhen sich aus. Nach einiger Zeit wird ihnen klar, wie ernst ihre Situation ist. Ihre Ausrüstung war im Kanu und ist nun verloren. Sie sind verzweifelt und fürchten sich allein in der Wildnis. Da entdeckt Anna einige 100 Meter flussabwärts eine Holzhütte. Sie machen sich auf den Weg. Dort angekommen
15 merken sie schnell, dass die Hütte verlassen ist. Allerdings finden sie eine Menge Material.

### Das finden Tom und Anna in der Hütte:

| | | |
|---|---|---|
| – 1 Schachtel Streichhölzer | – 2 Töpfe | – 5 Kerzen |
| – Taschenmesser | – 1 Kompass | – 1 Landkarte |
| – 3 Decken | – 1 Pistole | – 1 Sonnenbrille |
| – 20 Meter Seil | – 5 Meter Angelschnur | – zusätzliche Kleidungsstücke |
| – 2 Pfund Bohnen | – 1 Dose Schuhcreme | – 1 Zeltplane |

**1** a) Lest den Text genau durch.
b) Jeder entwickelt für sich zu dieser Geschichte ein Happyend. Dabei müssen fünf Gegenstände eine Rolle spielen, die die beiden Kinder in der Hütte gefunden haben.

**2** Bildet Gruppen und verteilt die Sonderaufgaben.

**3** Lest den Gruppenauftrag und führt ihn durch.

### Gruppenauftrag:

1. Einigt euch in der Gruppe auf ein gemeinsames Happyend. Ihr habt dazu 20 Minuten Zeit.
2. Ihr habt drei Möglichkeiten, euer Happyend vorzustellen:
   a) Schreibt einen Zeitungsartikel.
   b) Schreibt eine Erzählung.
   c) Stellt das Ende in einem szenischen Spiel vor. Dafür steht euch eine Schulstunde zur Verfügung.
3. Präsentiert euer Ergebnis dem Plenum.

# Gruppenarbeit überdenken

**1** a) Hat euch diese Gruppenarbeit Spaß gemacht? Sprecht darüber.

b) Welches Gruppenergebnis war besonders gut? Begründet eure Meinung.

**2** Wie hat die Arbeit mit den Sonderaufgaben geklappt? Wertet eure Meinung mithilfe der Auswertungsscheibe aus. Lest den Tipp.

**3** a) Teilt die Klasse in zwei Gruppen. Eine besteht aus Schülern, die eine Sonderaufgabe übernommen haben, die andere aus normalen Gruppenmitgliedern.

b) Trefft euch innerhalb der beiden Großgruppen in Murmelgruppen (siehe die Info auf Seite 41). Besprecht die Ergebnisse der Auswertungsscheibe:

– Welche Sonderaufgaben haben sich bewährt?

– Woran hat es gelegen, dass einige unzufrieden waren?

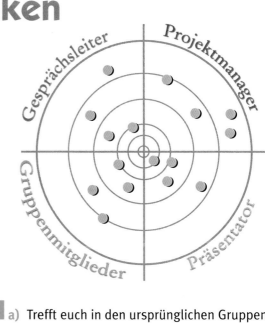

**4** a) Trefft euch in den ursprünglichen Gruppen.

b) Besprecht gemeinsam die Ergebnisse der Auswertungsscheibe. Bezieht euch dabei nur auf eure Gruppenarbeit.
Geht fair miteinander um.

c) Jeder Schüler äußert sich dazu, was er bei der nächsten Gruppenarbeit noch besser machen kann.

**5** Diskutiert im Plenum über den sinnvollen Ablauf zukünftiger Gruppenarbeiten. Diskussionspunkte könnten sein:

1. Sollten wir auch bei zukünftigen Gruppenarbeiten mit Sonderaufgaben arbeiten?
2. Wie lange sollten Sonderaufgaben von einem Schüler übernommen werden?
3. Sollte der Lehrer die Besetzung der Sonderfunktionen vornehmen?
4. Wie kann ich Schülern mitteilen, dass ich mit ihrer Arbeit während der Gruppenarbeit nicht zufrieden war?

**TIPP**

So wertet ihr eure Meinungen mit der Auswertungsscheibe aus: Klebt je einen Klebepunkt in einen der vier Bereiche. Je näher ihr den Klebepunkt im Zentrum der Auswertungsscheibe platziert, desto zufriedener seid ihr mit der entsprechenden Personengruppe.
Umgekehrt gilt natürlich: Je weiter nach außen ihr die Punkte klebt, desto unzufriedener seid ihr.

# Welche Aufgabe wollen wir übernehmen?

## Das Sommerfest steht vor der Tür!

Wie jedes Jahr findet am ersten Juliwochenende unser Sommerfest statt. Dafür muss wieder viel vorbereitet werden und alle müssen mit anpacken. Jede Klasse sollte eine der folgenden Aufgaben übernehmen:
– Hof für das Fest vorbereiten
  (Tische und Bänke aufstellen, Tische schmücken),
– Aufbau und Betreuung einer Saftbar,
– Flohmarkt organisieren,
– Stand mit Geschicklichkeitsspielen vorbereiten und betreuen,
– am Kuchenstand verkaufen,
– Waffelstand betreuen (auch Teig herstellen),
– Tombola vorbereiten und durchführen,
– Schmink- und Tattoo-Ecke übernehmen.

Entscheidet euch schnell.
Eure SMV

**1** Auch in eurer Schule wird dieses Jahr ein Sommerfest stattfinden, auf dem eure Klasse eine Aufgabe übernehmen muss.
a) Lest das Schreiben der SMV.
b) Schreibt weitere Aufgaben an die Tafel, die nach eurer Meinung zu bewältigen sind.

**2** a) Bildet Gruppen von drei bis fünf Schülerinnen und Schülern.
Jede Gruppe wählt eine Aufgabe aus.
b) Jede Gruppe notiert auf einem Stichwortzettel,
– was für die Aufgabe zu tun ist,
– welche Vor- und Nachteile mit dieser Aufgabe verbunden sind,
– eine Empfehlung, ob die Klasse die Aufgabe übernehmen soll.
Lest dazu das Beispiel rechts.

### Schmink- und Tattoo-Ecke

<u>Was ist zu tun?</u>
- Körperschminke, Pinsel, Kajalstifte und Schwämme besorgen
- Abbildungen und Vorlagen beschaffen
- Schminkteams zusammenstellen
- ...

| <u>Vorteile:</u> | <u>Nachteile:</u> |
| --- | --- |
| - kreative Tätigkeit | - viel Vorbereitung |
| - macht Spaß | - Aufräumen und |
| - drinnen und | Auswaschen der |
| draußen möglich | Pinsel aufwändig |
| - ... | - ... |

<u>Empfehlung</u>: Trotz der Nachteile sollte unsere Klasse die Tattoo-Ecke übernehmen.

**3** Welcher Vorschlag ist der beste?
Wertet die Empfehlungen der Gruppen aus
und entscheidet euch für einen Vorschlag.
Lest dazu den Tipp.

**4** Während der Diskussion in den Gruppen
oder in der Klasse könnten Sätze wie in
den Sprechblasen rechts gefallen sein.
a) Lest diese Sätze.
b) Legt euch folgende Tabelle an
und ordnet die Beiträge ein:

| Meinungsäußerung ohne Begründung | Meinungsäußerung mit Begründung |
|---|---|
| A | ... |

**5** Welche Meinungsäußerungen enthalten
sachliche Begründungen?
a) Übertragt die folgende Tabelle in euer Heft
und ordnet die Beiträge ein.
b) Vergleicht eure Ergebnisse.

| sachliche Begründ. | unsachliche Begründ. |
|---|---|
| ... | ... |

**6** Nennt Gründe, warum es bei einer gemeinsamen Entscheidungsfindung wichtig ist,
seine Meinung sachlich zu begründen.

**A** „Ich finde, wir sollten die Tattoo-Ecke machen."

**B** „Ich finde den Vorschlag auch gut, weil sich alle beteiligen können."

**C** „Wir sollten was anderes übernehmen, denn die Tattoo-Ecke haben wir schon letztes Jahr gemacht."

**D** „Das spielt doch keine Rolle, wenn alle die Tattoo-Ecke machen wollen."

**E** „Ich flehe euch an: nicht schon wieder die Tattoo-Ecke!"

**F** „Stimmt. Erinnert ihr euch noch, wie lange wir letztes Jahr aufgeräumt haben?"

**G** „Also, Karla und ich, wir bieten an, die Pinsel zu reinigen. Das ist doch die meiste Arbeit."

**H** „Ich bin gegen die Tattoo-Ecke. Ich finde den Stand ätzend."

**I** „Genau, ist doch nur was für Mädchen."

**J** „Ich bin für die Tattoo-Ecke. Wir können uns gut abwechseln."

**TIPP**

**Über Vorschläge entscheiden**
1. Jede Gruppe informiert die Klasse
über die ausgewählte Aufgabe und
begründet ihre Empfehlung.
2. Nach jedem Vortrag wird über die
Empfehlung in der Klasse diskutiert.
3. Wenn alle Gruppen ihre
Empfehlungen vorgetragen haben,
wird über die Vorschläge abgestimmt.

**7** a) Schaut euch das Gesicht und die
Körperhaltung auf den Bildern an.
b) Zu welchen Beiträgen könnten sie passen?
c) Welche Verhaltensweisen stören
eine sachliche Diskussion? Nennt Beispiele.

# Thema wählen und Schwerpunkte setzen

Reiten

Musik hören

Lesen

Tischtennis

Schwimmen

Radfahren

Inlineskaten

Tanzen

Mountainbiken

**1** a) Was machst du gerne in deiner Freizeit?
b) Welche Freizeitbeschäftigung oder welches Hobby würdest du gerne betreiben, wenn du die Möglichkeit hättest?

**2** Wähle eine Freizeitaktivität aus, über die du deine Mitschüler informieren willst. Überlege bei deiner Wahl:
– Welches Thema interessiert mich?
– Weiß ich schon darüber Bescheid ?
– Finde ich zu diesem Thema leicht Informationen und Material?

**3** Vielleicht ist dein Thema auch das Reiten. Wenn nicht, dann gehe genauso vor, wie hier am Beispiel „Reiten lernen " gezeigt wird. Sammle deine Gedanken in einem Cluster.
Lies dazu den Tipp auf Seite 92.

**4** Ein Kurzvortrag soll nur etwa fünf Minuten dauern. Ihr müsst euch daher beschränken. Schaut euch das Cluster an: Welche Schwerpunkte sind im Cluster enthalten ?

**5** Welche Schwerpunkte würdest du wählen? Sammle Fragen, die du in deinem Referat beantworten willst.

Voltigieren

Springreiten

Pferderassen

Reiten lernen

Wo Reitkurse?

Ausrüstung

Voraussetzungen

Pflege — ???

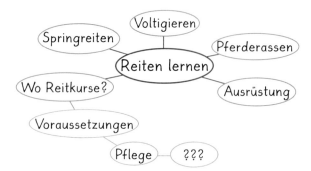

Reitenlernen

– Wo kann ich reiten lernen?
– Was brauche ich dazu?
– Welche Voraussetzungen muss ein Reiter haben?
– Was lerne ich ...
– ...

# Informationen beschaffen und auswerten

**Aus dem Inhaltsverzeichnis**

**1** Es gibt verschiedene Möglichkeiten, sich Informationen zu einem Thema zu beschaffen. Welche Quellen gibt es zum Thema „Reiten lernen"? Tauscht euch aus.

**2** Auf der Suche nach passenden Büchern und Zeitschriften ist die Bücherei der richtige Ort. In der Abteilung „Sachbücher/Tiere" findest du Bücher und Zeitschriften über Pferde und das Reiten.
a) Seht euch rechts das Inhaltsverzeichnis aus einem Sachbuch über Pferde an. Auf welchen Seiten könnt ihr Infos zum Thema „Pflege eines Pferdes" finden?
b) Wollt ihr etwas Spezielles suchen, kann das Stichwortverzeichnis am Ende eines Buches weiterhelfen. Es zeigt auf, an welchen Stellen im Buch ein Sachverhalt dargestellt ist. Lest das Stichwortverzeichnis rechts. Auf welcher Seite findet ihr etwas über das Striegeln?

**Aus dem Stichwortverzeichnis**

Es gibt eine Vielzahl von Pferderassen, die sich in drei große Gruppen einteilen lassen, in Vollblüter, Warmblüter und Kaltblüter. Sie unterscheiden sich v.a. im Aussehen und den Eigen-
5 schaften. Vollblüter sind die edelsten Pferde. Sie haben einen feinen Körperbau, sind sehr temperamentvoll und schnell (z.B. Araber). Warmblüter sind die idealen Sport- und Freizeitpferde. Sie sind vom Körperbau und
10 Temperament her eine Mischung aus Voll- und Kaltblut (z.B. Hannoveraner). Kaltblüter sind schwere, kräftige Pferderassen. Diese Arbeitspferde sind stark, robust, behäbig und meist sehr freundlich (z.B. Shire Horse).
15 Reiten ist eine der beliebtesten Sportarten, die man aber erst lernen muss. Zu Beginn musst du dich mit dem Pferd vertraut machen. Sprich mit ihm in ruhigem Ton und streichele es. Es ist auch wichtig, dass du etwas über den
20 Körperbau und das Verhalten des Pferdes lernst.

Zu Beginn reitest du meist an der Longe. Das ist ein lange Leine, an der das Pferd im Kreis geht. So bekommst du ein Gefühl für dein Gleichgewicht und für das Pferd. Nachdem du an der Longe geübt hast, darfst du ohne die 25 Longe reiten. Das geschieht meist in der Halle und in der Gruppe. Dann kommt der große Tag. Zusammen mit einem erfahrenen Reiter darfst du ausreiten.
Zum Reiten ist es unerlässlich, einen Reiter- 30 helm zu tragen, damit du dich bei Stürzen nicht ernsthaft verletzt. Auch sollte man keine Turnschuhe sondern Stiefel mit einem Absatz tragen, damit man nicht durch die Steigbügel rutscht.                                                35
Zur Pflege eines Pferdes gehört vor allem das Ausmisten des Stalles, das Auskratzen der Hufe und das Striegeln des Felles. Außerdem muss das Pferd regelmäßig gefüttert und getränkt werden.

**1** a) Lest den Text.
b) Unterstreicht auf einer Folie oder auf Copy 7 die Schlüsselstellen im Text.
c) Fasst die Schlüsselstellen jedes Abschnitts mit einem Stichwort (oder mit einer Teilüberschrift) zusammen. Über welche wichtigen Punkte informiert der Text?

**2** a) Legt euch zu den vier Schwerpunkten Referatkarten an. Lest dazu den Tipp.
b) Ergänzt die Karten durch Informationen aus anderen Texten. Wenn du zu einem Schwerpunkt Anschauungsmaterial findest, das du bei deinem Vortrag zeigen willst, vermerke es auf der Karte mit einem Pfeil.

**TIPP**

**So legst du Referatkarten an:**
1. Verwende für jeden Schwerpunkt deines Referats eine eigene Karte.
2. Notiere die gefundenen Infos in Stichpunkten.
3. Schreibe deutlich und groß, damit du die Stichpunkte gut und schnell lesen kannst.
4. Notiere dir auch, an welchen Stellen du Anschauungsmittel einsetzt.

<u>Pferderassen</u>

- Vollblütler:      feiner Körperbau
                    schnell
                    = Rennpferde
                    → Araber
- Warmblütler:     stärker im Körperbau
                    = Sport- und Freizeitpferde
                    → Hannoveraner
- Kaltblütler:      starker Körperbau
                    behäbig
                    = Arbeitspferde
                    → Shire Horse

# Einen **Experten**

## befragen

Ab wann kann man reiten lernen?

Wo bekomme ich die Ausrüstung her?

Was kostet eine Reitstunde?

**1** Solche Fragen können Pferdeexperten beantworten, z.B. ein Reitlehrer.
Wo gibt es in eurer Umgebung einen Reiterhof oder jemanden, der sich mit Pferden gut auskennt?

**2** a) Überlege dir Fragen für einen Experten.
b) Ordne die Fragen und schreibe sie für das Interview sauber auf eine Zettel.

**3** a) Lest das Interview rechts mit verteilten Rollen.
b) Schreibt die Informationen zu folgenden Stichworten heraus:
– Voraussetzungen des Reitenlernens (Mindestalter, ...)
– Wissenswertes über Reitkurse (Dauer, Kosten, Abschluss, ...)
c) Ergänze die Referatkarten „Reiten lernen" und „Pflege" mit den Informationen aus dem Interview.

**4** Die Reitlehrerin erzählt in dem Interview von einem Erlebnis mit Pferden.
Wie könnte man dieses Erlebnis in das Referat einbauen?

**Interview mit einer Reitlehrerin**

**Ina:** Welche Eigenschaften sollte jemand haben, der Reiten lernen will?

**Fr. Wirbelauer:** Eine wichtige Voraussetzung ist, dass er Tiere mag und keine
5 Angst vor großen Tieren hat. Auch Mut und Vertrauen gehören dazu.

**Ina:** Wie alt sollte man mindestens sein?

**Fr. Wirbelauer:** Der Reitschüler sollte mindestens fünf Jahre alt sein. Er muss
10 körperlich in der Lage sein, ein Pferd zu halten und zu pflegen.

**Ina:** Wie lange muss ich Reitstunden nehmen, um sicher reiten zu können?

**Fr. Wirbelauer:** Wenn du wöchentlich
15 eine Stunde Reitunterricht bekommst, kannst du nach etwa einem Jahr das „kleine Hufeisen" bestehen, die erste Reitprüfung.

**Ina:** Was kostet eine Reitstunde?

20 **Fr. Wirbelauer:** Für eine Reitstunde verlangen wir 10 Euro und den jährlichen Vereinsbeitrag.

**Ina:** Muss ich als Reitschüler auch bei der Pferdepflege helfen?

25 **Fr. Wirbelauer:** Du musst das Pferd striegeln, d.h. mit verschiedenen Bürsten putzen. Die Hufe müssen ausgekratzt, ausgewaschen und eingefettet werden. Anschließend kämmst du die Mähne
30 und den Schweif.

**Ina:** Sie haben als Reitlehrerin schon viel mit Pferden und Reitschülern erlebt. Fällt ihnen dazu ein Erlebnis ein?

**Fr. Wirbelauer:** Beim Galoppieren im
35 Gelände stürzte einmal ein Junge vom Pferd und brach sich ein Bein. Das Pferd machte kehrt und blieb so lange beim Verletzten, bis vom Reitstall Hilfe kam. Diese enge Beziehung von Pferd und Mensch liebe ich besonders.

# Das Referat **vorbereiten**

**TIPP**

**So baust du dein Referat auf:**

**1. Einstieg:**
– Wecke mit deinem Einstieg das Interesse deiner Zuhörer. Dazu kannst du Bilder, Rätsel, Tonaufnahmen, Gegenstände ... einsetzen.
– Gib einen Überblick über die Schwerpunkte deines Referats. Halte die Gliederungspunkte schriftlich fest (Folie, Tafel, Plakat).

**2. Hauptteil:**
– Nummeriere deine Referatkarten nach deiner Gliederung.
– Setze Anschauungsmittel (Bilder, Gegenstände) ein. Sie machen deinen Vortrag verständlicher und interessanter.

**3. Schluss:**
– Runde deinen Vortrag ab. Sage, wie du zu dem Thema gekommen bist, oder was dich daran besonders begeistert. Du kannst auch etwas zu deiner Arbeit sagen (was dir leicht oder schwer fiel ...)
– Zum Abschluss kannst du auch ein Quiz vorlegen.

**1** a) Welcher Einstieg spricht euch am meisten an? Begründet eure Meinung.
b) Macht weitere Vorschläge, wie man das Interesse der Zuhörer für das Thema „Reiten lernen" wecken kann. Lest dazu den Tipp.

**2** a) Warum ist es sinnvoll, zu Beginn des Vortrags die Zuhörer über die Gliederung zu informieren?
b) Macht Vorschläge, wie man diesen Überblick formulieren kann.

**3** a) In welcher Reihenfolge würdet ihr die Karten vortragen? Begründet eure Entscheidung.

b) An welchen Stellen des Referats könnte man die Anschauungsmittel oben einsetzen?

**4** Macht Vorschläge, wie man den Vortrag „Reiten lernen" beenden könnte. Lest dazu den Tipp auf Seite 56.

**5** a) Man kann auch mit Quizfragen an die Zuhörer das Referat abrunden. Lest die Beispiele rechts und untersucht, wie sie aufgebaut sind.

b) Überlegt euch Quizaufgaben für euer Referat.

**TIPP**

**So bereitest du dich auf den Vortrag vor:**

1. Der Anfang ist wichtig. Überlege dir daher gut die ersten Sätze. Schreibe sie auf und lerne sie auswendig: Das gibt Sicherheit!

2. Mit dem letzten Satz kannst du einen guten Eindruck bei den Zuhörern hinterlassen. Lerne auch ihn auswendig.

3. Übe deinen Vortrag zu Hause. Achte darauf, dass du langsam und deutlich sprichst und kurze Pausen machst.

1. Wie näherst du dich einem Pferd und machst dich mit ihm vertraut?

- Du gehst von der Seite auf das Pferd zu und sprichst laut mit ihm.
- Du näherst dich dem Pferd von vorne, sprichst in ruhigem Ton mit ihm und streichelst es.
- Du näherst dich dem Pferd von hinten und kraulst es am Rücken.

2. Ergänze das fehlende Wort. Nach dem Reiten musst du das Pferd

☆   ☆   ☆
_____.

Für die Hufe brauchst du einen

☆   ☆   ☆
_____.

3. Finde das richtige Wort. Die Anzahl der Striche gibt die Zahl der Buchstaben an. Schnellste Gangart des Pferdes:

☆ ☆ ☆ ☆ ☆ ☆

Bezeichnung für den Schwanz des Pferdes:

☆ ☆ ☆ ☆ ☆ ☆ ☆

**6** Zur Vorbereitung gehört auch, dass man den Vortrag einübt. Lest dazu den Tipp und wendet ihn bei eurem Referat an.

# Ein Referat **vortragen**

**1** a) Die Wirkung eines Vortrags hängt auch von der Körpersprache ab. Lest dazu den Tipp auf Seite 39.
b) Beurteilt die Körperhaltung in den Bildern oben.

**2** a) Warum ist der Blickkontakt beim Vortragen wichtig?
b) In welchem Beispiel oben gelingt das überzeugend?

**3** Lest den Tipp und beachtet ihn bei eurem Vortrag.

**4** Auch die Zuhörer tragen dazu bei, ob ein Vortrag gelingt.
– Welches Verhalten unterstützt den Vortragenden?
– Welches Verhalten stört ihn?
Sammelt an der Tafel Beispiele.

**5** a) Für jeden Vortragenden ist es wichtig, von den Zuhörern Feedback zu bekommen.
↻ Lest auf Seite 41 nach, was man darunter versteht und welche Regeln dabei gelten.
b) Berücksichtigt bei eurem Feedback folgende Punkte:

**Gesichtspunkte für das Feedback:**
1. War der Vortrag gut gegliedert?
2. War der Vortrag verständlich?
3. War die Vortragsweise (Stimme, Gestik, Mimik, Blickkontakt) ansprechend?
4. Mein Verbesserungsvorschlag: ☆ ☆ ☆

**TIPP**

**So hält man ein Referat:**
1. Sprich langsam, laut und deutlich.
2. Halte zu möglichst vielen Zuhörern Blickkontakt.
3. Unterstütze deinen Vortrag durch Mimik, Gestik und Körperhaltung.
4. Blicke nur auf deinen Merkzettel, wenn du nicht weiter weißt.
5. Frage am Ende, ob noch jemand etwas wissen möchte, und bedanke dich für das Zuhören.

# Die **Stimme** wirkungsvoll einsetzen

**1** Mit Hilfe von Lauten und einzelnen Wörtern kann man zu einem bestimmten Thema eine Geräuschkulisse gestalten. Stellt euch die Geräuschkulisse zu einem „Pferderennen" vor. Lest dazu den Tipp-Kasten.

> Pferde traben/galoppieren – Gong – Jockeys schnalzen mit der Zunge – Zuschauer johlen/rufen/brüllen/ stöhnen … – Eisverkäufer/Getränke- verkäufer bieten Waren an – Pfiffe – Lautsprecherdurchsagen – Aufforderungen zum Wetten

**2** a) Verteilt die Geräusche auf kleine Gruppen und probiert so lange, bis ihr mit dem Ergebnis zufrieden seid. Ihr könnt dazu eure Geräusche mit dem Kassettenrekorder aufnehmen und überprüfen.
b) Spielt euch die Einzelgeräusche gegenseitig vor.
c) Überlegt euch:
– Welche Geräusche sollen immer zu hören sein?
– Sollen sie mal lauter, mal leiser werden?
– Welche Geräusche kommen nur einmal vor?

**3** a) Denkt euch weitere Situationen aus, zu denen ihr eine Geräuschkulisse gestalten könnt: Markt, Fußballstadion, Popkonzert, Bahnhof, Pause …
b) Stellt zusammen, welche Geräusche zu hören sind.
c) Übt die Geräusche zunächst in Kleingrup- pen und fügt sie dann als Ganzes zusammen.

**4** a) Mit der Stimme kann man auch Gefühle oder Stimmungen wiedergeben.
b) Notiert auf einzelnen Zetteln Stimmungen oder Gefühle.

> fröhlich

> wütend

> belehrend

c) Jeder von euch zieht eine Karte, z.B. *fröhlich*, und denkt sich dazu einen passenden Satz aus: *Ich finde es stark, dass heute der letzte Schultag ist.*
d) Übt diesen Satz in der vorgegebenen Stimmung zu sprechen.

**TIPP**

**Sich in Situationen und Gefühle hineinversetzen**
Mit eurer Stimme könnt ihr die Geräuschkulisse einer bestimmten Situation, aber auch Stimmungen und Gefühle wiedergeben. Versucht euch in diese Situationen und Stimmungen hineinzuversetzen. Schließt dazu die Augen und hört in euch hinein.
Gebt mit geschlossenen Augen die vorgestellten Geräusche, Stimmungen und Gefühle wieder.

# Den **Körper** wirkungsvoll einsetzen

**1** Seht euch die drei Bilder an.
Welche Begriffe werden jeweils dargestellt?

**2** Stellt mit dem folgenden Spiel
Gliederpuppen dar.
– Bestimmt in der Klasse einen Spielleiter
  oder eine Spielleiterin.
– Verteilt euch im Raum und schaut
  auf den Spielleiter/die Spielleiterin.
– Zuerst bleibt ihr alle ganz steif stehen.
  Nach und nach gibt dann der Spielleiter/
  die Spielleiterin einzelne Körperteile
  zur Bewegung frei und erweckt so
  die Gliederpuppe zum Leben.
– Angefangen wird mit dem Gesicht,
  dann kommt der gesamte Körper dran:
  z.B. der kleine Finger der linken Hand,
  der Daumen, die linke Hüfte …
– Macht alle Bewegungen nach.
– Nach einiger Zeit können die Bewegungen
  (in umgekehrter Reihenfolge) wieder
  eingefroren werden.

**3** Sucht euch einen Partner oder eine Partnerin.
Setzt euch an einem Tisch einander gegenüber. Einer macht etwas vor, der andere ist
das Spiegelbild und macht es nach.

**4** Die Pantomime kennt ihr sicher noch aus der 5. Klasse. Wiederholt die wichtigsten Hinweise zur Pantomime mit Hilfe des Tipps.

**5** Überlegt euch allein oder zu zweit kleine Alltagshandlungen und spielt sie vor:
– morgens aufwachen und aufstehen,
– in einer kleinen Kaffeerunde den Kaffee einschenken,
– in einem Bus mitfahren.

**6** Ihr könnt auch eine Pantomime mit Verkleidung spielen.
a) Für die Verkleidung werden Hüte, Mäntel, Tücher, Handstöcke, Schirme, Schürzen, Brillen usw. bereit gelegt.
b) Die Spieler und Spielerinnen bilden kleine Gruppen und überlegen, welche Rolle sie mit den Requisiten darstellen wollen: Hexen, Clowns, Ballerinas, Roboter, Gespenster ...
c) Probiert nun passende Bewegungen aus. Übt sie mehrmals.
d) Ihr könnt auch versuchen kleine Szenen zu entwickeln: Robotertreffen, Gespenstertango ...

## TIPP

**Hinweise für das Pantomimespiel**

**1. Mit dem Körper sprechen**
Bei der Pantomime ist es nicht erlaubt, die Stimme einzusetzen. Daher sind die **Mimik** (der Gesichtsausdruck) und die **Gestik** (Körpersprache) besonders wichtig.
Stelle dir eine Haltung und Bewegung ganz genau in allen Einzelheiten vor und übe sie in kleinen Schritten ein.

**2. Das Umfeld klären**
Oft ist es nötig, den Zuschauern deutlich zu machen, wo man sich befindet. Man muss sich dazu vorher überlegen, wie der Raum aussieht und welche Gegenstände darin stehen. Dies kann man zu Beginn der Pantomime mit Bewegungen andeuten. Halte dich im Verlauf des Spiels an diese Angaben.

# Rollen spielen

## Der Hundebiss

Laut wehklagend erscheint ein Mann bei einer Ärztin: Ein sooo großer Hund habe ihn ins Bein gebissen und sooo furchtbar weh tue das. Ein Helfer versucht vergeblich, die Personalien aufzunehmen. Schließlich kommt die Ärztin und versucht, den wehklagenden Patienten zu beruhigen. Der schreit umso lauter, je mehr Verbände ihm abgewickelt werden. Schließlich ist das Bein zu sehen, aber kein Hundebiss. Patient: „Dddann muss er wwohl dddaneben gebissen haben!"

**1** a) Lest den oben stehenden Witz.

b) Gestaltet den Witz als Sketsch: Beachtet dabei die Fragestellungen im Tipp-Kasten.

c) Schreibt ein „Drehbuch" zu dem Witz.

### Der Hundebiss

*Ein Mann erscheint laut wehklagend bei einer Ärztin.*

**Mann** *(jammernd)*: Ein sooo großer Hund hat mich ins Bein gebissen. Das tut sooo furchtbar weh!
**Helfer:** Wie ist Ihr Name? …

**2** a) Spielt die folgende Situation
*In der Eisenbahn* frei, d.h. ohne Textvorlage:
Stellt Stühle wie in einem Zug auf.
Der Zug fährt von Station zu Station.
Einige Leute sitzen bereits im Wagen.
Der Zug fährt an, ruckelt stark.
Was tun oder sagen die Fahrgäste?

b) Wer Lust hat, denkt sich eine Rolle aus und steigt an einer Station ein.
Dazu stellt sich der Spieler/die Spielerin neben die Stühle und hebt die Hand.

c) Wenn jemandem nichts mehr einfällt, steigt er oder sie wieder aus, denkt sich eine neue Rolle aus und steigt an der nächsten Station wieder ein.

**TIPP**

**Das ist beim Spielen eines Sketsches zu berücksichtigen:**

1. Wie viele Personen spielen mit? Wen stellen sie dar?
2. Welche Kleidungsstücke kennzeichnen die Rolle am besten?
3. Welche Requisiten sind notwendig?
4. Wo und wann spielt die Szene?
5. Wie sollen sich die Mitspieler und Mitspielerinnen verhalten, was müssen sie tun?
6. Was sollen sie sagen? Wie müssen sie es sagen?

## Rollenkarte

<u>Person</u>: alter Mann
<u>Requisiten</u>: Stock, Hut, Reisetasche
<u>Rollenbeschreibung</u>: nervt die
Mitreisenden, jammert ständig
(„Der Zug fährt zu schnell! Es zieht!");
fragt immer dasselbe („Sind wir schon
da? Wie lange dauert das noch?");
gibt störende Geräusche von sich
(schmatzt beim Essen, schnäuzt sich
laut ) ...

## Der Lottogewinn

Vater Reuter hat fünf Richtige im Lotto. Am Abend sitzt die Familie (Vater, Mutter, Sohn, zwei Töchter, Großmutter) zusammen und beratschlagt. Der Vater geht davon aus, dass er als Gewinner bestimmen kann, was mit dem Geld gemacht wird. Alle Mitspielenden versuchen in der Situation ihre Interessen durchzusetzen.

**3** a) Ihr könnt zu der Situation
*In der Eisenbahn* auch Rollenkarten
nach dem Muster oben verfassen:
b) Erstellt weitere Rollenkarten für die Fahrt
in der Eisenbahn:
– Welche Personen können mitfahren?
  Wie werden sie sich verhalten?
  Was können sie sagen?
– Notiert in Stichpunkten Requisiten,
  Stimmung, Verhalten ...
– Schreibt beispielhaft auch einige Sätze auf,
  die die Person sagen könnte.

**4** a) Setzt zuerst eure eigene Rollenkarte
im Spiel um.
b) Legt später alle Karten auf einen Stapel
und nehmt euch eine Karte, wenn ihr
mitspielen wollt. Spielt die auf der Karte
beschriebene Rolle.

**5** a) Wertet das Spiel mit Rollenkarten aus.
Lest dazu den Tipp-Kasten.
b) Haben euch die Karten geholfen
oder in der Rolle eher eingeengt?
c) Überarbeitet die Rollenkarten
nach den Spielversuchen.

**6** Gestaltet diese Situation als Rollenspiel:
Schreibt Rollenkarten für die Diskussion
bei Familie Reuter, spielt danach in mehreren
Gruppen und wertet eure Spiele aus.

**TIPP**

**Rollenspiele aufnehmen
und auswerten**
Vielleicht könnt ihr die Sketsche
und Rollenspiele mit einer Kamera
aufzeichnen. Darüber solltet ihr nach
der Wiedergabe sprechen:
– Wurde die Situation deutlich?
– War erkennbar, welche Rolle
  die Spielerinnen und Spieler hatten?
– Waren Kleidung und Requisiten
  passend ausgewählt?
– Wurden die Texte deutlich und in
  der richtigen Stimmung gesprochen?
– Passten Mimik und Gestik
  zu der Situation?

# Sich **konzentrieren**

**1** Im rechten Bild sind acht Fehler versteckt.
Finde sie heraus.

**2** In dem Buchstabensalat unten sind
folgende Wörter versteckt:

Basketball – Korb – Spieler – Trikot – Auszeit
– Bundesliga – Mannschaft – Spielball

Überfliege die Zeilen mit den Augen,
lies jedes gefundene Wort laut vor
und deute mit dem Finger darauf.

KABHTGLOPMQRUWNMSPIELERGHPJÄSDXKP
YÜAAAUSZEITVLMPQGHZEIWPGTMÖYDGRDP
GLIEVGQWÄTRSMAHDKLNERKMLQÜD
SPIELBALLDIÜWBAGHBUNDESLIGADTRGQÄB
5 MAITÜFGJWXMVYOFIEKORBQUARTWOLDKÜ
ÖSGVBDSYSWFHÄHXVCGGZIUJJHTERDFGÖLK
POICVLHRETBHCÖLSPIELERDFITZNXVCJGFH
GIOUSPIELBALLFYNVMBASKETBALLDGKHOET
PÖLXYMNFGWLKJRTIVGJGDSMLPÄQÜRUNGA
10 SPÄÜCFGHSKLMTPÜAKLMOPWBGEGJTTRIKOT
SGEHSPIELERAGKDTHYXCVBNMASDFGÄQWT
REZUIOPÜMANNSCHAFTRGAH

**3** Unten siehst du zwei Spalten mit Vierecken.
Wie oft kommt die Figur oben in der Spalte
darunter vor? Deute jeweils darauf.
Dein Partner kontrolliert.

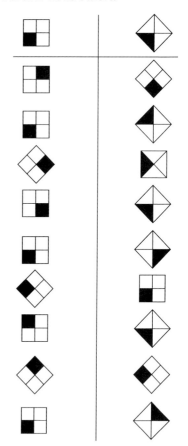

# Genau lesen

**1 a)** Lies die Satzpyramiden unten zuerst Zeile für Zeile. Decke den Rest mit einem Blatt ab.

**b)** Lies dann die ganze Satzpyramide flüssig vor.

> Bamberg,
> eine Stadt
> an der Regnitz
> im Herzen von Franken
> mit über 70 000 Einwohnern
> und einer Altstadt aus dem Mittelalter,
> ist weltberühmt durch den Bamberger Reiter
> im Dom.

> Fleisch,
> gegrillt am Drehspieß,
> in feine Streifen geschnitten
> und in die Tasche eines getoasteten
> Fladenbrotes gelegt, mit Salat, Zwiebeln
> und Gewürzen verfeinert und in einer
> Serviette überreicht – das nennt man
> Döner.

**2** Lies die folgenden Sätze so schnell wie möglich. Wenn du das links angegebene Wort im Satz findest, deute darauf.

| | |
|---|---|
| Columbus | Vor fünfhundert Jahren wurde Amerika von Christoph Columbus entdeckt. |
| Wal | „Wer die Wahl hat, hat die Qual", dachte der Wal und fraß einen Aal. |
| Meter | Vier Meter ist Monis Zimmer lang und zweieinhalb Meter breit. |
| Blüte | Im Frühjahr ist die Kirschblüte am schönsten. |
| Maus | Viele Computer werden heutzutage über eine Funkmaus gesteuert. |

**3 a)** Suche im Text unten die einzelnen Wörter und lies den Text. Wovon handelt er?

**b)** Übe das Lesen dieses Textes solange, bis du ihn gut vorlesen kannst.

ALSDERWEIßEMANNIMMITTLERENWESTENVONAMERIKANEUEN
LEBENSRAUMBRAUCHTE,VERDRÄNGTEERDIEDORTLEBENDEN
UREINWOHNER.INJAHRELANGENKÄMPFENNAHMERDENINDIANERN
ZUERSTIHRELEBENSGRUNDLAGE,DIEBÜFFEL,ANSCHLIEßENDDAS
5 LAND.GEFÜHRTVONORTSKUNDIGENMÄNNERNZOGENLANGETRECKS
AUSPLANWAGENMITSIEDLERNINDASWEITEUNDTEILWEISEFRUCHTBARE
LAND.DIEEINENBAUTENGETREIDEAN,DIEANDERENZÜCHTETENVIEH,
VORALLEMRINDER.DIEBAUERN,DIEAUFPFERDENDIERINDER(COWS)IN
GROßENHERDENHÜTETEN,WURDENBALDALSCOWBOYSBEKANNT.

# Ungewohnte Schriftbilder lesen

**1** **a)** Lies die folgenden Texte. Worum geht es?
**b)** Suche dir einen Text aus und bereite ihn
gut zum Vorlesen vor.
**c)** Lies ihn deinem Partner oder der Klasse vor.

### Wurfglück

Stell dir einen See oder einen Fluss mit einem sanft abfallenden Ufer vor.
Wenn man Glück hat, liegen zu Hunderten flache, glatte Kieselsteine herum.
Man sucht einen heraus, der gut in der Hand liegt und wirft ihn möglichst
flach über das Wasser. Er prallt auf, hüpft hoch, landet wieder, steigt noch
5 einmal – und versinkt. Dreimal, viermal, vielleicht sogar achtmal springt der
Stein wieder hoch. Stundenlang könnte man das probieren. Der Weltrekord
liegt übrigens bei achtunddreißig Sprüngen. Da gibt's noch viel zu üben!

### Wie weit tragen die Füße?

Diese Frage hast du dir vielleicht noch gar nicht gestellt. Unsere Füße können einen Fußball schießen,
auf einem Baumstamm balancieren, auf Zehenspitzen tanzen, einen Ball jonglieren.
Manche Menschen sind sogar so geschickt, dass sie mit ihren Füßen Bilder malen. Man
kann mit ihnen natürlich auch ganz normal gehen und rennen. Dazu sind sie ziemlich
5 kompliziert aufgebaut aus 26 Knochen, 31 Gelenken und über 100 Bändern. Im Laufe
der Entwicklung des Menschen zum aufrecht gehenden Lebewesen hat sich die
Ferse nach unten gesenkt und der Fuß in der Mitte nach oben gewölbt. Fettpolster an
der Ferse und an den Fußballen fangen so ziemlich jeden Stoß ab und verhindern
Verletzungen. Dennoch gibt es heute viele Menschen mit Fußschäden, auch Kinder und
10 Jugendliche. Sie laufen einfach zu wenig, um die Fußmuskeln zu trainieren. Womit
wir wieder bei der Eingangsfrage wären. Der Mensch macht durchschnittlich im Leben
200 Millionen Schritte und legt dabei ungefähr 160 000 Kilometer zurück. Das ist viermal um die Erde.

### Wes mecht des Boot en der Loft?

Jeder Mensch bleckt oberrescht euf, wenn Gegenstende herunter-
fleegen, dee men se genz end ger necht de eben vermetet.
eber eenmel em Jehr verenstelten Frenzesen en den elpen eenen
Wettbewerb, bee dem es gelt, met eenem verreckten Gefehrt en
5 eenem Gleetscherm zer erde ze gleeten. De werst es necht
gleeben, eber de flegen schen Kleschesseln vem Hemmel, eber euch
Fleeger euf Redern eder eben en eenem Boot. Selbst een Shereff
heb schen eenmel met seenem Streefenwegen eb.

# Auf den Sinnzusammenhang achten

**1** **a)** Lies den folgenden Text still für dich.
Überlege, welches Wort in der Lücke passt.
**b)** Lies den Text einem Partner vor.

### Hasenhirsch und Hundebär

Nein, du hast dich nicht <u>enttäuscht</u>/<u>getäuscht</u>. Es geht hier wirklich um den Hasenhirsch und um den <u>Polarhund</u>/<u>Hundebär</u>. Aber die gibt es doch gar nicht, wirst du einwenden, und damit hast du <u>Recht</u>/<u>Pech</u>.
5 Doch es hat sie tatsächlich einmal gegeben. Vor 16 Millionen <u>Jahren</u>/<u>Stunden</u> sah die Welt nämlich noch ganz anders aus. Zu der damaligen Zeit waren Landschaft, <u>Technik</u>/<u>Klima</u>, Pflanzenwelt und eben auch die <u>Tierwelt</u>/<u>Menschen</u> nicht zu vergleichen mit dem, was
10 wir heute kennen. Die meisten der damals lebenden Tierarten sind heute ausgestorben. Aber in einer kleinen <u>Kiesgrube</u>/<u>Sprunggrube</u> in der Nähe von München hat man Überreste vieler <u>Tiere</u>/<u>Pflanzen</u>, die uns heute fremd anmuten, gefunden. Und darunter eben auch den
15 Hasenhirsch und den Hundebär.

Der Hasenhirsch war damals kaum größer als ein Hase heute. An seinem Skelett, den Zähnen und dem <u>Geweih</u>/<u>Gewehr</u> kann man aber beweisen, dass er mit den heutigen Rehen und Hirschen <u>bekannt</u>/<u>verwandt</u> ist. Er könnte so ausgesehen haben, wie auf dem Bild 20 und du kannst die Ähnlichkeit mit seinen Verwandten selbst feststellen. Beim Hundebären verhält es sich im Grunde genommen genauso. Vom <u>Gebiss</u>/<u>Bild</u> her könnte er den Hunden zugerechnet werden, vom Skelett her den Bären. Er gehörte zu einer Gruppe 25 gefährlicher <u>Menschen</u>/<u>Raubtiere</u>, die damals die Erde unsicher machten. Er war auch etwas größer als die heute lebenden Bären. Dem sollte man also besser nur im <u>Wald</u>/<u>Museum</u> begegnen. Das geht übrigens im Paläontologischen Museum in München. 30

# Texte zum Vorlesen vorbereiten

## Der rettende Sprung
*Sage nacherzählt von Gerhard Langer*

Im Oktober des Jahres 1381 herrschte in Nürnberg große Aufregung. Wieder einmal hatte Eppelein von Gailingen Nürnberger Kaufleute überfallen und ihnen ihre ganze
5 Ware abgenommen. Eppelein war zu jener Zeit einer der gefürchtetsten Räuber. Und Nürnberg war als eine der größten Handelsstädte des Mittelalters auf sichere Handelswege angewiesen. Aber diesmal gelang es
10 einem Heer aus Nürnberg, ihn in einer fürchterlichen Schlacht bei Lauf zu besiegen und zusammen mit 13 Gefolgsleuten gefangen zu nehmen.
In einem langen Zug brachte man den
15 Raubritter in die Stadt und direkt auf die Burg ins Verlies. Ein Herold ritt voran und rief den Tausenden jubelnden Zuschauern zu: „Den von Gailingen. Wir haben Eppelein von Gailingen. Der überfällt keinen mehr."
20 Das Urteil war klar: Tod am Galgen. Und von der Nürnberger Burg war noch keiner entkommen, so groß und gut befestigt war sie. Als es soweit war, meinte ein Stadtrat: „Tja, Eppelein, von hier gibt es nur noch einen
25 Weg für dich: den zum Friedhof." Eppelein blickte ihn an und seufzte nur: „Ja, ja, da magst du Recht haben." Der Stadtrat fragte noch: „Hast du vielleicht einen letzten Wunsch? Er soll dir wenn möglich gewährt
30 werden." Eppelein dachte nach und antwortete nach kurzem Zögern: „Einmal noch möchte ich auf meinem treuen Pferd sitzen und die Sonne aufgehen sehen. Dann bin ich bereit für den Galgen." „Wenn's weiter nichts ist, das kannst du haben", lachte der Rat. 35
Als Eppelein ins Freie geführt wurde und sein Pferd sah, war er tief gerührt. Er umschlang es mit den Armen, drückte es fest an sich und flüsterte ihm dabei ins Ohr: „Komm schon, Alter. Jetzt musst du mich retten." Dann 40 sprang er in einem günstigen Augenblick in den Sattel und ritt wie der Teufel los. Aber wohin bloß? Mit zwei mächtigen Sätzen erreichte das Pferd die Burgmauer, setzte auf die Brüstung und war auch schon verschwun- 45 den. Im Burggraben erhob es sich wieder, erklomm die Böschung und suchte mit seinem Herrn das Weite. Triumphierend reckte Eppelein seine Faust nach oben, wo die Ratsherren von der Burgmauer sahen, und 50 rief: „Ihr Nürnberger hängt keinen, es sei denn, ihr hättet ihn zuvor!"

**1** **a)** Lest die Sage.
**b)** Wie konnte sich Eppelein von Gailingen retten? Sprecht darüber.

**2** Sagen kann man lebendig vorlesen, wenn man den Text richtig vorbereitet. Lest dazu den Tipp und verwendet zum Anstreichen eine Folie oder Copy 8.

**3** a) Eine Hilfe für das lebendige Vorlesen ist das richtige Betonen.
Lest euch die Sätze gegenseitig vor, einmal mit und einmal ohne Betonung

> A Im Oktober des Jahres 1381 herrschte in Nürnberg große Aufregung.

> B Im Oktober des Jahres <u>1381</u> herrschte in <u>Nürnberg</u> große <u>Aufregung</u>.

b) Welche Wirkung haben die Betonungen?
c) Probiert für diesen Satz noch andere Betonungsmöglichkeiten und besprecht sie.
d) Unterstreicht alle Betonungen im ersten Absatz des Textes auf Seite 66. Vergleicht eure Vorschläge.

**4** Eine zusätzliche Verständnishilfe sind die Pausen. Überlegt bei längeren Sätzen, was zusammengehört und setzt nach Sinnabschnitten kurze Pausen.
Sprecht im folgenden Satz das Wort *Pause* „im Kopf" und beurteilt die Wirkung der Pausen.

> Aber diesmal gelang es einem Heer aus Nürnberg /(Pause) ihn in einer fürchterlichen Schlacht bei Lauf zu besiegen /(Pause) und zusammen mit 13 Gefolgsleuten gefangen zu nehmen.

**5** Welche Bedeutung haben die Satzzeichen für das Vorlesen? Probiert und vergleicht.

> A Das Urteil war klar: Tod am Galgen.
> B Und von der Nürnberger Burg war noch keiner entkommen, so groß und gut befestigt war sie.

**6** a) Gestaltet die wörtliche Rede.
Die redebegleitenden Verben helfen dabei.
Eppelein blickte ihn an und <u>seufzte</u> nur:
„Ja, ja, da magst du Recht haben."(Z. 25–27)
Welchen Klang kann man dem Seufzen geben?
b) Gestaltet die folgenden wörtlichen Reden:

> A (Zeile 16–19) Ein Herold … rief den jubelnden Zuschauern (höhnisch/ triumphierend/ …?) zu: …
> B (Zeile 23–25) … meinte ein Stadtrat (höhnisch/wütend/lachend/…): …
> C (Zeile 27–29) Der Stadtrat fragte (gutmütig/witzig/…) noch: …
> D (Zeile 30–34) Eppelein … und antwortete (flehentlich/niedergeschlagen/…)

**7** Bereitet den gesamten Text zum Vorlesen vor.

**TIPP**

**So bereitest du einen Text zum Vorlesen vor:**
1. Unterstreiche betonte Stellen.
2. Zeichne einen Strich / für kurze Pausen, zwei // für lange Pausen.
3. Beachte bei der Stimmführung die Satzzeichen (z.B. Fragezeichen).
4. Gib bei der wörtlichen Rede die Stimmung wieder (z.B. fröhlich, wütend). Beachte die redebegleitenden Verben.

# Gebrauchstexte verstehen

**1** **a)** In dem Text rechts geht es um Zecken. Habt ihr schon mal eine Zecke gesehen? Wo?
**b)** Warum wird vor Zecken gewarnt? Tauscht aus, was ihr darüber schon wisst.

**2** **a)** Lest den Text über Zecken still durch.
**b)** Unterstreicht auf einer Folie oder auf der Copy 9 alle unbekannten Wörter.
**c)** Klärt die Wörter aus dem Textzusammenhang oder schlagt im Wörterbuch nach.

**3** **a)** Beschreibt das Aussehen von Zecken im Normalzustand und vollgesogen mit Blut.
**b)** Welche gefährlichen Krankheiten können durch Zeckenbisse übertragen werden? Nennt diese Krankheiten.

**4** Richtig oder falsch? Sprecht darüber.

> Zu einem Zeckenbiss kann es kommen:
> A beim Gehen am Strand
> B beim Laufen durch Wiesen und Büsche
> C beim Ausflug in den Wald
> D beim Spazieren auf geteerten Wegen

**5** Im zweiten Abschnitt steht beim zweiten Hinweis nur das Bild. Schreibt einen kurzen Text, indem ihr den folgenden Tipp eines Försters zusammenfasst.

> Wenn du in den Wald oder durch Wiesen gehst, ziehe eine lange Hose und einen langärmeligen Pullover an und setze eine Mütze auf, damit du keine Zecken mit nach Hause bringst! Und schlage vor allem die Strümpfe über den Hosensaum oder trage Stiefel. Das hält die ekligen Blutsauger ab!

**6** Über dem dritten Abschnitt fehlt die Überschrift. Worum geht es in diesem Abschnitt? Formuliert eine Überschrift.

**7** Was ist richtig? Sprecht darüber.

> Was sollte man bei einem Zeckenbiss **nicht** tun?
> A Zecke mit Zeckenzange entfernen
> B Zecke mit Klebstoff ersticken
> C Zecke mit den Fingern abkratzen
> D zum Arzt gehen

**8** Beschreibt mit Hilfe der Abbildungen im Text, wie man eine Zecke entfernt. Beachtet die Richtung der Pfeile.

> 1. Öffne die Greifarme der Zange und packe die Zecke direkt am Kopf.
> 2. ...

**9** **a)** Die Karte im Text zeigt die Gebiete, in denen das Zeckenrisiko hoch ist. Lest die Erklärungen zur Karte.
**b)** Was ist unter einem „Hochrisikogebiet" zu verstehen? Tauscht euch aus.
**c)** In welchen Gebieten in Bayern ist das Zeckenrisiko besonders hoch?

**10** Welche Absichten verfolgt der Text?

> Der Text will:
> A informieren und warnen
> B unterhalten
> C Hilfen anbieten
> D Spannung erzeugen

# Vorsicht Zecken!

### Warum sind Zecken gefährlich?

Zecken sind 3-4 mm kleine Spinnentiere, die sich von fremdem Blut ernähren. Vollgesogen mit Blut
5 werden sie bis zu einem Zentimeter lang. Am Kopf sind sie mit einem Stechrüssel und Widerhaken ausgerüstet, die das Herausrutschen der Zecke während des Saugvorgangs verhindern.

10 Zecken können gefährliche Krankheiten übertragen, die im schlimmsten Fall zu Lähmungen führen können. Eine davon ist die Borreliose, bei der die Zecken Bakterien übertragen. Diese Erkrankung kann durch
15 Verabreichung eines Antibiotikums behandelt werden. Die andere weitaus gefährlichere Erkrankung ist die Zecken-Hirnhautentzündung, auch FSME genannt. Gegen diese von Viren verursachte Krankheit gibt es eine
20 Schutzimpfung. Für besondere Risikogebiete wird eine vorbeugende Impfung dringend empfohlen (siehe Karte).

Zecken sitzen im Gras, im Laub, in Büschen und sogar in Hecken. Sie riechen unseren
25 Schweiß und spüren die Wärme unseres Körpers. Aber nur wenn man eine Zecke zufällig berührt, kann sie auf den Menschen klettern.

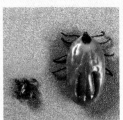

### Wie schützt du dich vor Zecken?

1. Bevor du ins Freie gehst, reibe dich mit einem Zeckenschutzmittel 30 ein, das du in jeder Apotheke kaufen kannst! Diese Mittel schützen dich 2-4 Stunden!

2.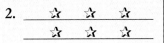
35

3. Nach einem Ausflug in die Natur sollte man die Kleidung und vor allem seine Haut sorgfältig nach Zecken absuchen!

4. Auch Haustiere, die sich immer wieder im Freien aufhalten, musst du regelmäßig nach 40 Zecken untersuchen!

☆ ☆ ☆

1. Hat sich eine Zecke in der Haut festgebissen, darf auf keinen Fall Klebstoff, Öl oder Nagellack aufgetragen werden. Die Zecke 45 gerät sonst in Panik und gibt Speichel ins Blut ab, der Krankheitserreger enthalten kann.

2. Mit einer Pinzette oder Zeckenzange aus der Apotheke kann man die Zecke entfernen:
50

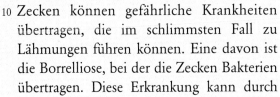

Zecke nie am vollgesogenen Körper anpacken!

3. Gehe zum Arzt, wenn an der Bissstelle eine Rötung auftritt!

# Sachtexte verstehen

**1** **a)** Habt ihr schon einmal ein Echo gehört? Wo war das und wie hat es sich angehört? Tauscht eure Erfahrungen aus.
**b)** Betrachtet das Bild rechts.
Was bedeuten die Striche?

**2** **a)** Bevor ihr den Text „Flugkünstler" lest, schaut euch die Bilder auf Seite 71 genau an.
**b)** Was wisst ihr über die Fledermaus? Tauscht euch aus.

## Flugkünstler

Fledermäuse fliegen und jagen nachts. Die meisten Arten ernähren sich von *Insekten* wie Mücken oder Nachtfaltern, die sie sich im Flug schnappen.

5 Lange dachte man, sie hätten besonders gute Augen. Heute weiß man, dass die Fledermaus ständig für uns unhörbare Töne von sich gibt. Diese Schallwellen reichen etwa vier bis fünf Meter weit. Sobald die Töne auf ein 10 Hindernis stoßen, kommt ein *Echo* zurück. Dieses kann die Fledermaus mit ihren großen Ohren auffangen. Sie kann so auch unterscheiden, aus welcher Richtung ein Geräusch kommt. Nur an diesem Widerhall kann sie 15 erkennen, wie groß ein Hindernis ist und wie weit das Hindernis von ihr entfernt ist. Sie kann erkennen, ob sie einem Baum ausweichen muss oder eine Mücke fressen kann.

Fledermäuse leben in Baumhöhlen, Dach- 20 speichern und Höhlen. Dort verbringen sie den Tag kopfunter schlafend. An jeder der fünf Zehen der *Hinterhand* ist eine Kralle, mit der sie sich sicher festhaken können. Auch den Winterschlaf halten sie so.

Fledermäuse sind Säugetiere, das bedeutet, 25 dass sie keine Eier legen wie Vögel, sondern lebende Junge zur Welt bringen. Neugeborene Fledermäuse sind blind und nackt, doch sie können sich sofort nach der Geburt festklammern, so dass sie an der Wand hängen 30 können. Nach etwa sechs Wochen beginnen sie zu fliegen.

Der Fledermausflügel hat lange dünne Finger, die durch eine Haut miteinander und mit dem Körper verbunden sind. Dieser 35 Flügel kann zusammengeklappt werden, wenn die Fledermäuse schlafen. Im Flug unterscheiden sich Fledermäuse von Vögeln durch den schnellen Zick-Zack-Flug. Fledermäuse kannst du an warmen Sommeraben- 40 den in Dörfern beobachten, wo sie zwischen den Bäumen Insekten jagen.

Fledermäuse sind sehr scheue Tiere, deren Lebensraum durch den Menschen stark eingeschränkt wird. Durch die Verwendung von 45 *Insektenbekämpfungsmitteln* finden sie immer weniger Futter. Alle heimischen Arten sind vom Aussterben bedroht.

**3** Einige Begriffe im Text sind *kursiv* gedruckt. Ordne die Begriffe den Erklärungen unten zu. Schreibe so: *tödliches Gift = …*

1. tödliches Gift
2. kleines Tier mit sechs Beinen
3. zu dir zurückkehrender Klang
4. Fuß

**4** a) Jeder Abschnitt im Text gibt Antwort auf bestimmte Fragen. Ordne jede Frage einem Textabschnitt zu:

1. Wie fliegen Fledermäuse?
2. Wie wachsen Fledermäuse auf?
3. Wo leben Fledermäuse?
4. Welche Gefahren drohen Fledermäusen ?
5. Wie finden Fledermäuse Weg und Beute?
6. Wie ernähren sich Fledermäuse?

b) Notiere in Stichpunkten abschnittsweise die wichtigsten Informationen aus dem Text.

**5** Welche Textstellen werden durch die Bilder A–C erklärt? Gib die Zeilen an.

**6** Fülle in dem Text unten die Lücken aus. In jeder Lücke soll nur ein Wort stehen. Benütze dazu eine Folie oder Copy 10.

**Fledermäuse**
Fledermäuse schlafen (1) in einem Versteck, aber nachts werden sie munter.
Das (2) ihrer Schreie hilft ihnen, sich zu orientieren. So wissen sie, ob sie schnell einem (3) ausweichen müssen oder ob sie (4) fangen können. Wenn sie schlafen, hängen sie (5) an einer Kralle.
Anders als bei Vögeln haben ihre Flügel keine Federn, sondern eine (6).
Sie fliegen nicht so ruhig wie Vögel, sondern im (7)-(8)-Flug.
Die größte Bedrohung für Fledemäuse stellt der Mensch dar, weil er ihren (9) stark einschränkt und ihnen ihre Hauptnahrung vergiftet. Wenn man sie nicht beschützt, werden viele Fledermausarten (10).

**7** Man sagt, Fledermäuse sind „nachtaktiv". Was könnte damit gemeint sein?

**8** Nimm Stellung zu dem Text: Was findest du besonders interessant?

# Grafiken und Tabellen verstehen

## Gefährlicher Schulweg

Im Jahre 2001 wurden insgesamt 1,6 Millionen Unfälle mit Schülern registriert. Die meisten Unfälle
passieren in der Schule. Über 678000 Unfälle ereig-
neten sich beim Sportunterricht. Auf dem Schulweg
5 erfolgten weniger als ein Zehntel aller Schulunfälle.
Allerdings verlaufen diese Unfälle oft wesentlich
folgenschwerer. 106 der insgesamt 120 Schüler, die
bei Schulunfällen ums Leben kamen, verunglückten
auf dem Weg zwischen Wohnung und Schule.

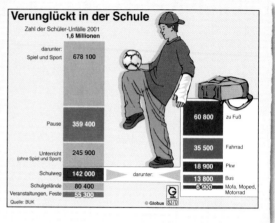

**Verunglückt in der Schule**
Zahl der Schüler-Unfälle 2001
1,6 Millionen

darunter:
Spiel und Sport 678 100

Pause 359 400 | 60 800 zu Fuß

Unterricht (ohne Spiel und Sport) 245 900 | 35 500 Fahrrad

Schulweg 142 000 darunter: | 18 900 Pkw

Schulgelände 80 400 | 13 800 Bus

Veranstaltungen, Feste 55 300 | 6 900 Mofa, Moped, Motorrad

Quelle: BUK   © Globus 8370

---

**1 a)** Betrachte die Grafik und erkläre in einem
Satz, worum es geht. Der Tipp hilft dir dabei.
**b)** Welche Informationen in der Grafik findest
du überraschend?

**2 a)** Lies den Text „Gefährlicher Schulweg".
**b)** Stammen die folgenden Angaben aus dem
Text, aus der Grafik oder aus beidem?

> **A**
> 2001 gab es 1,6 Millionen Schülerunfälle.

> **B**
> Auf dem Schulweg ereigneten sich
> weniger als ein Zehntel aller Schulunfälle.

> **C**
> 120 Schüler verunglückten tödlich.

> **D**
> Zu Fuß verunglückten mehr Schüler
> als mit dem Fahrrad.

> **E**
> Bei Veranstaltungen und Festen
> passierten die wenigsten Unfälle.

**c)** Suche selbst weitere Informationen heraus
und frage deine Mitschüler, ob sie aus dem
Text, der Grafik oder beidem stammen.

**3** Was hältst du von der Behauptung:
„Am sichersten wäre es, wenn man mit Mofa,
Moped oder Motorrad in die Schule kommt."

**4 a)** Unter der Grafik steht das Wort „Quelle".
Was ist damit gemeint? Lies dazu den Tipp.
**b)** Warum sind die Angaben des Bundes-
verbands für Unfallkassen (BUK) zuverlässig?
**c)** Verfasse einen kleinen Text, in dem du Vorschläge machst, wie man Schulunfälle vermeiden kann. Wähle einen Unfallbereich aus.

**TIPP**

**Sich in einer Grafik orientieren**
1. Lies zuerst die Überschriften.
   Sie informieren, worum es geht.
2. Achte auf die Größenunterschiede
   von Flächen oder Balken.
   Sie geben einen schnellen Überblick, welche Ereignisse häufig
   oder selten vorkommen.
3. Die Quellenangabe zeigt dir,
   woher die Daten kommen.
   An ihr erkennst du, wie zuverlässig die Informationen sind.

**5** a) Betrachte die Grafik rechts.
Schreibe in einem Satz auf, worum es geht.

**6** a) Diese Grafik ist in Tabellenform aufgebaut.
Lies dazu den Tipp.
  b) Was geben die Spaltenüberschriften an?
  c) Was gibt die Zeilenbeschriftung an?

**7** Was war 1975 die beliebteste
Freizeitbeschäftigung?

**8** Richtig oder falsch? Begründe deine Aussage.

**A**
1963 gehörte „Ausschlafen" zu den drei
beliebtesten Freizeitbeschäftigungen.

**B**
1986 haben sich die Menschen lieber mit
ihren Freunden getroffen als telefoniert.

**C**
„Fernsehen" gehörte immer zu den fünf
beliebtesten Freizeitbeschäftigungen.

**D**
Über die ganze Zeit gesehen ist „Fernsehen"
beliebter als „Zeitung/Illustrierte lesen".

**E**
1986 und 1995 lag die gleiche Freizeitbeschäftigung auf Platz 4.

**F**
„Zeitung lesen" lag nie schlechter als auf Platz 4.

**9** Welche Freizeitbeschäftigungen sind
nur einmal unter die ersten fünf gekommen?

**10** Kannst du dir denken, warum 1957 *Fernsehen*
nicht zu den fünf beliebtesten Freizeitbeschäftigungen gehörte?

**11** Wie erklärt ihr euch, dass „Mit Kindern
spielen" nur 1957 genannt wird?

**12** Stell dir vor, du lebst im Jahr 1957.
Beschreibe, wie du mit deiner Familie
das Wochenende verbracht hast.

**TIPP**
**Tabellen erschließen**
In einer Tabelle lassen sich Informationen ordnen und übersichtlich darstellen. Sie besteht aus waagerechten
**Zeilen** und senkrechten **Spalten**.
Diese haben in der Regel Überschriften
oder Bezeichnungen, an denen du
erkennst, nach welchen Gesichtspunkten
die Informationen geordnet sind
(z.B. Jahr, Größe, Menge, Begriff,
Rangfolge ... ).
Informationen können in Form von
Text und Zahlen oder auch bildlich
dargestellt sein.

# Erzählung lesen und verstehen

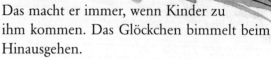

## Bitterschokolade
*Heribert Haberhausen*

„Du musst es tun", drängelt Peter. Ralfs Hände stecken unentschlossen in den Hosentaschen. „Wenn du zu uns gehören willst, musst du es tun", bestätigt auch Bernd.

5 Ralf schaut auf seine Schuhspitzen. „Ich habe noch nie etwas gestohlen", murmelt er.

„Einmal ist immer das erste Mal. Und Mutprobe ist Mutprobe."

„Du brauchst keine Angst zu haben", ermutigt
10 ihn Bernd. „Es ist ganz einfach. Wir lenken den alten Grandel ab, und du lässt die Schokolade in der Innentasche deiner Jacke verschwinden. So einfach ist das!"

Ralf lehnt an der Mauer. „Einem alten Mann
15 eine Tafel Schokolade zu stehlen, das ist doch keine Mutprobe."

„Willst du nun zu uns gehören oder nicht?"

„Bist du feige?", fragt Peter herausfordernd.

„Ich bin nicht feige", erwidert Ralf und steuert
20 „Grandels Kleines Lädchen" an.

 **Nicht weiterlesen,**
**erst Aufgabe 2 bearbeiten.**

Ein helles Glöckchen bimmelt, als die drei Jungen das Geschäft betreten. Der alte Grandel
25 schielt über seine Brille und begrüßt die Jungen mit einem Kopfnicken. Peter und Bernd schlendern lässig durch die schmalen Gänge, Ralf folgt ihnen vorsichtig. Peter zieht ein Schulheft aus dem Regal. Ralf bückt sich schnell. Die
30 Schokolade ist in seiner Jacke verschwunden.

 **Nicht weiterlesen,**
**erst Aufgabe 3 bearbeiten.**

An der Kasse bezahlt Peter das Schreibheft. Herr Grandel schenkt den dreien ein
35 Kaugummi.

Das macht er immer, wenn Kinder zu ihm kommen. Das Glöckchen bimmelt beim Hinausgehen.

„Gut gemacht!", lobt Peter. „Vollmilchschokolade mit Nüssen hat er erwischt", freut sich 40 Bernd, der die Beute gerecht verteilt.

Ralf kaut die Schokolade, sie schmeckt bitter.

„Jetzt gehörst du zu uns", bestätigt Bernd und reicht Ralf die Hand nach Indianerart, Arm und Handfläche gleichzeitig. 45

„Ich muss heim", murmelt Ralf und rennt davon. Zu Hause brütet er stundenlang über seinem Rechenheft.

 **Nicht weiterlesen,**
**erst Aufgabe 5 und 6 bearbeiten.** 50

Am nächsten Morgen klopft Ralfs Herz, als er an „Grandels Kleinem Lädchen" vorbeikommt. Nach der Schule bleibt er einige Minuten davor stehen. Dann tritt er ein.

Das Glöckchen bimmelt wie eh und je, und 55 Herr Grandel schielt wie immer über seine Brille. Ralf legt ein Geldstück auf den Kassentisch. „Was möchtest du, Ralf?", fragt Herr Grandel.

„Ich", stottert Ralf, „ich möchte eine Tafel 60 Schokolade bezahlen."

„Du musst dir erst eine nehmen", erklärt freundlich Herr Grandel.

„Ich habe sie mir schon genommen, gestern." Herr Grandel schaut Ralf an. 65

„Es war eine Mutprobe", erklärt Ralf.

Herr Grandel öffnet die Kasse und legt das Geldstück hinein. Er reicht Ralf wie immer ein Kaugummi. Dann nickt er anerkennend.

„Die Mutprobe hast du heute bestanden." 70

**1 a)** „Bitterschokolade" – so lautet die Überschrift. Was fällt euch zu diesem Titel ein?

**2 a)** Lest den Text bis zum ersten Stopp.
**b)** *„Wenn du zu uns gehören willst, musst du es tun."* (Zeile 3–4)  Ralf gerät in eine verzwickte Lage. Sprecht darüber.
**c)** Ralf zögert. Welche Bedenken hat er? In welchen Zeilen findet ihr dazu Hinweise?
**d)** *„Ich bin nicht feige"*, erwidert Ralf und steuert *„Grandels Kleines Lädchen"* an. (Zeile 19–20)  Was wird Ralf tun? Tauscht eure Vermutungen aus.

**3 a)** Lest weiter bis Zeile 30.
**b)** Gebt mit eigenen Worten wieder, wie sich Ralf entschieden hat.
**c)** Wie könnte diese Geschichte weitergehen? Überlegt euch einen Fortgang mit Schluss. Entscheidet euch für eine der folgenden Erzählfortsetzungen und ergänzt weitere Erzählschritte.

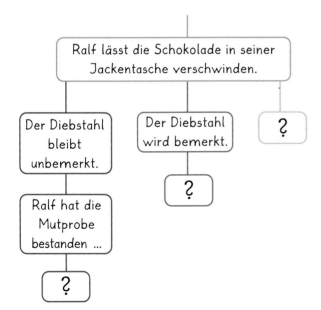

**d)** Tragt eure Erzählfortsetzungen vor und überlegt: Ist der Ausgang der Geschichte glaubhaft?

**4 a)** Lest die Geschichte bis zum nächsten Stopp in Zeile 48.
**b)** Fasst zusammen, was passiert ist.

**5** Wie fühlt sich Ralf nach dem „geglückten" Diebstahl? Überlegt, welche der folgenden Ausdrücke zu Ralfs Stimmung passen.

| | | |
|---|---|---|
| traurig | nachdenklich | stolz |
| enttäuscht | bedrückt | missmutig |
| glücklich | allein | erlöst |

**6** *„Zuhause brütet er stundenlang über seinem Rechenheft."* ( Zeile 47–48)
Welche Stimmung drückt dieses sprachliche Bild aus?

**7 a)** Lest die Geschichte zu Ende.
**b)** Fasst mit eigenen Worten zusammen, wie die Geschichte ausgeht.
**c)** Hat euch der Ausgang überrascht?

**8 a)** *„Ich habe sie (Schokolade) mir schon genommen, gestern... . Es war eine Mutprobe"*, erklärt Ralf.  (Zeile 64–66) Vergleicht diese Aussage mit Herrn Grandels Worten: *„Die Mutprobe hast du heute bestanden."* (Zeile 70)
**b)** Ralf stiehlt eine Vollmilchschokolade. Dennoch wählt der Autor die Überschrift „Bitterschokolade". Warum wohl?

**9 a)** Wörter wie „feige", „Mutprobe" und Aufforderungen wie „Du musst es tun!" können auch euch herausfordern. Wie kann man sich dagegen wehren? Tauscht euch in Murmelgruppen (siehe Seite 41) aus.
**b)** Stellt im Plenum Möglichkeiten vor und sprecht darüber.
**c)** Spielt in einer Szene vor, wie Ralf standhaft bleibt.

# Bildgedichte

## GIRAFFE VERLASSEN

**KROKODIL**

**1 a)** Lest die Wörter oben.
Warum sind die einzelnen Buchstaben
so angeordnet?
**b)** Schreibt folgende Wörter als Bild:
*Sonnenblume, rückwärts, Treppe.*
**c)** Sucht selbst Wörter, die sich bildlich
darstellen lassen.

**2 a)** Schaut euch das Gedicht rechts an.
Beschreibt, was ihr seht.
**b)** Was wird durch die Anordnung der Wörter
zum Ausdruck gebracht?

**3 a)** Was versteht man unter *Ordnung*?
Nennt dafür Beispiele.
**b)** Schaut euch das Bildgedicht unten an.
Wodurch werden *Ordnung* und *Unordnung*
deutlich gemacht?

### ordnung - unordnung
*Timm Ulrichs*

```
ordnung      ordnung
ordnung      ordnung
ordnung      ordnung
ordnung      ordnung
ordnung      ordnung
ordnung  unordn   g
ordnung      ordnung
ordnung      ordnung
ordnung      ordnung
ordnung      ordnung
ordnung      ordnung
```

### Ebbe und Flut
*Timm Ulrichs*

```
ebbeebbeebbeebbeebbe
ebbeebbeebbeebbe        flut
ebbeebbeebbe        flutflut
ebbeebbe        flutflutflut
ebbe        flutflutflutflut
            flutflutflutflutflut
ebbe        flutflutflutflut
ebbeebbe        flutflutflut
ebbeebbeebbe        flutflut
ebbeebbeebbeebbe        flut
ebbeebbeebbeebbeebbe
ebbeebbeebbeebbe        flut
ebbeebbeebbe        flutflut
ebbeebbe        flutflutflut
ebbe        flutflutflutflut
            flutflutflutflutflut
ebbe        flutflutflutflut
ebbeebbe        flutflutflut
ebbeebbeebbe        flutflut
ebbeebbeebbeebbe        flut
ebbeebbeebbeebbeebbe
ebbeebbeebbeebbe        flut
ebbeebbeebbe        flutflut
ebbeebbe        flutflutflut
ebbe        flutflutflutflut
            flutflutflutflutflut
ebbe        flutflutflutflut
ebbeebbe        flutflutflut
ebbeebbeebbe        flutflut
ebbeebbeebbeebbe        flut
ebbeebbeebbeebbeebbe
ebbeebbeebbeebbe        flut
ebbeebbeebbe        flutflut
ebbeebbe        flutflutflut
ebbe        flutflutflutflut
            flutflutflutflutflut
ebbe        flutflutflutflut
ebbeebbe        flutflutflut
ebbeebbeebbe        flutflut
ebbeebbeebbeebbe        flut
ebbeebbeebbeebbeebbe
ebbeebbeebbeebbe        flut
ebbeebbeebbe        flutflut
ebbeebbe        flutflutflut
ebbe        flutflutflutflut
            flutflutflutflutflut
```

**Die Wand**
*Renate Welsh*

Worte
Worte
Worte
Worte
Worte
Worte
Worte
Worte
Worte
Worte
Worte
Ich  Worte  Du

**Die Brücke**
*Renate Welsh*

Worte Worte Worte
Worte   Worte   Worte   Worte
Worte                            Worte
Worte                            Worte
Worte                            Worte
Ich  Worte                        Worte  Du

**4** **a)** Lest die beiden Gedichte oben.
**b)** In beiden Gedichten geht es um *Worte*, also etwas Gesagtes. Welche Möglichkeiten haben Worte? Erklärt, was mit der Anordnung zum Ausdruck gebracht wird.

**5** **a)** Rechts findet ihr zwei weitere Bildgedichte. Lest sie genau durch und erklärt, worum es in den Gedichten geht.
**b)** Wie passt der Inhalt der Gedichte zu der äußeren Form?
**c)** Wodurch unterscheiden sich diese Gedichte von den vorherigen Bildgedichten?

**6** **a)** Entwerft in Gruppen selbst Bildgedichte zu folgenden Sätzen.
**b)** Schreibt die Bildgedichte auf Plakate und stellt sie in der Klasse aus.

Eine kleine Schnecke kriecht über den Rasen.

Ganz klein und rund liegt der Wurm am Meeresgrund.

Ein Hüpfball der springt rauf und runter.

**Die Trichter**
*Christian Morgenstern*

Zwei Trichter wandeln durch die Nacht.
Durch ihres Rumpfes verengten Schacht
fließt weißes Mondlicht
still und heiter
auf ihren
Waldweg
u.s.
w.

**Die Pyramide**

                    o
                   weh
                  heute
                spielten
               wir in der
              pause ägypten
            lauter stöhnende
           sklaven mussten aus
          furchtbar tonnenschwe
         ren ranzen die pyramide
        errichten ich lag neben ma
       rion wir sind noch die dünnsten
      als mumien ein bisschen schwummrig
     war's schon so drei bis fünf jahrtau
    sende lang gequiekt haben wir aber nur
   wie so ein frechling mit hurra uns erstig
  herr schuricht erwischte sklaven samt mumien
 da hieß es staub abklopfen und nun hefte hcraus
kantenlänge mal kantenlänge mal höhe durch drei ist

# Gedichte in **Reimen**

**Die Ameisen**
*Joachim Ringelnatz*

In Hamburg leben zwei Ameisen,
Die wollten nach Australien reisen.
Bei Altona auf der Chaussee
Da taten ihnen die Beine …,
Und da verzichteten sie weise
Denn auf den letzten Teil der …

So will man oft und kann doch …
Und leistet dann recht gern Verzicht.

**Knabe mit erkältetem Käfer**
*Heinz Erhardt*

Auf meiner Schulter sitzt
ein Käfer, rot mit schwarzen Tupfen.
Er ist vom Fliegen ganz erhitzt,
nun kriegt er sicher einen …

Ich nehm ihn in die Hand und renn
mit ihm nach Haus über die Wiesen.
Er muss sofort ins Warme, denn
ich höre ihn bereits schon …

**1 a)** Schreibt die beiden Gedichte oben ab
und ergänzt die fehlenden Wörter.
**b)** Wie habt ihr es geschafft, die Verse fertig
zu schreiben?
**c)** Vergleicht die Reime in den Gedichten
oben. Was unterscheidet sie?
**d)** Lest die Info.

**2 a)** Bei dem Gedicht rechts sind die Verse
durcheinander geraten. Schreibt das Gedicht
in der richtigen Reihenfolge auf.
**b)** Woran habt ihr die richtige Reihenfolge
erkannt?

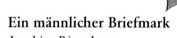

**Ein männlicher Briefmark**
*Joachim Ringelnatz*

Ein männlicher Briefmark erlebte
Er war von einer Prinzessin beleckt.
Was Schönes, bevor er klebte.
Er wollte sie wieder küssen,
Das ist die Tragik des Lebens.
Da hat er verreisen müssen.
Da war die Liebe erweckt.
So liebte er sie vergebens.

**INFO**

**Strophen und Reime**

Ein Gedicht ist meistens in **Strophen** unter-
teilt. Jede Strophe besteht aus mehreren
**Versen**. Die letzten Wörter der Verse
können sich reimen.

Beim **Paarreim**
folgen die Reime     Sonne   a
aufeinander:         Wonne   a
                     Eis     b
                     heiß    b

Beim **Kreuzreim** überspringt der Reim
eine Zeile:
Sonne   a
Eis     b
Wonne   a
heiß    b

# Gedichte sprechen in Bildern

## Löwenzahn
*Lulu von Strauß und Torney*

Nun hebt auf jedem Wiesenplan,
auf jedem grünen Stellchen,
der goldgesternte Löwenzahn
die luftgen Federbällchen.

Bisweilen fährt der Wind darein,
der ungestüme Bläser,
dann stieben tausend Fiederlein
weit über Busch und Gräser.

Braucht auch manch roter Kindermund
den frischen Atmen gerne
und bläst ins grüne Wiesenrund
die Saat für neue Sterne,

und lacht dazu, als wüsst er's gut,
wenn leicht die Flöckchen schweben,
dass er die Arbeit Gottes tut
am lieben jungen Leben.

**1** Was fällt euch zu dem Wort *Löwenzahn* ein?
Sammelt eure Ideen in einem Cluster.

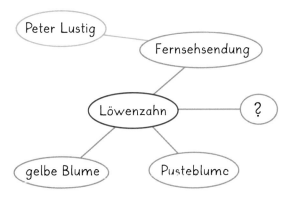

**2 a)** Lasst euch das Gedicht langsam vorlesen
und hört mit geschlossenen Augen zu.
**b)** Ihr habt euch beim Zuhören bestimmt
etwas vorgestellt. Malt dazu ein Bild.

**3 a)** Lest selbst das Gedicht und beschriftet
euer Bild mit Wörtern aus dem Gedicht.
**b)** Welche Wörter habt ihr aufgeschrieben?
Tauscht euch aus.
**c)** Wie könnte man „die luftgen Federbällchen" malen? Macht Vorschläge.

**4 a)** In Gedichten kommen oft „sprachliche
Bilder" vor. Was könnte damit gemeint sein?
**b)** Lest die Info und vergleicht
eure Vermutungen.
**c)** Sucht in dem Gedicht nach sprachlichen
Bildern und erklärt sie.

### INFO

**Vergleich durch sprachliche Bilder:**
Sprachliche Bilder vergleichen.
Der Ausdruck *der goldgesternte
Löwenzahn* enthält zwei Vergleiche:
1. die Blüte des Löwenzahns sieht
   wie ein Stern aus,
2. die Blüte ist gelb wie Gold.
Sprachliche Bilder darf man daher
nicht wortwörtlich nehmen:
Die Blüte des Löwenzahns ist kein
goldener Stern, sie sieht nur so aus
wie ein goldener Stern.
Sprachliche Bilder ermöglichen durch
den Vergleich eine anschauliche
Darstellung.

# Einen Gedichtvortrag
# ausgestalten

**1 a)** In dem Gedicht rechts wird ein Gewitter
beschrieben: wie es kommt, wie es plötzlich
da ist, wie es vorbei ist. Kennzeichnet auf
einer Folie oder auf der Copy 11 diesen Ablauf
mit verschiedenen Farben.
**b)** Welche Wörter machen die Geräusche
des Gewitters hörbar? Unterstreicht sie.
**c)** Sprecht diese Wörter laut.
Wie müssen sie klingen?
**d)** Sprecht nun das ganze Gedicht.
Achtet darauf, dass ihr den Ablauf
des Gewitters durch die Lautstärke
und das Sprechtempo hervorhebt.

**2 a)** Ihr könnt das Gedicht durch Hintergrundgeräusche untermalen. Lest den Tipp.
**b)** Welche anderen Möglichkeiten,
Geräusche zu erzeugen, fallen euch ein?
**c)** Bringt die Gegenstände für die Geräusche
mit und probiert sie aus.
Was eignet sich für welche Stelle am besten?
**d)** Legt fest, wer welches Geräusch macht.

**3** Übt den Gedichtvortrag mit Geräuschen ein:
Eine Schülerin oder ein Schüler trägt
das Gedicht vor und die anderen erzeugen die
passenden Hintergrundgeräusche.
Dazu müsst ihr aber alle das Gedicht
auswendig lernen, damit ihr wisst,
wann ihr dran seid.

**Gewitter**
*Erwin Moser*

Der Himmel ist blau
Der Himmel wird grau
Wind fegt herbei
Vogelgeschrei
5   Wolken fast schwarz
Lauf, weiße Katz!
Blitz durch die Stille
Donnergebrülle
Zwei Tropfen im Staub
10   Dann Prasseln auf Laub
Regenwand
Verschwommenes Land
Blitze tollen
Donner rollen
15   Es plitschert und platscht
Es trommelt und klatscht
Es rauscht und klopft
Es braust und tropft
Eine Stunde lang
20   Herrlich bang
Dann Donner schon fern
Kaum noch zu hör'n
Regen ganz fein
Luft frisch und rein
25   Himmel noch grau
Himmel bald blau!

**TIPP**

**So könnt ihr Geräusche erzeugen:**
**Regen:** Lasst Sand oder Reis auf ein
Tamburin oder eine Trommel rieseln.
**Wind:** Lasst ein biegsames Plastik-
rohr langsam oder schnell kreisen.
**Wasser:** Das Plätschern des Wassers
lässt sich in einer Schüssel mit
Wasser nachmachen.
**Blitz:** Mit einem Stock auf Blech
schlagen.

# Gedichte selbst schreiben

Regen
Wolke
Donner
Engel
Blitz Gewitter Himmel
fliegen oben
Flugzeug

SONNE

WOLKEN

Ich
schwebe wie
im siebten Himmel
auf einem weichen
Meer aus
Wolken

Blau
Der Himmel
Über den Wolken
Frei muss ich sein
Fliegen!

HOCH
FLIEGEN
MÄCHTIG
TRÄUMEN
ENGEL
LIEBE

**So schreibst du selbst ein Gedicht:**

TIPP

1. Sammle zu einem Bild möglichst viele Wörter in einem Cluster.
2. Wähle eine Gedichtform aus:
   – **Elfchen:**
     Es besteht aus elf Wörtern. Lies den Tipp auf Seite 7.
   – **Rautengedicht:**
     Du ordnest die Wörter in Form einer Raute an. Eine Raute hat diese Form: ◇
   – **Bildgedicht:**
     Die Buchstaben von Wörtern werden so angeordnet, dass sie den Inhalt des Wortes bildlich wiedergeben.
   – **Wortgedicht:**
     Schreibe die Buchstaben des Wortes untereinander. Suche zu jedem Buchstaben ein Wort, das zu dem Ausgangswort passt.

**1** a) Legt einen Cluster zu *Himmel* an.
b) Ihr findet oben verschiedene Gedichtbeispiele zum Thema *Himmel*. Erklärt in Partnerarbeit die unterschiedlichen Gedichtformen. Lest dazu den Tipp.

**2** Lasst euch durch das Bild und den Cluster zu einem Gedicht anregen.
Schreibt selbst Gedichte zu dem Bild.

# Was ist eine Fabel?

### Das Schilfrohr und die Eiche
*(Äsop)*

Ein Schilfrohr und eine Eiche stritten sich,
wer von ihnen stärker und fester stehe. Das
Rohr, welches von der Eiche getadelt wurde,
dass es keine Stärke habe und leicht von
5 allen Winden bewegt werde, schwieg und
sprach kein Wort.
Nach einer kleinen Weile erhob sich ein heftiger Sturm; das hin und her geschüttelte
Rohr gab den Stößen des Windes nach und
10 blieb unbeschädigt, die Eiche dagegen
stemmte sich dem Sturm entgegen und
wurde von seiner Gewalt gebrochen.

**1** **a)** Welche Eigenschaften besitzen Schilfrohr
und Eiche?
**b)** Zeigt auf, dass diese Fabel
aus zwei Handlungen besteht.
**c)** Formuliert eine Lehre, die man
an den Schluss der Fabel setzen könnte.

**2** **a)** Die Fabel *Das Schilfrohr und die Eiche*
ist ganz knapp erzählt. Gestaltet sie aus.
Lasst die Pflanzen miteinander sprechen
und erzählt, was sie denken und fühlen:
– Was sagt die Eiche zum Schilfrohr?
– Was denkt und fühlt das Rohr,
   als es vom Baum getadelt wird?
**b)** Setzt diese Überlegungen auch
für den zweiten Teil der Fabel fort.
**c)** Schreibt an den Schluss die Lehre.

**INFO**

**Merkmale der Fabel**

1. Mit Fabel bezeichnet man eine
   zumeist kurze Erzählung, in der Tiere
   oder Pflanzen wie Menschen denken,
   fühlen, reden oder handeln.
2. Am Beispiel der erzählten Geschichte
   wird eine Erkenntnis (=Lehre) vermit-
   telt oder Kritik an bestimmten Verhaltensweisen der Menschen geübt.
3. In Fabeln treten oft Tiere oder Pflanzen
   mit gegensätzlichen Eigenschaften
   und Verhaltensweisen auf.
4. Meist folgt auf eine Handlung nach
   einem Drehpunkt eine überraschende
   Wende (=Pointe).
5. Oft steht am Ende der Fabel die Lehre
   in einem eigenen Satz.
Nicht alle Fabeln erfüllen alle hier
angeführten Merkmale.

# Selbst eine Fabel ausdenken

**1** **a)** Denkt euch ein Tier oder eine Pflanze aus, die für eine Fabel geeignet ist. Ihr könnt euch von der Abbildung anregen lassen.

**b)** Schreibt in Stichworten die wichtigsten Eigenschaften dieses Tiers oder dieser Pflanze auf.

**c)** Stellt euer Tier oder eure Pflanze in der Ich-Form vor:

„Ich bin der stolze Adler, der König der Lüfte." Ich bin sehr klug ...

**2** **a)** Sucht ein weiteres Tier (oder Pflanze), das gegensätzliche Eigenschaften hat, z. B.
*Adler und Maus,*
*Adler und Schlange.*

**b)** Haltet in Stichworten die wichtigsten Eigenschaften fest.

**3** Zu jeder Fabel gehört eine Lehre.
**a)** Lest die folgenden Beispiele.
**b)** Überlegt, welche Lehre für euer Tierpaar (Pflanzenpaar) geeignet ist.

**Vorschläge für Fabelthemen**
– Auch der Schwache kann einmal dem Starken helfen.
– Wer anderen eine Grube gräbt, fällt selbst hinein.
– Wer alles haben will, geht am Ende oft leer aus!
– Übermut tut selten gut.
– Wer zu viel angibt, macht sich lächerlich.
– Wer schön sein will, muss leiden.
– Wenn zwei sich streiten, freut sich der Dritte.
– Besser bescheiden und unbedroht als üppig und in Todesnot.

**4** **a)** Haltet eure bisherigen Überlegungen in einem Erzählplan wie unten fest.

**b)** Denkt euch die erste Handlung aus, in der die Eigenschaften der Tiere deutlich werden. Schreibt eure Vorstellungen auf dem Erzählplan in Stichworten auf. Welche Situation besteht am Ende des ersten Teils?

**c)** Durch welches Verhalten (von einem der beiden Tiere) oder durch welches Ereignis ändert sich die Situation? Haltet eure Ideen zur zweiten Handlung (Gegenhandlung) auf eurem Erzählplan in Stichworten fest.

**d)** Entscheidet, ob ihr am Schluss die Lehre der Fabel nennen wollt.

**e)** Schreibt eure Fabel auf. Verwendet dazu das Präteritum. Beachtet die Hinweise im Tipp.

**5** Lasst euch von dieser Bildergeschichte zu einer Fabel anregen.

Erzählplan für eine Fabel

Welche Tiere?
Adler: stolz, stark, eingebildet
Schlange: schwach, listig, vorsichtig

Welche Lehre?
Wer zuviel angibt, macht sich lächerlich.

Aufbau der Fabel
1. Handlung:
- Adler und Schlange stritten sich
  um eine Maus.
- Adler: Ich bin der König der Tiere.
- ...

2. Handlung:
- ...

3. Lehre am Schluss
...

TIPP
So erzählst du lebendig:
1. Lass die Tiere in wörtlicher Rede denken und sprechen.
2. Verwende anschauliche Adjektive und Verben.
3. Vermeide gleiche Satzanfänge.

# Eine Fabel szenisch gestalten

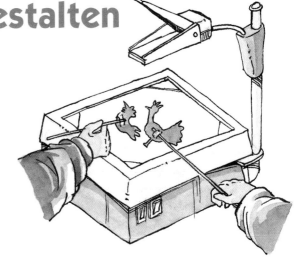

**1** Für die Aufführung einer Fabel müsst ihr
euren Fabeltext in ein Drehbuch umschreiben.
Schaut euch das Beispiel unten an.
Aus welchen Angaben besteht das Drehbuch?

**2** a) Einigt euch in Dreier- oder Vierergruppen
auf eine Fabel, die ihr vorspielen wollt.
b) Schreibt zuerst die Sprechtexte auf.
c) Ergänzt dann eure Überlegungen zur
Sprechweise und zur Mimik und Gestik.

**3** a) Welche Kostüme und Requisiten
benötigt ihr?
b) Fragt nach, ob ihr im Kunst- oder im Werk-
unterricht geeignete Tiermasken bauen könnt.
c) Probt euren Auftritt.
Lest dazu den Tipp auf Seite 61.

**4** Ihr könnt auch eure Tiere auf dünne Pappe
malen und ausschneiden.
Klebt diese Figuren auf Schaschlikspieße.
Jetzt könnt ihr die Fabel am Overhead-Projektor
vorführen.

### Drehbuch „Der Pfau und das Huhn"

| Text | Sprechweise | Mimik/Gestik |
|---|---|---|
| Erzähler: Ein Pfau und ein Huhn begegneten sich auf einer Wiese. | normaler Erzählton | keine |
| Pfau: Ich bin der schönste und prächtigste aller Vögel, niemand hat ein so herrliches Gefieder wie ich. | prahlerisch, überheblich, selbstzufrieden, Betonung auf „niemand" | erhobener Kopf, nach allen Seiten blickend, gezierte Gestik |
| Huhn: Verehrter Pfau, darf ich Sie einmal etwas fragen? | gewählte Ausdrucksweise, Betonung auf „verehrter Pfau" und „Sie" | ... |
| Pfau: ... | ... | sehr gespannt, erhobener Kopf |

# Ein Werk des Teufels?

### Der Teufelsfelsen und die Teufelskanzel

Die Bewohner des Donautales waren fromm und gottes-
fürchtig, und der Segen des Himmels lag sichtbar auf
ihren Fluren. Darüber ärgerte sich der Teufel und
beschloss, das Volk von seinem Glauben abspenstig zu
5 machen. In Mönchstracht bestieg er den höchsten Berg
der Gegend, machte sich auf dessen Spitze eine stei-
nerne Kanzel zurecht und predigte von hier aus den
Menschen. Er versprach ihnen alle Güter irdischer
Glückseligkeit, wenn sie seinen Lehren folgten.
10 Aber bald wurde er erkannt, und niemand wollte ihn
mehr hören. Darauf ergrimmte er so sehr, packte in
seiner Wut ein Felsstück und warf es in die Donau.
Dabei stampfte er mit dem Fuß so gewaltig auf den
Boden, dass noch heute die Spur auf der Teufelskanzel
15 zu sehen ist.

*Diese alte Zeichnung zeigt den Teufelsfelsen.*
*Er wurde 1796 für eine neue Straße gesprengt.*

**1** **a)** Die Teufelskanzel ist ein auffälliger Fels
im Donautal bei Bad Abbach.
Wie wird die Entstehung der „Teufelskanzel"
im Text erklärt?
**b)** Zu welcher Sorte von Sagen
gehört dieser Text? Lest dazu die Info.

**2** **a)** Welche Sagen kennt ihr aus eurer
Umgebung? Erzählt sie.
**b)** Ordnet sie einer der drei Sagenarten zu,
die in der Info genannt werden.

**INFO**

**Sagen**
Schon in früheren Zeiten haben die Menschen
nach Erklärungen für erstaunliche Ereignisse
und auffällige örtliche Gegebenheiten
gesucht. Diese Erklärungsversuche sind uns
heute in Form von Sagen überliefert.
Sie wurden mündlich weitererzählt und
haben sich immer wieder verändert.

Bei den **Volkssagen** unterscheidet man:
1. **Natursagen:** Sie erklären die Entstehung
   bestimmter Naturerscheinungen.
2. **Geschichtliche Sagen:** Sie beziehen sich
   auf längst vergangene Ereignisse und auf
   Taten bekannter Persönlichkeiten.
3. **Erlebnissagen:** Sie schildern die
   Begegnungen mit Riesen, Zwergen,
   Geistern oder mit dem Teufel.

# Sagen selbst erfinden

An der Südseite des Deggendorfer Rathauses befinden sich neben dem Eingang zum Ratskeller zwei an Eisenketten befestigte, handballgroße Steinkugeln. Diese „Knödel" sollen im 13. Jahrhundert zur Rettung der Stadt beigetragen haben.

**1** a) Sammelt Ideen, wie man mit Knödeln eine Stadt retten könnte.

b) Schreibt eine „Knödelsage", die die Bedeutung der Steinkugeln erklärt.

c) Wenn ihr die Textteile unten richtig ordnet, erklärt das Lösungswort die Steinkugeln. Diese wurden Straftätern um den Hals gehängt.

d) Vergleicht diese Sage mit euren Texten.

**2** a) Nennt einige ungewöhnliche Gegenstände oder Gebäude in eurer Umgebung.

b) Wählt euch eine Besonderheit aus. Wie könnte sie entstanden sein? Sammelt Ideen für eine Sage in einem Cluster.

Lest dazu auf Seite 92 nach.

c) Erfindet nun eine Sage, die diese Besonderheit erklärt.

---

**L** Vor Schreck stürzten sie rückwärts die Sturmleitern hinunter.

**D** Natürlich ließen die Deggendorfer die Soldaten nicht ohne Weiteres in die Stadt.

**U** Sie wollten die Mittagszeit abwarten, da sie dachten, dass die Wächter der Stadt dann beim Essen sitzen würden, und sie ungehindert in die Stadt einmarschieren konnten.

**N** An diesem Sommertag konnte das Heer des Böhmenkönigs Deggendorf jedenfalls nicht einnehmen.

**A** Damals schickte auch der böhmische König Ottokar ein Heer an die Donau nach Deggendorf.

**E** Als nun die ersten böhmischen Späher über die Stadtmauer blickten, wurden sie zum Empfang mit kochendheißen Knödeln beworfen.

**K** Da hatten die Männer aus Böhmen eine, wie sie dachten, glänzende Idee.

**G** Es kam aber ganz anders. Die Frauen brachten ihren Männern an diesem Tag die Knödel direkt an die „Front".

**N** Er wollte dort die Herrschaft übernehmen, nachdem die Adelsgeschlechter ausgestorben waren, die sich mit ihm um die Stadt stritten.

**SCH** Im 13. Jahrhundert war Deggendorf Schauplatz von erbitterten Erbstreitigkeiten.

# Das eigene Fernsehverhalten unter die Lupe nehmen

Wie lange schaue ich fern?

Wie viele Sendungen schaue ich mir an?

Schaue ich Sendungen vollständig an?

Welche Sendungen schaue ich mir an?

**1**
a) Lest diese Fragen und sprecht darüber.
b) Warum ist es schwierig, auf alle Fragen genau zu antworten?

**2**
Um etwas über das eigene Verhalten sagen zu können, ist es notwendig, sich selbst zu beobachten.
Sammelt weitere Fragen, mit deren Hilfe ihr etwas über eure Fernsehgewohnheiten herausfinden könnt.

**3** Schaut euch den unten stehenden Beobachtungsbogen an.
a) Auf welche der Fragen oben geht er ein?
b) Worauf müsst ihr achten, wenn ihr Antworten auf eure zusätzlichen Fragen finden wollt? Macht Beobachtungsvorschläge für die fünfte und sechste Spalte.
c) Einigt euch auf einen Werktag und einen Wochenendtag, an denen ihr euer eigenes Fernsehverhalten beobachtet.

## So habe ich in der Zeit vom ... bis ... ferngesehen

| Tag | 1. Gesamtdauer | 2. Anzahl der Sendungen | 3. Art der Sendung | ??? | ??? |
|-----|----------------|-------------------------|--------------------|-----|-----|
| 12.11. | 120 Min. | 3 | Zeichentrickfilm Vorabendserie Talkshow | | |
| ??? | | | | | |

## Ergebnisse für den Werktag

| Anzahl der Sendungen | 0 | 1 | 2 | 3 | >3 |
|---|---|---|---|---|---|
| Anzahl der Schüler | 2 | 9 | 10 | 3 | 2 |

| Gesamtfernsehdauer in Std. | 0 | 0–1 | 0–2 | 2–3 |
|---|---|---|---|---|
| Anzahl der Schüler | ☆ | ☆ | ☆ | ☆ |

| Welche Sendungsart? | Wie oft gesehen? |
|---|---|
| Zeichentrickfilm | ☆ |
| Vorabendserie | ☆ |
| Talkshow | ☆ |

## Ergebnisse für den Wochenendtag

| Anzahl der Sendungen | 0 | 1 | 2 | 3 | >3 |
|---|---|---|---|---|---|
| Anzahl der Schüler | ☆ | ☆ | ☆ | ☆ | ☆ |

| Gesamtfernsehdauer in Std. | 0 | 0–1 | 0–2 | 2–3 |
|---|---|---|---|---|
| Anzahl der Schüler | ☆ | ☆ | ☆ | ☆ |

| Welche Sendungsart? | Wie oft gesehen? |
|---|---|
| ☆ | ☆ |
| ☆ | ☆ |
| ☆ | ☆ |

**1** Sprecht zunächst über eure eigenen Beobachtungen:
– Hattet ihr mit diesem Ergebnis gerechnet?
– Gab es Beobachtungen, die euch selbst überraschten?

**2** Es ist auch interessant zu wissen, welche Fernsehgewohnheiten die anderen Schülerinnen und Schüler eurer Klasse haben. Auf dem Tafelbild oben findet ihr eine Möglichkeit, wie man einen Überblick über die vielen Beobachtungen gewinnen kann. Stellt fest, auf welche Spalten eures Beobachtungsbogens sich die Auswertungen oben beziehen.

**3** Das erste Auswertungsbeispiel gibt an, wie viele Schülerinnen und Schüler sich bei der Frage nach der Anzahl der gesehenen Sendungen gemeldet haben.
Versucht eine Auswertung der Tabelle, indem ihr folgende Sätze zu Ende führt:
*Nur wenige Schülerinnen und Schüler schauen am Werktag ? Sendungen.*
*Die Mehrheit der Klasse sieht am Werktag ? Sendungen.*

**4** a) Wertet in gleicher Weise an der Tafel eure Beobachtungen aus.
b) Formuliert Aussagen zu den Ergebnissen in eurer Klasse wie in Aufgabe 3.
c) Bewertet eure Ergebnisse.

Ich finde gut, dass …

Mich hat überrascht, dass …

Schlecht ist, dass …

# Fernsehen mit dem Fernsehwochenplan

**1** Warum ist es sinnvoll, sich für das Fernsehen einen Wochenplan anzulegen? Nennt Gründe.

**2** a) Ermittelt gemeinsam mithilfe einer Programmzeitschrift Sendungen, die in der kommenden Woche besonders interessant sind.
b) Empfehlt für jeden Tag den „Tagestipp".
c) Einigt euch auf eine Sendung, die ihr alle anschauen wollt.
Über diese Sendung solltet ihr auch im Unterricht sprechen.

**3** a) Legt – jeder für sich – einen Wochenplan wie unten an und tragt alle festen Termine ein.
b) Wählt aus dem Programm Sendungen aus und tragt sie in euren eigenen Wochenplan ein.

**4** Sprecht nach dieser „Woche mit Fernsehplan" über eure Erfahrungen.

|  | Montag | Dienstag | Mittwoch | Donnerstag | Freitag | Samstag | Sonntag |
|---|---|---|---|---|---|---|---|
| $8^{00}$– $9^{00}$ | ... | ... | ... | ... | ... | ... | ... |
| $9^{00}$–$10^{00}$ | ... | ... | ... | ... | ... | ... | ... |
| $10^{00}$–$11^{00}$ | ... | S C H U L E | | | | ... | ... |
| $11^{00}$–$12^{00}$ | ... | ... | | | | ... | ... |
| $12^{00}$–$13^{00}$ | ... | ... | ... | ... | ... | ... | ... |
| $13^{00}$–$14^{00}$ | Hausaufg. | Hausaufg. | Hausaufg. | Hausaufg. | Hausaufg. | ... | ... |
| $14^{00}$–$15^{00}$ | Hausaufg. | Hausaufg. | Hausaufg. | Hausaufg. | Hausaufg. | ... | ... |
| $15^{00}$–$16^{00}$ | ... | ... | ... | ... | ... | ... | ... |
| $16^{00}$–$17^{00}$ | ... | ... | ... | Gitarrenstd. | ... | ... | ... |
| $17^{00}$–$18^{00}$ | ... | ... | Fußball- | ... | ... | ... | ... |
| $18^{00}$–$19^{00}$ | ... | ... | training | ... | ... | ... | ... |
| $19^{00}$–$20^{00}$ | ... | ... | ... | ... | ... | ... | ... |

# Eine Fernsehsendung kritisieren

Fernsehfilm: Ronja Räubertochter
gesehen am: 15.11.

Birk und Ronja sind Kinder zweier verfeindeter
Räuberfamilien. Sie laufen von zu Hause fort und
leben alleine im Wald. Dort gibt es auch gefährliche
Fabelwesen und Birk und Ronja müssen viele
Abenteuer bestehen.
Mir haben besonders die Lieder der Räuber gefallen.
Nicht so toll fand ich, dass der Film manchmal ganz
schön traurig war.

**1** Zu Fernsehsendungen könnt ihr
auch selbst eine Kritik schreiben.
**a)** Was erfahrt ihr aus der Besprechung oben
über den Film?
**b)** Vergleicht diese Kritik mit dem Tipp.
Welche Ergänzungen wären noch sinnvoll?

**2** Für eine eigene Kritik ist es sinnvoll,
einen Stichwortzettel anzulegen.
Seht euch dazu das Beispiel unten an.
**a)** Bereitet einen Stichwortzettel vor
und füllt ihn nach der Sendung aus.
**b)** Schreibt eure Kritik mithilfe
des Stichwortzettels.

TIPP

**So schreibt man eine Fernsehkritik:**
1. Über die Sendung informieren
    – Wie lautet der Titel der
      besprochenen Sendung?
    – Worum geht es in der
      Sendung/in dem Film?
    – Welche Höhepunkte gibt es?
2. Eine Sendung bewerten
    – Was fällt an der Sendung
      besonders positiv auf?
    – Was ist weniger gelungen?
    – Welchen Gesamteindruck
      hinterlässt die Sendung?
Begründe deine Bewertung.

Beschreibung:
Titel der Sendung: ☆ ☆ ☆
Darum geht es: ☆ ☆ ☆
Höhepunkte: ☆ ☆ ☆

Beurteilung:
witzig [...]          gefühlvoll [...]
interessant [...]    spannend [...]
(+) = sehr      (o) = teilweise      (–) nicht

Gesamturteil:
☆☆☆ = gelungen
☆☆ = mittelmäßig
☆ = schlecht
Begründung: ☆ ☆ ☆

# Zu einer **Erzählidee** kommen

### Stell dir vor ...

Du schaltest gerade deinen Computer ein. Unter deiner rechten Hand ruht die Maus, bereit, nach einem Klick das gewünschte Programm zu starten. Du drückst: Es rattert, bunte Bilder wirbeln über den Bildschirm. Plötzlich spürst du einen unwiderstehlichen Sog an deiner rechten Hand. Du wirst mit der Maus in den Computer gezogen. Was erwartet dich dort?

Programm abgestürzt

Returntaste

Computervirus

Diskette anklicken

Arbeitsspeicher

Maus

**1** a) Wie könnte die Geschichte weitergehen? Sprecht gemeinsam darüber.
b) Habt ihr schon eine Erzählidee? Dann schreibt eure Geschichte auf.

**2** a) Manchmal kommt man nicht gleich auf eine Idee. Dann kann ein Cluster helfen. Lest dazu den Tipp.
b) Legt einen Cluster zu diesem Thema an.

**3** Sprecht mit eurem Nachbarn über euren Cluster und eure Erzählidee. Dadurch wird eure Idee noch konkreter.

bedienen Hebel

Raumschiff

kleine Zwerge

Computerspiel machen

das Innere betrachten

Ich im Computer

durch Maus hineingezogen

Diskette

. . .

in einen Chip kriechen

Prozessor austauschen

**TIPP**

**Mit dem Cluster zu Ideen kommen**
1. Schreibe in die Mitte eines Blattes den Ausgangsbegriff in einen Kreis.
2. Lege weitere Kreise mit Wörtern an, die dir dazu einfallen.
3. Wörter, die zusammengehören, verbindest du mit Strichen.
4. Entsteht eine Schreibidee? Streiche die Kreise mit den Wörtern, die nicht dazu passen, durch.

# Einen **Erzählplan** anlegen

**1** a) Entwickelt mit den ausgewählten Stichwörtern aus euren Clustern einen Erzählplan. Beachtet dabei den Aufbau einer Erzählung. Lest dazu die Info und schaut euch das Beispiel rechts an.

b) Überlegt, welche Clusterwörter in die einzelnen Aufsatzteile kommen.

**2** a) Schreibt jetzt eure Geschichte so, als hättet ihr sie selbst erlebt.

b) Wenn ihr keinen eigenen Erzählplan habt, könnt ihr euch an dem Erzählplan rechts orientieren.

c) Ihr könnt auch mit folgendem Erzählanfang beginnen.

Letzten Freitagnachmittag setzte ich mich lustlos an meinen Schreibtisch. Meine Mutter hatte mir ein Vokabellern-programm gekauft, und jetzt musste ich jeden Freitag langweilige Vokabeln üben. Genervt schaltete ich meinen Computer an. Mit wenigen Mausklicken öffnete ich mein Lernprogramm. Doch was war das? Als ich versuchte die Hand von der Maus zu nehmen, klebte sie daran wie ein Magnet. Mit einem Mal wurde ich hellwach. „Das gibt es nicht", schoss es mir durch den Kopf. Eine starke Kraft zog meine Hand, meinen Arm und schließlich meinen Körper in das Innere des Computers ...

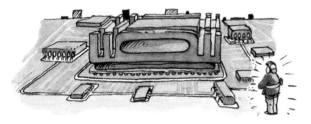

## Erzählplan

Einleitung:
– Freitagnachmittag
– in meinem Zimmer am Computer

Hauptteil:
– werde ins Innere des Computers gezogen
– besteige ein Diskettenraumschiff

Höhepunkt: – Kampf mit Viren
Auflösung: – Rettung durch
              die Returntaste

Schluss:
– aufgewacht: Mutter ruft
– Traum besser als alle Computerspiele

**INFO**

**Aufbau einer Erzählung**

1. **Einleitung:** Sie führt den Leser in die Handlung (Ort, Zeit, Hauptperson) ein und weckt seine Neugier.
2. **Hauptteil:** Der Leser erfährt Schritt für Schritt, wie die Handlung zu einem Punkt kommt, an dem man nicht weiß, ob sie wirklich gut aus-geht. An diesem Höhepunkt ist die spannendste Stelle. Auch die Auf-lösung gehört zum Hauptteil.
3. **Schluss:** Er rundet die Erzählung ab.

# Eine Erzählung **ausgestalten**

Ich hatte furchtbare Angst, als mir auf dem Weg durch den Computer immer wieder Module gefährlich entgegenleuchteten. Zum Glück war ich in einem Computerraumschiff und konnte alles von Innen beobachten. Außen jedoch sammelten sich immer mehr hässliche Computerviren mit schrecklich langen Zähnen. „Ihr werdet mir keine Angst machen", ermutigte ich mich immer wieder tapfer.

**A** Neugierig blickte ich aus dem Bullauge meines Raumschiffes. Da hörte ich ein Pfeifen und sah eine Rakete, die auf mein Raumschiff zuflog. Ich warf mich auf den Boden und schon hörte ich Scheiben klirren.

**B** Neugierig blickte ich aus dem Bullauge meines Raumschiffes. Doch was war das? Ein schrilles, lautes Pfeifen! Da! Wie ein Blitz rast eine Rakete auf mein Raumschiff zu. „Schnell in Deckung...", schießt es mir durch den Kopf. Scheiben klirren. Hastig und ängstlich werfe ich mich auf den Boden.

**1** Text A und Text B sind eine Fortführungen der Erzählung oben.

a) Lest beide Texte laut vor.
Welcher Text wirkt lebendiger?

b) Wodurch unterscheiden sich die Texte?

**2** Überarbeitet eure eigenen Geschichten. Der Tipp hilft euch, spannend und lebendig zu erzählen.

**TIPP**

So wird deine Erzählung lebendig und spannend:

1. **Gib deinen Personen einen Namen.**

2. **Schreibe in der richtigen Zeitform.**
Die Erzählzeit ist das Präteritum. Wenn es ganz besonders spannend wird, kannst du das Präsens verwenden.
*Was ist das? Blitzschnell schießt eine Rakete auf mich zu.*

3. **Verwende an den spannendsten Stellen kurze Sätze oder nur Satzteile.**
*Doch da! Ein Computerchip über mir!*

4. **Füge Fragen ein, die neugierig machen.**
*Was war das? Konnte das sein?*

5. **Verwende anschauliche Adjektive und passende Verben.**
*Nur ein markerschütterndes Pfeifen tönte durch die stockfinstere Nacht.*

6. **Verwende Vergleiche.**
*Z.B. schnell wie der Blitz, pfeilschnell.*

7. **Verwende die wörtliche Rede.**
*„Hast du das auch gehört?", wisperte Niki ängstlich. „Psst!", flüsterte ich.*

8. **Zeige die Gedanken und Gefühle deiner Personen auf. Was sehen, hören, riechen, schmecken und empfinden sie?**
*Sie freute sich so sehr, dass sie das eiskalte Metall gar nicht mehr spürte.*

9. **Vermeide gleiche Satzbaumuster.**
Stelle deine Sätze um oder verknüpfe sie mit Wörtern wie z. B. *als, plötzlich, auf einmal, anschließend, danach, nun, später, aber, dort, trotzdem ...*

# In Schreibkonferenzen
# Texte besprechen

**1** Besprecht in Kleingruppen von drei bis vier Personen eure Texte in Form von Schreibkonferenzen. Lest dazu die Info.

**2** a) Prüft die vorgelegten Texte mithilfe der Hinweise für die Handlungs- und Erzählexperten im Tipp rechts.
b) Welche Anregungen ergeben sich für die Überarbeitung der von euch besprochenen Texte?

INFO

**Schreibkonferenz**
Eine Schreibkonferenz teilt sich in zwei Phasen auf.
**1. Phase:**
Die Autorin oder der Autor liest die Erzählung vor, ihr tauscht die ersten Eindrücke aus:
– Wie hat euch die Geschichte gefallen?
– Was ist besonders gelungen?
**2. Phase:**
Teilt euch in Handlungs- und Erzählexperten auf. Jeder von euch übernimmt eine Expertenrolle.
Die Handlungsexperten überlegen anhand der Textvorlage, ob die Handlung folgerichtig erzählt worden ist.
Die Erzählexperten prüfen, wie man den Text sprachlich verbessern kann.
Die Tipps und Hinweise der Experten sind Vorschläge. Die Autorin bzw. der Autor entscheidet, wie der Text überarbeitet wird.

TIPP

**Hinweise für Handlungsexperten:**
Stimmt die Abfolge der Erzählschritte?
1. An welchen Stellen muss man noch etwas erklären?
2. War das Ende überraschend?
3. Habt ihr Verbesserungsvorschläge für den Anfang, für den Höhepunkt oder für den Schluss?
4. Macht die Überschrift auf die Erzählung neugierig?

**Hinweise für Erzählexperten:**
1. Wurde die richtige Zeitform gewählt?
2. Treten an spannenden Stellen kurze Sätze oder Satzteile auf?
3. Wurden Fragen eingefügt, die den Leser neugierig machen?
4. Wo schlagt ihr anschauliche Verben und Adjektive vor?
5. An welchen Stellen lässt sich noch wörtliche Rede (Äußerungen, Gedanken) einfügen?
6. Erfährt man genügend über die Gefühle der Personen?
7. Beginnen die Sätze immer gleich oder abwechselnd?

# Aus einer **bestimmten Sicht** erzählen

## Das Ei des Kolumbus

Wer berühmt ist, hat viele Neider. So erging es auch Christoph Kolumbus, nachdem er Amerika entdeckt hatte und nach Spanien zurückgekehrt war. Dort nutzten die spani-

5 schen Edelleute jede Gelegenheit, um Kolumbus, einen Italiener, schlecht zu machen. Das ärgerte diesen natürlich.

Einmal gab Kardinal Mendoza, ein Freund von Christoph Kolumbus, ihm zu Ehren ein

10 Festessen. Zu diesem Essen waren viele Edelleute eingeladen. Kolumbus nutzte diese Gelegenheit, um den Edelleuten seine Überlegenheit zu zeigen. Er befahl Alfonso, einem Diener: „Bringt mir ein frisches rohes Ei!"

15 Der Diener wunderte sich, brachte ihm aber das Ei auf einem silbernen Tablett. Damit ging Kolumbus zu Don Fernando, der ihn immer sehr kritisierte und sagte: „Exzellenz, Ihr seid bekannt für Eure Klugheit. Sicher

20 fällt es Euch leicht, dieses Ei auf seine Spitze zu stellen!" Der Edelmann, der von allen Umstehenden beobachtet wurde, meinte spöttisch: „Mit solchen Dingen habe ich mich zwar noch nicht beschäftigt, aber nichts

25 einfacher als das!" Leider gelang es ihm nicht. Mehrere Versuche waren erfolglos.

Wütend sagte er zu Christoph Kolumbus: „Es ist einfach Aufgaben zu stellen. Schwerer ist es, sie selbst auch zu lösen!"

Kolumbus, der die ganze Zeit Don Fernandos 30 Versuche in Ruhe beobachtet hatte, sagte: „Alle genialen Lösungen sind einfach. Man muss sie nur finden." Dann nahm er das Ei und klopfte damit vorsichtig auf das Tablett und stellte das Ei auf die eingedrückte Stelle. 35 Sofort erklärten alle: „Das hätte ja jeder von uns tun können." „Das stimmt", antwortete Kolumbus. „Der Unterschied ist nur, dass ich es getan habe."

Seit diesem Tag wagte es keiner der spanischen 40 Edelleute mehr, über Kolumbus schlecht zu reden.

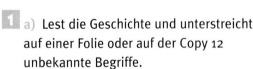

**1** a) Lest die Geschichte und unterstreicht auf einer Folie oder auf der Copy 12 unbekannte Begriffe.
b) Klärt diese Begriffe aus dem Textzusammenhang oder schlagt ihre Bedeutung im Wörterbuch nach.

**2** Im Text werden unterschiedliche Personen vorgestellt.
a) Wer ist Mendoza?
Was wird über ihn gesagt?
b) Warum sind viele Menschen auf Kolumbus neidisch?
c) Wer kritisiert Kolumbus immer wieder?
d) Wodurch schafft es Kolumbus, dass die Edelleute nicht mehr schlecht über ihn reden?

> Gestern war ich bei meinem Freund, dem Kardinal Mendoza zum Essen eingeladen. Leider musste ich neben diesem aufgeblasenen Don Fernando sitzen. Er spricht überall schlecht über mich und gönnt mir meinen Erfolg nicht. Da hatte ich mir eine List überlegt, mit der ich ihn vor allen Gästen blamieren wollte.

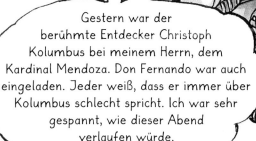

> Gestern war der berühmte Entdecker Christoph Kolumbus bei meinem Herrn, dem Kardinal Mendoza. Don Fernando war auch eingeladen. Jeder weiß, dass er immer über Kolumbus schlecht spricht. Ich war sehr gespannt, wie dieser Abend verlaufen würde.

> Gestern habe ich mich wieder einmal über diesen Kolumbus geärgert. Der denkt wirklich ein toller Hecht zu sein. Er wollte mich vor allen Gästen blamieren, aber das war ganz und gar nicht der Fall. Kolumbus hat mit faulen Tricks gearbeitet, wie immer. Das war nämlich so : ...

## TIPP

**Aus einer bestimmten Sicht erzählen**

Eine Geschichte kannst du aus der Sicht einer Person erzählen, die in der Erzählung vorkommt.

Beachte dazu folgende Hinweise:

1. Erzähle in der Ich-Form, dann gelingt es dir besser dich in die Person hineinzuversetzen: *Gestern war ich bei meinem Freund, dem Kardinal Mendoza zum Essen eingeladen.*

2. Denk dir für die Erzählung weitere Einzelheiten aus, damit sich der Leser alles noch besser vorstellen kann: *Gestern hatte mein Herr, der Kardinal Mendoza ein großes Fest. Das bedeutete natürlich viel Arbeit für mich.*

3. Schreibe im Präteritum. An besonders spannenden Stellen kannst du auch das Präsens verwenden.

**3** a) Diese drei Personen erzählen, wie sie den Vorfall erlebt haben. Findet heraus, um welche Personen es sich handelt.
b) Wählt eine Person aus. Erzählt aus der Sicht dieser Person die Geschichte. Lest dazu den Tipp.

# zu **Bildern** schreiben

**1** a) Beschreibt die Situation im Bild.
– Welche Personen siehst du?
– Wie könnten sie heißen?
– Wie könnten sie zu dem Jungen mit der CD stehen?
– Was könnten diese Personen denken?

b) Überlegt in Gruppen, wie es zu dieser Handlung kam und wie sie weitergehen könnte.

c) Stellt der Klasse eure Überlegungen in einem Stegreifspiel vor. Lest dazu die Info.

**2** Ihr habt in den Stegreifspielen verschiedene Vorschläge gesehen, wie die Handlung weitergehen könnte. Lasst euch von diesen Ideen zu einer Erzählung anregen.

a) Welche Einzelheiten sind wichtig? Notiert sie in Stichpunkten.

b) Legt einen Erzählplan wie auf Seite 93 an.

**3** a) Überlegt, aus welcher Sicht ihr erzählen wollt (z.B. der Junge, die Person hinter dem Regal, ein Kunde, ein Verkäufer, ein Kaufhausdetektiv ...).

b) Schreibt eure Geschichte auf.

c) Besprecht eure Texte im Rahmen einer Schreibkonferenz (siehe Seite 95).

**INFO**

**Was ist ein Stegreifspiel?**
Bei einem Stegreifspiel spielt man zu einem bestimmtem Thema spontan und ohne große Vorbereitung. Die Handlung wird nur in Stichpunkten grob festgelegt. Was jemand sagt, ergibt sich aus der Situation.

**1** a) Sieh dir die Bilder genau an.

b) Zu welchem Bild fällt dir eine Geschichte ein? Entscheide dich für ein Bild.

c) Sammle zunächst Stichpunkte und lege dann einen Erzählplan an.

**2** Schreibe erst einen Entwurf, überarbeite ihn und schreibe ihn dann ins Reine.

Wenn du deinen Text mit dem Computer schreibst, ist die Überarbeitung einfacher. Außerdem kannst du das Rechtschreibprogramm (siehe Seite 214) einsetzen.

## Fortsetzung folgt...

### Teil A
### Das Geheimnis der Geisterbahn

„Mann, war das ein Glück, dass ich fünf Freikarten für Playworld gewonnen habe!", ging es mir durch den Kopf, als wir den Eingang des Freizeitparkes erreichten. Da standen wir also, meine Eltern, meine Freunde Tina und Peter und ich. „Los, ab zu der Geisterbahn!", rief ich aufgeregt. Als wir dort ankamen, hörten wir eine gespenstige, magische Musik. „Meine Güte, bei der kitschigen Musik denkt kein Mensch an eine Geisterbahn", nörgelte Peter.

„Mann, höre auf zu motzen! Lass uns doch erst einmal hineingehen", forderte ich meine Freunde auf. Tina war komischerweise sehr still. „Was ist denn mit dir los? Warum bist du denn so still?" „Keine Ahnung, ich finde das hier so unheimlich. Ist dir schon aufgefallen, dass hier keine Leute sind?" „Ach was, das bildest du dir nur ein. Da werden schon Leute in der Bahn sein", rief ich den anderen zu. Neugierig gingen wir auf die Schwingtüre am Eingang zu und klappten mit klopfendem Herzen die Türe auf.

**1** a) Dies ist der Anfang einer Fortsetzungsgeschichte, die ihr in zwei Folgen weiterschreiben könnt. Lest dazu den Tipp.
  b) Fertigt vom Teil A ein Erzählprotokoll an. Benützt zum Aufschreiben Copy 13.

| Erzählprotokoll von Teil _A_ | Erzählplan zu Teil _B_ |
|---|---|
| Wo spielt die Geschichte?<br>– im Freizeitpark „Playworld" | Der letzte Satz der bisherigen Geschichte: |
| Wann spielt die Geschichte? | Erzählplan für die Fortsetzung: |
| Welche Personen treten auf? | |

**2** a) Bildet Gruppen.
  b) Erzählt die Geschichte weiter bis zu einem spannenden Übergabepunkt. Legt dazu einen Erzählplan (Copy 13) an.
  c) Gebt eure Fortsetzung (Teil B) an die nächste Gruppe weiter.
  d) Ihr erhaltet von einer anderen Gruppe deren Teil B. Legt ein Erzählprotokoll zu diesem Teil B an.
  e) Schreibt auf einen eigenen Zettel dazu Teil C (= Schluss).

**3** a) Jede Gruppe verfügt jetzt über drei Teile. Klebt jede dieser Fortsetzungsgeschichten auf einen Papierbogen.
  b) Lest euch die Geschichten vor.

**TIPP**

**So schreibt ihr eine Fortsetzungsgeschichte:**

1. Lest den bisher vorliegenden Textteil genau und macht stichwortartig ein Erzählprotokoll (Copy 13):
   – Wo spielt die Geschichte?
   – Wann spielt die Geschichte?
   – Welche Personen treten auf?
   – Was ist bisher passiert?
2. Entwickelt einen Erzählplan bis zum nächsten Übergabepunkt. An dieser spannenden Stelle (erinnert euch an TV-Serien) brecht ihr ab, damit andere weiterschreiben können. Als Übergabepunkte eignen sich
   – der Eintritt eines außergewöhnlichen Ereignisses,
   – das Erscheinen einer neuen Person,
   – ein Ortswechsel ...

# ...im **Internet**

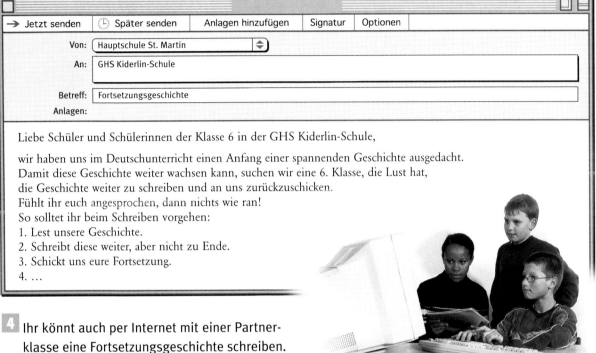

→ Jetzt senden    ⏱ Später senden    Anlagen hinzufügen    Signatur    Optionen

Von: Hauptschule St. Martin

An: GHS Kiderlin-Schule

Betreff: Fortsetzungsgeschichte

Anlagen:

Liebe Schüler und Schülerinnen der Klasse 6 in der GHS Kiderlin-Schule,

wir haben uns im Deutschunterricht einen Anfang einer spannenden Geschichte ausgedacht.
Damit diese Geschichte weiter wachsen kann, suchen wir eine 6. Klasse, die Lust hat,
die Geschichte weiter zu schreiben und an uns zurückzuschicken.
Fühlt ihr euch angesprochen, dann nichts wie ran!
So solltet ihr beim Schreiben vorgehen:
1. Lest unsere Geschichte.
2. Schreibt diese weiter, aber nicht zu Ende.
3. Schickt uns eure Fortsetzung.
4. ...

**4** Ihr könnt auch per Internet mit einer Partner-
klasse eine Fortsetzungsgeschichte schreiben.
Erkundigt euch:
– Hat eure Schule einen Zugang zum Internet?
– Verfügt eure Schule über eine Homepage?
– Ist es möglich für eure Klasse eine E-Mail-
  Adresse einzurichten?
Lest zu den unterstrichenen Begriffen die Info.
Sind alle Voraussetzungen erfüllt, kann es
losgehen.

## INFO

**Wichtige Fachbegriffe**
**Internet:** weltweites Netzwerk von
Computern, das es möglich macht,
unter den Benutzern Informationen
auszutauschen.
**E-Mail:** elektronischer Brief, der über
Internet verschickt wird.
**Homepage:** Bezeichnung für die
Startseite eines Internetauftritts.
**online:** über das Internet.

**5** a) Sucht über das Internet eine Hauptschulklasse, die online zu erreichen ist.
Euer Lehrer hilft euch bestimmt dabei.
b) Schickt eine E-Mail mit eurem
Geschichtenanfang ( z.B. zum Thema „Freundschaft mit Hindernissen", „Ein unerwarteter
Besuch", „Liebeskummer lohnt sich nicht" ...)
an die ausgewählte Hauptschulklasse.
Bittet sie die Geschichte weiterzuschreiben
und an euch zurückzuschicken.
c) Untersucht die Antwort der Partnerklasse:
Wie hat sich die Geschichte weiterentwickelt?
Benützt dafür und für die Planung des nächsten Fortsetzungsteils Copy 13.
d) Beurteilt selbst, wann es sinnvoll ist,
die Geschichte abzuschließen. Verständigt
euch darüber mit der Partnerklasse.

# Wenn dir Wörter zufliegen

**1** Was fällt euch zu den einzelnen Wörtern ein? Sucht zu jedem Wort ein zweites und schreibt sie zusammen auf.

**2** a) Überlegt euch Wörter, zu denen ein Partner Assoziationen (siehe Info-Kasten) schreiben kann. Schreibt diese Wörter auf und tauscht sie untereinander aus.
b) Notiert zu den Wörtern des Partners oder der Partnerin eure Assoziationen.

**3** Zu einigen Wörtern fallen euch bestimmt mehrere Assoziationen ein. Schreibt sie auf und versucht mit ihnen eine kleine Geschichte zu schreiben.

**4** a) Nimm dir Stift und Papier und suche dir im Raum einen Platz, an dem du gerne deinen Gedanken nachgehen magst.
Beginne damit, alles was du denkst, in einem Cluster aufzuschreiben (siehe Tipp auf Seite 92).
Beende deine Gedankensammlung nach ca. fünf Minuten.
b) Schreibe zu deiner Gedankensammlung eine kleine Geschichte.
c) Wer mag, kann seine Geschichte in der Klasse vorlesen.

## INFO

**Was sind Assoziationen?**
Mit manchen Wörtern verbindet man bestimmte Vorstellungen (Gerüche, Farben, andere Wörter ...). Man denkt an etwas, wenn man das Wort hört oder liest. Dieses „bei einem Wort an etwas anderes denken" nennt man Assoziation: *Frühling – grün, blühen.*

# Schreiben einer **Fantasiereise**

**1** Lasst euch den Text von eurer Lehrerin/ eurem Lehrer vorlesen. Versucht dem Text in Gedanken zu folgen und stört andere bei ihrer Reise in die Fantasie nicht.

**2** Male ein Bild von der Insel oder schreibe auf, was du erlebt hast.
Du kannst auch zu deinem Bild einen Text verfassen.

### Traumreise nach Atlantis

Setzt euch in einen Kreis.
Schließt die Augen und hört auf meine Worte.
Deine Arme – deine Beine – dein Körper werden
immer leichter. Deine Füße heben vom Boden ab.
Du schwebst durch die Klasse, an der Tafel vorbei,
durch das offene Fenster hinaus in den Himmel …
… und immer höher und höher, die Welt
von oben betrachtend, ins Schwarze des Weltalls …
… an Sternen, Planeten, der Milchstraße vorbei schwebst du
schwerelos durch das All. Langsam näherst du dich einem
einladend aussehenden blauen Planeten, auf ihm kannst du
Land und darum herum ganz viel Wasser erkennen.
Du kommst immer näher und mitten im Wasser,
weit entfernt von jedem anderen Land siehst du
eine wunderschöne Insel. Du fliegst näher,
jetzt schwebst du nur noch einen Meter über dem Boden,
ganz langsam bist du, deine Füße berühren den Boden,
ganz sachte landest du auf ihnen. Du bist auf Atlantis gelandet.
Jetzt bist du eine Weile allein auf Atlantis.
Achte auf alles, was du siehst und hörst, denkst, fühlst …

*(ca. 5 Minuten Pause)*
Verabschiede dich nun von der Insel Atlantis.
Gehe zu dem Platz zurück, an dem du angekommen warst.
Mach' dich wieder auf den Weg durch das Weltall,
fliege an den Planeten, der Milchstraße, den Sternen vorbei
zurück zur Erde.
Du kommst immer näher, siehst die Schule,
schwebst durch das Fenster, an der Tafel vorbei und bist wieder hier.
Du spürst deine Zehen, deine Beine, deine Arme, deinen ganzen
Körper wieder. Öffne die Augen.
Geh an deinen Platz. Nimm dir ein Blatt Papier.

# Wie geht das?

**Zauberbild – Materialliste:**
- 2 runde Pappkartons, Durchmesser ca. 10 cm,
- Buntstifte,
- 2 dicke Bindfäden, ca. 10 cm lang,
- einen Locher

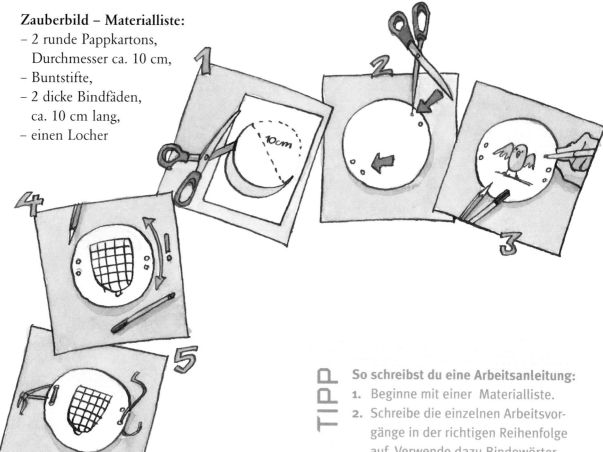

**1** a) Teilt eure Klasse in Gruppen auf.
Jede Gruppe entscheidet, ob sie ein Zauberbild oder einen Hacky-Sack basteln will.
Es sollten gleich viele Gruppen sein.
b) Bastelt nach den vorgegebenen Bildern und Angaben den jeweiligen Gegenstand.

**2** Wie ist es euch beim Basteln ergangen?
Alle Gruppen mit dem gleichen Gegenstand tauschen ihre Erfahrungen aus.

**3** Jede Gruppe verfasst zu ihrem Gegenstand eine Arbeitsanleitung. Lest dazu den Tipp.

**TIPP**

**So schreibst du eine Arbeitsanleitung:**
1. Beginne mit einer Materialliste.
2. Schreibe die einzelnen Arbeitsvorgänge in der richtigen Reihenfolge auf. Verwende dazu Bindewörter wie *zuerst, da, dann, als nächstes, anschließend, nun, jetzt, zuletzt.*
3. Du kannst die Arbeitsschritte auch nummerieren:
   1. *Lege alle Arbeitsmaterialien zurecht.*
   2. ...
4. Du kannst die Anleitung formulieren
   – in Befehlssätzen: *Nimm jetzt Nadel und Faden und nähe ...*
   – in Aussagesätzen: *Ich nehme nun Nadel und Faden und nähe ...* (Präsens!)
5. Ergänze deine Anleitung durch einfache Strichzeichnungen.

**Hacky-Sack – Materialliste:**

– 2 Hand voll Reis,
– 2 verschiedenfarbige Stoffstücke
  ca. 20 cm x 20 cm ( Filz oder Baumwolle),
– 2 Schablonen aus Kartonpapier in Form einer
  Erdnuss (siehe Copy 14),
– 2 Stecknadeln, 1 Nähnadel, Nähfaden,
– Schere, Filzstift

DREI STICHE AM ANFANG!

NAHT NACH INNEN!

**4** a) Tauscht die Arbeitsanleitungen aus.
  b) Stellt mithilfe der Anleitungen eurer
  Mitschüler den anderen Gegenstand her.
  c) Markiert Stellen in der Arbeitsanleitung,
  die ihr nicht versteht.
  d) Holt euch einen Experten, also einen
  Schüler, der die Arbeitsanleitung verfasst hat.
  Lasst euch das Vorgehen zeigen.
  e) Überlegt gemeinsam, wie man
  die Anleitung verbessern kann.

**5** Alle Gruppen überarbeiten
ihre Anleitungen.

**6** Hängt eure Ergebnisse in der Klasse aus
und vergleicht sie:
– Welche Anleitungen sind am besten
  zu verstehen?
– Wie lassen sich die anderen noch
  verbessern?

**7** Stellt gelungene Anleitungen und Ergebnisse
im Schaukasten aus.
Vielleicht könnt ihr auch Texte und Bilder
im Internet-Auftritt eurer Schule zeigen.
Fragt euren Lehrer.

# Text und Grafik lesen und verstehen

## Wasser ist kostbar

Früher war Wasser für jeden zugänglich und in fast unbegrenzter Menge vorhanden. Allerdings verbrauchte ein Mensch vor 200 Jahren auch nur 10 bis 30 Liter am Tag. Heute sind
5 es in der Bundesrepublik Deutschland im Durchschnitt 126 Liter. Weil wir soviel Wasser verbrauchen, ist es wesentlich wertvoller geworden. Wenn wir zum Beispiel die Toilettenspülung einmal betätigen, verbrauchen
10 wir mehr Trinkwasser, als einem Bewohner in einem Entwicklungsland für den ganzen Tag zur Verfügung steht. Das sind im Durchschnitt 3 Liter am Tag.
Aber auch bei uns gibt es nicht unbegrenzt
15 Wasser. Während regenarmer Sommer wird immer häufiger das Grundwasser knapp. Es gibt dann sogar Gemeinden und Städte, in denen es verboten wird, den Garten mit Wasser aus der Wasserleitung zu gießen. Manchmal
20 kommt auch der Schiffsverkehr auf den Flüssen zum Erliegen, weil der Wasserstand aufgrund großer Trockenheit stark absinkt. Hinzu kommt noch, dass der Wasserverbrauch von Industrie und Landwirtschaft
25 enorm groß ist, was sich negativ auf den Wasservorrat auswirkt.
Die Grafik erklärt, wie sich unser täglicher Wasserverbrauch zusammensetzt. Damit wir in Zukunft weniger Wasser verbrauchen,
30 können die privaten Haushalte einiges tun. Möglichkeiten sind unter anderem der Einbau von Spülunterbrechern für die Toilette. Viel Wasser wird auch verschwendet, wenn die Wasserhähne tropfen. Es ist kaum zu glau-
35 ben, aber zehn Tropfen pro Minute ergeben

**126 l Wasser verbraucht ein Bundesbürger durchschnittlich am Tag.**

| | |
|---|---|
| Gartensprengen | 2 Liter |
| Autowäsche | 3 Liter |
| Saubermachen | 3 Liter |
| Geschirrspüler | 3 Liter |
| Kochen/Trinken | 5 Liter |
| Körperpflege | 10 Liter |
| Wäschewaschen | 20 Liter |
| Toilettenspülung | 30 Liter |
| Baden/Duschen | 50 Liter |

40 pro Monat etwa 100 Liter. Eine weitere Möglichkeit zum Wassersparen ist z.B. das Vermeiden von Vollbädern. Ein Vollbad verbraucht nämlich ungefähr soviel Strom und Wasser wie drei Duschbäder. Andere Möglich- 45 keiten Wasser zu sparen ist z.B. das Abstellen des Wasserhahnes während des Zähneputzens oder das Auffangen von Regenwasser zum Gießen von Pflanzen. Weil Wasch- und Spülmaschinen nicht nur Strom, sondern auch 50 Wasser verbrauchen, sollten sie nur angestellt werden, wenn sie voll sind. Schon beim Kauf eines neuen Gerätes sollte im Übrigen darauf geachtet werden, dass sie mit möglichst wenig Wasser und Energie auskommen. Auskunft 55 über den Energieverbrauch gibt die sogenannte Energieeffizienzklasse (Klasse A ist am besten, Klasse G am schlechtesten).

**1** a) Lest den Text.

b) Erklärt die im Text unterkringelten Begriffe.

c) Unterstreicht absatzweise die Schlüssel-stellen auf einer Folie oder auf Copy 15.

d) Formuliert zu den drei Absätzen Über-schriften.

e) Vergleicht eure Unterstreichungen und Überschriften.

**2** Entscheidet, ob die folgenden Aussagen richtig oder falsch sind. Vergleicht dazu die Angaben in der Grafik und im Text. Achtung: Einige Aussagen sind weder im Text noch in der Grafik enthalten. Verwendet zum Ankreuzen eine Folie oder Copy 16.

| Aussage | richtig | falsch | nicht enthalten |
|---|---|---|---|
| 1. Wir brauchen am Tag sehr wenig Wasser zum Trinken. | ☆ | ☆ | ☆ |
| 2. Zum Autowaschen verbrauchen wir etwa so viel Wasser, wie sie einem Menschen in Entwicklungs-ländern täglich zur Verfügung steht. | ☆ | ☆ | ☆ |
| 3. Weil die Sommer immer regenärmer werden, verbraucht die Industrie immer mehr Wasser. | ☆ | ☆ | ☆ |
| 4. Die größte Menge Trinkwasser wird auf der Toilette verbraucht. | ☆ | ☆ | ☆ |
| 5. Die Industrie verbraucht nur sehr wenig Wasser. | ☆ | ☆ | ☆ |
| 6. Tropfende Wasserhähne spielen beim Wasserverbrauch keine große Rolle. | ☆ | ☆ | ☆ |
| 7. Das Zudrehen des Wasserhahns beim Zähneputzen bringt eigentlich fast gar nichts. | ☆ | ☆ | ☆ |
| 8. Wenn die Waschmaschine nicht voll beladen wird, verbraucht sie weniger als 18,2 Liter Wasser. | ☆ | ☆ | ☆ |
| 9. Auch kleine Wassereinsparungen haben eine große Wirkung, wenn man sie auf ein ganzes Jahr umrechnet. | ☆ | ☆ | ☆ |
| 10. Vor allem Kohlekraftwerke verbrauchen enorm viel Wasser. | ☆ | ☆ | ☆ |
| 11. Vor 200 Jahren begann der Mensch sein Trinkwasser zu verschmutzen. | ☆ | ☆ | ☆ |

**3** Die Tabelle im Text bezieht sich auf den durchschnittlichen Wasserverbrauch eines Bundesbürgers. Was verbraucht eine dreiköpfige Familie durchschnittlich an Wasser? Formuliere Aussagen wie im Beispiel rechts.

– Wir verbrauchen täglich 120 Liter Trinkwasser über die Toilette, weil wir vier Personen in unserer Familie sind.

– Wir verbrauchen deutlich weniger Wasser als der Durchschnittsbürger, weil wir keine Badewanne haben, sondern nur eine Dusche.

# Hefteintrag gestalten

**1** a) Wertet den Text von Seite 106 auf einem Block aus. Schreibt zu den Absatzüberschriften die wichtigsten Stichworte heraus.
b) Überlegt, welche Aussagen der Grafik ihr verwenden möchtet. Ergänzt die Stichpunkte entsprechend.

**2** a) Fasst den Text „Wasser ist kostbar" in einem Hefteintrag zusammen. Lest den Tipp.
b) Bildet Murmelgruppen und vergleicht eure Hefteinträge miteinander:
– Ist der Text sachlich richtig?
– Ist der Text verständlich?
– Ist der Eintrag durch Überschriften, Pfeile und Hervorhebungen gut gegliedert?
c) Schüler, deren Hefteinträge sich als gelungen herausgestellt haben, dürfen diesen der Klasse vorstellen. Bittet euren Lehrer, die Hefteinträge auf Folie zu kopieren.
d) Überarbeitet eure eigenen Hefteinträge nach den Vorbildern oder nach den Vorschlägen während der Murmelgruppen.

> „Wasser ist kostbar"
>
> **Wasserverbrauch früher und heute**
>
> Vor 200 Jahren: 10-20 Liter am Tag pro Person:
> → Deswegen war der Wasserverbrauch früher kein Problem.
>
> Heute: 126 Liter am Tag pro Person.
> → Wasser ist wertvoller geworden.
>
> **Wassermangel bei uns**
>
> Regenarme Sommer:
> → Grundwasser wird knapp.
> → Manche Gemeinden und Städte verbieten das Gartengießen.
> → Schiffsverkehr kann gestört werden.
>
> **Wasserverbrauch von Industrie und Landwirtschaft:**
> → ...

## TIPP

**So gestaltest du einen Hefteintrag:**
1. Sammle auf einen Block zu den Absatzüberschriften die wichtigsten Stichpunkte.
2. Ergänze wichtige Aussagen aus Tabellen oder Grafiken.
3. Beachte, dass du bei deinem Hefteintrag zu allen Seiten des Blattes einen Rand von 2 cm einhältst.
4. Schreibe deine Eintragungen ordentlich und lesbar.
5. Gliedere deinen Text durch Überschriften.
6. Verwende Pfeile, mit denen du deine Stichpunkte oder Aussagen verbindest.
7. Hebe Wichtiges durch eine andere Farbe, durch einen Rahmen oder durch Unterstreichungen hervor.

# Wer? Was? Wann? Wo? Warum?

## Wer wirft den Teebeutel am weitesten?

Jung und Alt waren begeistert, als am letzten Freitag vor den Sommerferien unser Spiel- und Sportfest nach einem lustigen Wettkampftag gegen 19.00 Uhr zu Ende ging. Die Veran-
5 staltung, zu der auch unsere Verwandten und Bekannten zahlreich erschienen waren, stand ganz unter dem Motto „Spaßolympiade – dabei sein kann jeder".
Teebeutelweitwurf, Flossenlauf sowie Rück-
10 wärtsdreisprung waren nicht die einzigen Disziplinen, die Akteure und Zuschauer ab 10.00 Uhr morgens in Mengen anzogen. Sowohl unsere Mitschülerinnen und Mit-schüler als auch sämtliche Besucher durften an
15 den witzigen Wettbewerben teilnehmen. Vor allem das „Schneckenradeln", bei dem es dar-auf ankam, eine festgesetzte Strecke möglichst langsam mit dem Fahrrad zurückzulegen, erfreute sich großer Beliebtheit. Dass unser
20 Schulleiter für jeden Spaß zu haben ist, zeigte sich, als er am frühen Nachmittag gegen Sandra Neumaier aus der 6c im Schnecken-radeln antreten musste. Der Publikumsan-drang in unserem hinteren Pausenhof war so
25 groß, dass nicht alle Zuschauer das Spektakel verfolgen konnten.
Unter rauschendem Beifall gewann Sandra die Disziplin, Herr Ehrenschwendner zeigte sich als lachender Verlierer. Sandra: „Eigentlich bin
30 ich nicht sportlich. Aber diese Spaßolympiade war super!" Vorwiegend jüngeres Publikum fand sich beim Skateboardslalom ein, wo alle Skater auf ihre Kosten kamen.
Wieder einmal mehr hatten die Mitglieder
35 unserer SMV, allen voran Christina (10c) und Armin (9a), die zündenden Ideen für das unge-wöhnliche Veranstaltungsprogramm. Die Spaß-olympiade besteht aus Übungen, die für jeden Teilnehmer Spaß und Erfolg bedeuten.
40 Insgesamt musste sich jeder aktive Mitspieler drei verschiedenen Disziplinen stellen und erhielt am Ende des Wettkampfes eine persön-

*Christoph zeigt hier eine besondere Schleudertechnik im Teebeutelweitwurf.*

liche Urkunde, die Auskunft über seine sport-lichen Leistungen erteilte.
45 Am Abend wurde unter großem Beifall die Siegerehrung vorgenommen. In seinem Schluss-wort stellte Herr Ehrenschwendner fest: „An-fänglich stand ich dieser Idee etwas skeptisch gegenüber. Heute bin ich überzeugt, dass auch
50 im nächsten Jahr im Rahmen des Sportfestes wieder eine Spaßolympiade stattfinden wird."

# An den **Leser** denken

„Unser Spiel und Sportfest" –
welche Schule ist
das denn?

**1** a) Worüber berichtet der Artikel
auf der Seite 109?
b) Auf welche W-Fragen gibt der Artikel
eine Antwort?
c) Welche W-Frage wird besonders
ausführlich behandelt?

**2** Woran erkennt ihr, dass dieser Bericht
für eine Klassen- oder eine Schulzeitung
geschrieben worden ist?
Nennt entsprechende Textstellen.

**3** Überarbeitet in Partnerarbeit den Bericht so,
dass er in einer örtlichen Zeitung stehen könnte.
a) Lest den ersten Absatz aus der Sicht
einer Person, die die Schule nicht kennt.
Welche Fragen würde sie stellen?
b) Ergänzt fehlende Angaben. Ihr könnt euch
dabei auf eure Schule beziehen.
c) Bearbeitet in gleicher Weise
den weiteren Text.
d) Vergleicht eure Umarbeitungen.

**4** An zwei Stellen findet ihr im Text wörtliche
Rede. Warum wurden diese Aussagen
wohl aufgenommen?

### INFO

**Über Ereignisse berichten**
Ein berichtender Artikel gibt Auskunft
zu folgenden W-Fragen:
– Was geschah?
– Wo?
– Wann?
– Warum?
– Wer war beteiligt?
Ein berichtender Artikel informiert
sachlich und wahrheitsgemäß über
ein Ereignis und steht im Präteritum.
Er wendet sich an eine bestimmte
Leserschaft. Die Interessen und das
Vorwissen der Leser muss beim
Schreiben berücksichtigt werden.
In einem berichtenden Artikel können
auch wörtliche Aussagen vorkommen.
Häufig werden damit bestimmte
Stimmungen oder bedeutsame
Aussagen von wichtigen Personen
wiedergegeben.

# Informationen sammeln

Wer?
Die Schülerinnen und Schüler der Hauptschule ...

Wann?
Zeitpunkt der Reise

Was?
- Tastkasten
- Raum der Gerüche

Wo?
Erlebnismuseum in München

**1** a) Entscheidet euch in der Gruppe für ein Ereignis, über das zu berichten sich lohnt.
b) Legt fest, wo der Bericht erscheinen soll (Klassenzeitung, Schülerzeitung, Jahresbericht, Tageszeitung, Anzeigenblatt ...).

**2** a) Sammelt Informationen für euren Bericht. Denkt dabei an die W-Fragen.
b) Notiert die Informationen in Stichpunkten auf Karten.

**3** Breitet die Karten auf dem Tisch aus.
a) Welche Informationen sind für die Beantwortung der W-Fragen wichtig?
b) Welche Informationen könnten für die Leser von besonderem Interesse sein?
c) Gab es Aussagen von Beteiligten, die in dem Bericht wiedergegeben werden sollten?
d) Legt fest, in welcher Abfolge ihr die Informationen in eurem Bericht darstellen wollt. Inwieweit muss die Reihenfolge der einzelnen Ereignisse berücksichtigt werden? Ordnet die Karten entsprechend.

**4** In unserem Beispiel wurde das Erlebnismuseum in Nymphenburg besucht.
a) Warum ist es wichtig genauere Informationen zu geben, was ein Erlebnismuseum ist?
b) Überlegt auch für euren Bericht, welche Zusatzinformationen ergänzt werden müssen. Lest dazu den Tipp.

**TIPP**
**Zusatzinformationen geben**
Es gibt Informationen (Namen, Ortsangaben ...) in einem Bericht, die für den Leser erklärungsbedürftig sind.
1. Versetzt euch in die Lage eines Lesers, der nicht bei dem Ereignis dabei war, und überprüft euren Entwurf, ob alles verständlich ist.
2. Ergänzt Informationen, die nicht zum Alltagswissen eines Lesers gehören, durch weitere erklärende Angaben.

# Einen **berichtenden** Artikel schreiben

**1** Für euren eigenen Bericht habt ihr in kleinen Gruppen Material gesammelt und geordnet.

a) Besprecht, wie ihr den Bericht interessant gestalten könnt. Lest dazu den Tipp.

b) Schreibt nun einzeln oder in Gruppen euren Bericht.

c) Überprüft, ob ihr die richtigen Zeitformen gewählt habt. Lest dazu die Info auf Seite 110 und Seite 121.

**2** a) Wählt für euren Bericht passende Fotos oder Übersichten aus.

b) Formuliert zu jeder Abbildung passende Bildunterschriften oder Erklärungen.

**3** Tauscht die Berichte gruppenweise untereinander aus. Überprüft die Berichte mithilfe des Tipps. Macht gegenseitig Verbesserungsvorschläge.

**4** Vergleicht eure Berichte in der Klasse. Welcher gefällt euch am besten? Begründet eure Meinung.

**5** a) Wählt die Berichte, die euch am besten gefallen, für eine Veröffentlichung aus.

b) Schreibt diese Berichte sauber und ordentlich ab. Ihr könnt dazu auch den Computer verwenden.

c) Überprüft am Ende mithilfe des Computers die Rechtschreibung. Lest dazu den Tipp auf Seite 214.

**TIPP**

**Genau und anschaulich berichten**

1. Gib Wesentliches im ersten Absatz wieder, damit der Leser weiß, um was es in dem Artikel geht.

2. Berichte folgerichtig, sodass der Leser die einzelnen Ereignisse gut nachvollziehen kann.

3. Versuche, durch die Wahl entsprechender Verben und Adjektive sachlich, aber auch anschaulich zu schreiben.

4. Nimm nur bemerkenswerte Äußerungen in wörtlicher Rede auf.

5. Gib am Ende einen Ausblick auf eventuell folgende Ereignisse: *Nächstes Schuljahr soll ein Besuch im Münchener Zoo erfolgen.*

6. Wähle Bilder aus, die den Leser besonders ansprechen. Erkläre in der Bildunterschrift möglichst knapp, was auf dem Bild zu sehen ist.

7. Formuliere eine Überschrift, die auffällt: *Museum zum Anfassen, Bitte alles berühren.*

# Computer für das Klassenzimmer

**1** Computer im Klassenzimmer: Vielleicht ist das für euch schon Realität.
a) Sprecht über eure Erfahrungen.
b) Benötigt ihr noch weitere Computer? Dann lest bei Aufgabe 3 weiter.

**2** Möglicherweise steht noch kein Computer in eurem Klassenzimmer.
a) Was haltet ihr davon, Computer im Klassenzimmer zu haben?
b) Wozu könnte man sie im Unterricht einsetzen?
c) Sprecht über Probleme, die sich ergeben können, wenn Computer im Klassenzimmer stehen.

**3** Häufig liest man in der Zeitung, dass Privatpersonen oder Firmen Schulen gebrauchte Computer kostenlos zur Verfügung stellen. Welche Möglichkeiten seht ihr, auf diese Weise einen oder mehrere Computer zu beschaffen? Sammelt Vorschläge.

**4** a) Wie tritt man mit Personen, die zu euren Wünschen Stellung nehmen können, am besten in Kontakt? Macht Vorschläge.
b) Wann ist ein Brief sinnvoll?

> Ich könnte meine Tante fragen, die hat was mit Computern zu tun.

> Bei uns gibt es doch die Firma Berger. Vielleicht könnte man da einmal nachfragen.

# Anliegen in einem **Brief** darlegen

An die Supersoft GmbH, Waldstraße 3
in 84567 Freistadt
Lieber Herr Supersoft,
gestern hat der Andi aus unserer Klasse
5 erzählt, dass sie Computer verschenken.
Echt genial. Wir brauchen nämlich auch
einen für unser Klassenzimmer.
Unsere Klassenlehrerin, die Fr. Schneider,
wollte zwar nicht, dass wir ihnen schreiben,
10 aber das kriegen wir schon geregelt.
Also, in ihrer Computerfirma stehen
bestimmt viele ältere Computer herum,
mit denen sie nix mehr anfangen können.
Wir haben genug Platz im Klassenzimmer.
15 Also schicken sie uns einfach ein paar zu.
Spitzenmäßig wäre dann auch noch ein
Drucker dazu. Es wäre super cool, wenn
sie uns bald alles zuschicken würden.
Schon mal Danke. Ist echt nett von Ihnen.

Tschüss die Klasse 6a
aus Freistadt

Ich helfe
ja gerne, aber auf so
einen Brief antworte
ich nicht!

**1** a) Lest den Brief. Mit welchem Anliegen wendet sich die Klasse 6a an die Firma Supersoft?

b) Stellt Vermutungen an, warum der Brief seinen Zweck nicht erreicht.
Lest dazu auch die Info auf Seite 115.

**2** Lest den Brief auf Seite 115.
Wodurch unterscheidet er sich von dem Brief oben? Berücksichtigt den Aufbau, die Sprache und die Gestaltung des Briefes.

**3** Entwerft selbst einen Brief an die Firma Supersoft. Achtet auch auf die Großschreibung der Anredewörter.

**4** Jeder Brief beginnt mit einer Anrede und endet mit einem Gruß. Überlegt, welche der folgenden Formulierungen sich für ein Schreiben an eine unbekannte Person eignen.

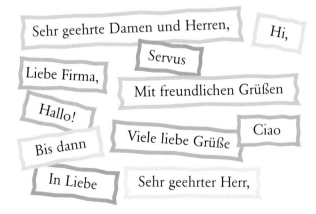

Sehr geehrte Damen und Herren,

Hi,

Servus

Liebe Firma,

Mit freundlichen Grüßen

Hallo!

Viele liebe Grüße

Ciao

Bis dann

In Liebe

Sehr geehrter Herr,

① Klasse 6b
Hauptschule am See
Uferstraße 1
84567 Freistadt

② Tourismusverband Fränkische Schweiz
Schweizer Straße 1
12345 Fränkische Schweiz

③ Freistadt, 20.01.20..

④ Informationsmaterial zu Ausflugsmöglichkeiten

⑤ Sehr geehrte Damen und Herren,

⑥ wir sind die Klasse 6b der Hauptschule am See in Freistadt. In wenigen Monaten fahren wir zu einer Klassenfahrt in die Fränkische Schweiz nach Pottenstein.

⑦ Während des Aufenthaltes möchten wir verschiedene Ausflüge unternehmen. Um diese besser planen zu können, bitten wir Sie uns umfangreiches Informationsmaterial über Ihre Region zukommen zu lassen.

⑧ Vielen Dank für Ihre Hilfe.

⑨ Mit freundlichen Grüßen

⑩ (Klassensprecherin der 6a)

**TIPP**

**So schreibst du einen sachlichen Brief:**
Ein sachlicher Brief enthält eine Mitteilung, eine Anfrage oder eine Bitte. Häufig wendet er sich an eine Person, die man persönlich nicht kennt.

1. Beschränke dich auf das Wesentliche.
2. Vermeide Ausdrücke, die der Empfänger als unhöflich empfindet (z.B. flapsige Formulierungen aus der Jugendsprache).
3. Schreibe gut lesbar und ohne Fehler. Am besten verwendest du einen Computer mit Rechtschreibprogramm.
4. Die Anredewörter (*Sie, Ihr, Ihnen ...*) werden immer großgeschrieben.

5. Achte auf den Aufbau:
   ① Absenderangaben,
   ② Empfängerangaben,
   ③ Orts- und Datumsangabe,
   ④ Betreffzeile, die das Anliegen des Briefes zusammenfasst,
   ⑤ Anredeformel,
   ⑥ Einleitung mit kurzer Vorstellung,
   ⑦ Hauptteil, der das Anliegen darstellt,
   ⑧ Schluss mit einem Dank,
   ⑨ Grußformel,
   ⑩ Handschriftliche Unterschrift.

# Wortarten-Luftpost

iste
Gras
Pferd
Ballon
Hoffnung
Besen
Uhr

würfeln
duschen
schwimmen
gießen
spielen
fotografieren
fallen

der, die, das,
ein, eine

ich, du, er, sie, es …
mein, dein, sein, unser …
dieser, dieses, jener, jenes …
welcher, welches, welchem …

weich
sonnig
tierisch
sicher
grün
kalt
brav

Mit Adjektiven kann man Eigenschaften von Lebewesen und Dingen beschreiben. Viele Adjektive lassen sich steigern.

Artikel begleiten Nomen. Sie zeigen das grammatische Geschlecht des Nomens an.

Verben drücken aus, was getan wird oder was geschieht. Von Verben kann man unterschiedliche Zeitformen bilden.

Nomen beschreiben Lebewesen und Gegenstände sowie Gedachtes und Gefühle. Sie haben ein Geschlecht und können im Singular oder Plural stehen. Man kann Nomen in die vier Fälle setzen.

Pronomen können Nomen begleiten oder ersetzen.

**1** a) Sucht zu jedem Ballon die dazugehörige Info-Karte.
b) Die blauen Buchstaben auf den Ballons und auf den richtig zugeordneten Karten ergeben der Reihe nach gelesen Orte, auf denen ein Ballon (nicht) landen kann.

**2** Auf allen Info-Karten stehen die wesentlichen Merkmale der jeweiligen Wortarten.
Sucht dazu weitere Wortbeispiele:
Adjektive: rund, lieb …

# Das Nomen in den **vier** Fällen

**Felix, der Träumer**

Dieser Junge heißt Felix Träumer. Wenn je ein Name zu einem Menschen gepasst hat, dann der Name „Träumer" zu Felix. Meistens ist er glücklich und zufrieden, außer er hat wieder einmal irgendwo etwas liegen gelassen oder verloren. Dann könnte er sich schwarz ärgern. So sehr er auch überlegt, wo er etwas liegen gelassen hat, es fällt ihm einfach nicht ein. Er macht sich dann auf den Weg zum Hausmeister, um nach dem verschwundenen Gegenstand zu fragen. Auch heute ist er dort, denn er vermisst seinen neuen Schal. Der freundliche Hausmeister kennt Felix schon und lässt sich den Schal von ihm beschreiben:

*„Der Schal ist noch ganz neu.*
*Die Fransen des Schals sind, glaube ich, bunt.*
*Man sieht dem Schal an, dass er neu ist."*

Der Hausmeister sieht im Schrank mit den Fundsachen nach.

*„Ich habe den Schal", erwidert er,*
*„er wurde gestern abgegeben."*

Felix nimmt erleichtert den Schal entgegen, bedankt sich und verlässt zufrieden das Büro des Hausmeisters.

**1** a) In dem Gespräch zwischen Felix und dem Hausmeister kommt das Nomen *Schal* viermal mit verschiedenen Artikeln vor. Schreibt das Nomen mit Artikel heraus.
b) Bestimmt die Fälle des Nomens *Schal* mithilfe dieser Fragen:
– Wer oder was ist neu?
  *Der Schal ist neu.*
– Wessen Fransen …?
– Wem sieht man …?
– Wen oder was …?

**2** Felix war nicht zum ersten Mal beim Hausmeister. Auch seine Sporthose und sein Lieblingsbuch wurden dort abgegeben. Das Gespräch zwischen Felix und dem Hausmeister könnte bei diesen Gegenständen genauso verlaufen sein wie beim Schal.
a) Ersetzt in dem Gespräch das Nomen *Schal* durch das Nomen *Sporthose* bzw. *Lieblingsbuch* und schreibt die gebeugten Formen mit Artikel auf.
b) Lest die Info auf Seite 118. Bestimmt die Fälle mithilfe der Fragen in Partnerarbeit.

**3** Schreibt auf, wie die Beugungsformen dieser drei Nomen im Plural lauten müssen.

**4** Sucht weitere Nomen aus dem Text heraus und bestimmt, in welchem Fall sie stehen.

Leiter
Opa
Kochlöffel
Tourist
Hund
Fernglas

gehört
sucht

Koch
Kaminkehrer
Straße
Knochen
Förster
Brille

VERMISST
KNOCHEN

**5** Was gehört wem?
Wer sucht wen oder was?
Bildet Sätze und schreibt sie auf. Notiert
hinter den Sätzen den entsprechenden Fall.

Der Tourist sucht die Straße. (4. Fall)

## INFO

**Die vier Fälle des Nomens**
**1. Fall (Nominativ):** „Wer oder was?"
*Felix sucht seinen Schal.*
**2. Fall (Genitiv):** „Wessen?"
*Der Schal des Jungen wurde gefunden.*
**3. Fall (Dativ):** „Wem?"
*Der Hausmeister gibt dem Jungen*
*den Schal.*
**4. Fall (Akkusativ):** „Wen oder was?"
*Er gibt ihm den Schal.*

Durch den **Fall** werden die Form des
Artikels und die Endung des Nomens
bestimmt.
Das **Geschlecht** des Nomens wird durch
den Artikel angezeigt.

**6 a)** Schreibt die folgenden Sätze auf. Setzt
jeweils für jeden Stern immer das in Klammern
stehende Nomen im richtigen Fall ein.
1. Christian ist der beste Spieler ☆.
(die Mannschaft)
2. ☆ fürchten seine scharfen Schüsse.
(die Gegner)
3. Meistens schießt er ☆ ins Netz. (der Ball)
4. Für ihn ist es ☆, kein Tor in einem Spiel
zu erzielen. (eine Seltenheit)
5. ☆ wird wegen seines Talents von allen
Seiten großes Lob ausgesprochen.
(der Spieler)
6. Als ☆ seines Erfolges nennt Christian viel
Schlaf und gesundes Essen. (das Geheimnis)

**b)** Bei drei Wörtern erkennt ihr das Nomen
an der Endung. Das ist für die Großschreibung
wichtig. Lest den Tipp auf Seite 186.
**c)** Streicht die Endungen im Heft farbig an.
**d)** Sucht zu den Endungen weitere Beispiele:
*Mann**schaft**: Freund**schaft**, Nachbar**schaft**.*

# Personal- und Possessivpronomen

Sie ist aus Leder.
Ihre Schlösser sind goldfarben.
Ich müsste sie öfter ausräumen.
Ich nehme sie fast täglich
in die Hand, außer in den Ferien.

Es ist die ...

Meiner ist gelb.
Er ist länglich.
Seine Zacken reißen
mir manches Haar aus.

Es ist der ...

Es ist weich.
Ich brauche es nur nachts.
Manchmal quietscht es.
Seine Beine sind aus Holz.

Es ist das ...

**1** a) Diese Gegenstände gehören sicher auch zu eurem Alltag. Welche sind es?
b) Welche Wortart ersetzt in den Rätseln den Namen des gesuchten Gegenstandes?

**2** Schreibt Rätsel zu den folgenden Bildern oder zu Gegenständen, die ihr euch ausdenkt. Die Info kann euch helfen.

## Vergeudeter Mut

Er, der nachts eine Bahnlinie entlanglief, geriet in das Scheinwerferpaar einer heranbrausenden D-Zug-Lokomotive. Nachdem er furchtlos ein Stück vor ihr hergesaust war, legte er die Ohren an und erwartete, überfahren zu werden. Da er sich aber zwischen die Schienenstränge geduckt hatte, fuhr der Zug, ohne auch nur ein Schnurrbarthaar zu verletzen, über ihn weg. Als er begriffen hatte, dass er noch lebte, warf er sich in die Brust. „Schade, dass niemand gesehen hat, wie ich mit ihm fertig geworden bin."

**3** **a)** Um welches Tier handelt es sich in dieser Geschichte? Begründet eure Vermutungen mit Hinweisen aus dem Text.

**b)** Warum ist es nicht möglich, das richtige Tier mit absoluter Sicherheit zu benennen?

**c)** Ersetzt in der Geschichte an zwei wichtigen Stellen das Pronomen *er* durch das Nomen *der Hase,* denn dieses Tier war hier gemeint.

**d)** Auch eine Maus bzw. ein Eichhörnchen könnte zwischen den Schienen entlanglaufen. Welche Wörter im Text müsst ihr ändern, wenn ihr anstelle des Hasen eines der beiden Tiere einsetzt? Probiert es einmal aus.

**TIPP**
*So kannst du Wiederholungen vermeiden:*
*Personal- und Possessivpronomen können Nomen ersetzen und helfen dadurch, unnötige Wiederholungen zu vermeiden.*
*Achte aber darauf, dass für den Leser immer eindeutig ist, auf welches Nomen sich das Pronomen bezieht.*

**4** **a)** In dem folgenden Text stört etwas. Lest ihn durch und sprecht darüber.

### Michael und Michaels Matheaufgaben

In Michaels Klasse herrscht trübe Stimmung, denn Michael und Michaels Klassenkameraden haben eine korrigierte Mathe-Hausaufgabe wiederbekommen. In Michaels Heft ist kaum noch etwas zu lesen, denn Michaels Lehrer hat fast alles rot angestrichen. Mitleidig blickt Michaels Freund zu Michael hinüber. Schließlich fragt Michaels Freund Michael, ob Michael gar keine Angst habe, dass Michaels Vater schimpfen würde, wenn Michael dem Vater das Heft zeige. Daraufhin grinst Michael und antwortet Michaels Freund, dass Michael überhaupt keine Angst habe. Denn schließlich habe Michaels Vater diese Aufgaben ja für Michael gelöst.

**b)** Schreibt den Text ab und ersetzt einige Nomen durch Pronomen. Lest dazu den Tipp.

**c)** Unterstreicht zusammengehörende Nomen und Pronomen mit der gleichen Farbe. Vergleicht eure Ergebnisse.

# Präsens, **Präteritum,** Perfekt

**So ein Pech!**
Als Thomas heute Morgen zu seinem Fahrrad *geht*, *merkt* er, dass ein Reifen platt *ist*. Er *versucht* den Reifen aufzupumpen, doch es *gelingt* ihm nicht. Er *entschließt* sich, mit dem Bus in die Schule zu fahren. Doch als er zur Haltestelle *kommt*, *sieht* er nur noch die Rücklichter des Busses. Der nächste Bus in die Stadt *fährt* jedoch erst um 12 Uhr! Also *läuft* Thomas nach Hause zurück und *ruft* gleich in der Schule an, um sich zu entschuldigen.

Ich kann heute leider nicht zur Schule kommen. Als ich heute morgen zu meinem Fahrrad gegangen bin, habe ich gemerkt, dass ein Reifen platt gewesen ist. Ich habe versucht, den Reifen aufzupumpen, doch es ist mir nicht gelungen. Ich habe mich entschlossen, mit dem Bus zu fahren ...

**3** Legt folgende Tabelle im Heft an.
Tragt alle verwendeten Verbformen ein.

| Präsens | Präteritum | Perfekt |
|---------|-----------|---------|
| geht | ging | ist gegangen |
| kommen | kam | ... |

**1** a) Lest den Text oben.
In welcher Zeitform ist er geschrieben?
b) Thomas berichtet der Schulsekretärin sein Missgeschick. Lest die Sprechblase rechts.
In welcher Zeitform erzählt Thomas?
c) Setzt den Text fort.
Verwendet die gleiche Zeitform.
Lest dazu die Info.

**2** Thomas schreibt seinem ehemaligen Banknachbarn:

Lieber Christian,
du wirst mir kaum glauben, was ich heute erlebte. Als ich heute Morgen zu meinem Fahrrad ging, merkte ich ...

Schreibt den Brief von Thomas an seinen Freund in eurem Heft fertig.
Verwendet dabei das Präteritum.

**INFO**

**Präsens, Präteritum, Perfekt**
1. Das **Präsens** gibt wieder, was gerade geschieht: *ich komme, ich lache.*
2. Das **Präteritum** (1. Vergangenheit) verwendet man, wenn man über etwas schreibt, was schon vorbei ist: *ich kam, ich lachte.*
3. **Das Perfekt** (2. Vergangenheit) verwendet man häufig, wenn man mündlich über etwas Vergangenes erzählt. Es wird mit *sein* oder *haben* gebildet:
*ich bin gekommen – ich habe gelacht*
*du bist gekommen – du hast gelacht*
*sie ist gekommen – sie hat gelacht*
*wir sind gekommen – wir haben gelacht*
*ihr seid gekommen – ihr habt gelacht*
*sie sind gekommen – sie haben gelacht*

# Plusquam**perfekt**

Nachdem ich gefrühstückt hatte, fuhr ich mit dem Bus zur Schule.

Als ich in der Schule angekommen war, traf ich meine Freunde.

Ich brauchte eine Pause, nachdem ich die Mathematikprobe geschrieben hatte.

**1** **a)** In den Sätzen oben werden jeweils zwei Ereignisse miteinander verbunden:

> ich frühstücke
>
> ich fahre mit dem Bus zur Schule

Was geschah zuerst?
Umrahmt auf einer Folie oder auf Copy 17 jeweils das Ereignis, das zuerst stattfand.
**b)** Versucht mit eigenen Worten zu sagen, woran ihr das erkannt habt.

**2** **a)** In den Rahmen findet ihr zwei Ereignisse, die man in einem Satz verbinden kann. Schreibt den Satz in der Vergangenheit.

> er fährt zu Claudia
>
> Ben hört eine CD an

Wie lautet der Satz, wenn Ben zuerst eine CD anhört?

> Nachdem Ben . . .

**b)** Wie lautet der Satz, wenn Ben zuerst zu Claudia fährt?

**3** **a)** Bilde mit den unten angegebenen Ereignissen Sätze. Überlege, welches Ereignis zeitlich voraus geht. Schreibe die Sätze auf.
**b)** Vergleicht eure Ergebnisse.
Es kann unterschiedliche Lösungen geben.

> 1. Eis essen/Rad fahren
> 2. Hausaufgabe machen/ins Kino gehen
> 3. Freund besuchen/Computer spielen
> 4. Zeitschrift lesen/ins Bett gehen

**4** Vervollständige folgende Sätze.

> 1. ☆, bekam ich Bauchschmerzen.
> 2. Unser Hund bellte, ☆.
> 3. ☆, ging ich ins Bett.
> 4. Ich trocknete mich ab, ☆

**INFO**

**Das Plusquamperfekt**
Das Plusquamperfekt (3. Vergangenheit) ist eine Zeitform der Vergangenheit.
Es wird mit *haben* oder *sein* gebildet: *er war gekommen, ich hatte gelacht.*
Diese Zeitform gibt ein Ereignis an, das <u>vor</u> einem anderen Ereignis in der Vergangenheit liegt: *Weil er zu schnell mit dem Fahrrad um die Kurve <u>gefahren war</u>, stürzte er.*
*Nachdem sie die Hausaufgabe <u>gemacht hatte</u>, hörte sie CDs an.*

# Zukunftsformen des Verbs

Hallo Tom,
morgen fliegen wir von Ibiza wieder nach Hause.
Vermutlich werden wir erst gegen Abend daheim
eintreffen. In zwei Tagen geht ja auch die Schule
schon wieder los. Übrigens, weißt du eigentlich schon,
wer im kommenden Schuljahr neben dir sitzen wird?
Vielleicht setze ich mich zu dir an den hinteren Tisch.
Meiner Mutter wird das sicher nicht gefallen.
Übrigens: In der nächsten Woche besuche ich Tina!
Liebe Grüße
Britta

**1** a) An welchen Stellen im Brief wird
von zukünftigen Handlungen und Ereignissen
gesprochen? Woran erkennt ihr diese?

b) Sucht aus dem Brief die sieben Verbformen
heraus, mit denen ein Geschehen
in der Zukunft beschrieben wird. Ordnet sie in
eine Tabelle nach folgendem Muster ein:

| Präsens | Futur |
|---------|-------|
| wir fliegen | wir werden eintreffen |

c) Manche Sätze stehen im Präsens. Wodurch
wird dennoch deutlich, dass die Handlung
in der Zukunft stattfindet?

d) Lest die Info.

**2** a) Formuliert die Zukunftspläne in ganzen
Sätzen. Verwendet dabei das Futur.

b) Wie sehen deine Pläne für die nächsten
Jahre aus? Formuliere mindestens fünf Sätze,
in denen du das Futur verwendest.

morgen: um Taschengelderhöhung bitten
mit 14 Jahren: keine Zahnspange haben
mit 15 Jahren: Mofaführerschein
mit 16 Jahren: nette Freundin suchen
mit 17 Jahren: Sportlerkarriere starten
mit 18 Jahren: das Leben richtig genießen
mit 19 Jahren: Führerschein machen
mit 20 Jahren: ???

**INFO**

**Futur**
Wenn man über etwas spricht oder schreibt,
was in der Zukunft stattfinden soll, verwendet
man in der Regel das **Futur** (Zukunft):
*Morgen werde ich zu Hause bleiben.*
Das Futur wird mit dem Hilfsverb *werden*
und der Grundform eines Verbs gebildet.

Zukünftiges Geschehen kann man auch
mit der Zeitform des **Präsens** ausdrücken:
*Morgen bleibe ich zu Hause.*
Häufig wird durch eine Zeitangabe deutlich,
dass die Handlung in der Zukunft stattfindet.

# Starke und schwache Verben

**Maxi, Maxi!**

Gestern ☆ (schließen) mein Bruder Maxi unsere Oma im Kinderzimmer ein. Die ☆ (rufen) verzweifelt aus dem Fenster um Hilfe. Auf der Straße ☆ (gehen) zwar ein Mann am Haus vorbei. Doch der ☆ (biegen) um die nächste Ecke und ☆ (bemerken) sie nicht. Oma ☆ (schreien) immer lauter, doch auch Papa ☆ (können) sie nicht hören. Denn er ☆ (mähen) gerade den Rasen. Endlich ☆ (schleichen) Maxi zur verschlossenen Tür und ☆ (sagen) zur Oma: „Du musst lauter rufen, Papa hört dich nicht!"

**Total verschlafen**

Fritzchen ☆ (leiden) an Schlafkrankheit. Nie ☆ (werden) er morgens so richtig wach. Immer ☆ (kommen) er zu spät zur Schule. „Da weiß ich ein gutes Mittel", ☆ (meinen) der Doktor. „Nimm jeden Abend diese Pillen." Und wirklich – Fritzchen ☆ (erwachen) am frühen Morgen und ☆ (sein) als erster in der Schule. Freudestrahlend ☆ (sprechen) er zu seinem Lehrer: „Jetzt ist wieder alles okay!" – „Gut", antwortete der Lehrer, „aber wo ☆ (sein) du gestern?"

**1** a) Schreibt den Text ab. Setzt dabei die richtigen Präteritumsformen ein.

b) Untersucht die im Text verwendeten Präteritumsformen:

*schließen – schloss; bemerken – bemerkte.*
Was stellt ihr über die Bildung dieser Zeitform fest?

c) Lest die Info.

d) Übertragt die Tabelle in euer Heft und ordnet alle Präteritumsformen aus dem Text ein.

| starke Verben Präteritum ohne -te | schwache Verben Präteritum mit -te |
|---|---|
| er schloss ein | er bemerkte |

**2** Setzt die folgenden Verben ins Präteritum und ordnet diese Verbformen in die Tabelle ein. Wählt dazu die dritte Person Singular: krabbeln, greifen, essen, weinen, schlucken, wiegen, schmatzen, lächeln, singen, schlafen.

**3** a) Schreibt den Text ab. Ergänzt die Verben im Präteritum.

b) Vergleicht eure Lösungen.

### INFO

**Starke und schwache Verben**
Verben, die im Präteritum mit -te am Ende gebildet werden, heißen **schwache Verben**: *er sagte, sie lachte, es regnete.* Verben ohne -te im Präteritum nennt man **starke Verben**. Bei ihnen ändert sich im Präteritum, im Perfekt und im Plusquamperfekt der Wortstamm: *gehen – er ging – er ist gegangen – er war gegangen.*
Wenn du unsicher bist, schlage im Wörterbuch nach:

es|sen: du isst, aßest, äßest, gegessen, iss!

# Starke Verben üben

**Nur ein Traum**

Gestern ☆ (haben) Tom einen schönen Traum: Sein Schulbus ☆ (fahren)
plötzlich einen anderen Weg, als den, den Tom ☆ (kennen). Zu Toms Freude
☆ (halten) er nicht an der Schule, sondern an einem großen Abenteuer-
spielplatz. Sofort ☆ (vergessen) Tom den Unterricht und ☆ (springen)
aus dem Bus. Den ganzen Vormittag ☆ (bleiben) er auf dem Spielplatz,
bis mittags wieder der Bus ☆ (kommen). In diesem Moment ☆
(klingeln) leider Toms Wecker und er ☆ (müssen) in die Schule.
Doch er ☆ (wissen) noch: Das ☆ (sein) ein toller Traum!

**1** Ergänzt in den Sätzen oben das Verb
im Präteritum. Überlegt, wann es sich
um starke Verben handelt.

**2** a) Legt mit einem Partner die Tabelle rechts
an und schreibt zu allen Verben des Gedichts
die Zeitformen auf. Benützt das Wörterbuch.
b) Lest das Gedicht mit den richtigen
Zeitformen vor.

| Grund-form | Präsens | Präteritum | Perfekt |
|---|---|---|---|
| gehen | er geht | er ging | er ist gegangen |
| zählen | er zählt | ? | ? |

**Ein schlechter Schüler**
*Bruno Horst Bull*

Als ich noch zur Schule gehte,
zählte ich bald zu den Schlauen,
doch ein Zeitwort recht zu biegen,
bringte immer Furcht und Grauen.

Wenn der Lehrer mich ansehte,
sprechte ich gleich falsche Sachen,
für die andern Kinder alle
gebte das meist was zum Lachen.

Ob die Sonne fröhlich scheinte
oder ob der Regen rinnte:
Wenn der Unterricht beginnte,
sitzt' ich immer in der Tinte.

Ob ich schreibte oder leste,
Unsinn machte ich immer,
und statt eifrig mich zu bessern,
werdete es nur noch schlimmer.

Als nun ganz und gar nichts helfte,
prophezieh mir unser Lehrer:
Wenn die Schule ich verließe,
wörde ich ein Straßenkehrer.

Da ich das nicht werden willte,
kommte ich bald auf den Trichter,
stak die Nase in die Bücher,
und so werdete ich Dichter.

**3** a) Schreibe mit den Verben aus der Tabelle eine kurze Geschichte im Präteritum. Verwende dazu folgende Zeitangaben:

dann

am Abend

danach

schließlich

zuerst

am Nachmittag

später

um.... Uhr

endlich

zuletzt

**1** Entwickelt mit Hilfe der Liste in Partnerarbeit Vorlagen für ein Dominospiel.

| Start | kommen |
| kam | gehen |
| ging | wissen |

## Häufig vorkommende starke Verben:

| Grundform | Präsens | Präteritum | Perfekt |
| --- | --- | --- | --- |
| befehlen | er befiehlt | er befahl | er hat befohlen |
| beginnen | er beginnt | er begann | er hat begonnen |
| beißen | er beißt | er biss | er hat gebissen |
| brechen | er bricht | er brach | er hat gebrochen |
| bringen | er bringt | er brachte | er hat gebracht |
| denken | er denkt | er dachte | er hat gedacht |
| dürfen | er darf | er durfte | er hat gedurft |
| erschrecken | er erschrickt | er erschrak | er ist erschrocken |
| essen | er isst | er aß | er hat gegessen |
| fließen | er fließt | er floss | er ist geflossen |
| geben | er gibt | er gab | er hat gegeben |
| gehen | er geht | er ging | er ist gegangen |
| haben | er hat | er hatte | er hat gehabt |
| kommen | er kommt | er kam | er ist gekommen |
| können | er kann | er konnte | er hat gekonnt |
| leihen | er leiht | er lieh | er hat geliehen |
| mögen | er mag | er mochte | er hat gemocht |
| müssen | er muss | er musste | er hat gemusst |
| pfeifen | er pfeift | er pfiff | er hat gepfiffen |
| raten | er rät | er riet | er hat geraten |
| rufen | er ruft | er rief | er hat gerufen |
| schaffen | er schafft | er schuf | er hat geschaffen |
| schießen | er schießt | er schoss | er hat geschossen |
| schreien | er schreit | er schrie | er hat geschrien |
| sehen | er sieht | er sah | er hat gesehen |
| sein | er ist | er war | er ist gewesen |
| singen | er singt | er sang | er hat gesungen |
| sitzen | er sitzt | er saß | er ist gesessen |
| sprechen | er spricht | er sprach | er hat gesprochen |
| stoßen | er stößt | er stieß | er hat gestoßen |
| tun | er tut | er tat | er hat getan |
| verzeihen | er verzeiht | er verzieh | er hat verziehen |
| werden | er wird | er wurde | er ist geworden |
| wissen | er weiß | er wusste | er hat gewusst |
| wollen | er will | er wollte | er hat gewollt |

# Genau und anschaulich beschreiben

NEUE ZEITUNG  NEUE ZEITUNG

Alle gewalttätigen Schüler erhalten Verweise

Esst kein schimmeliges Obst!

Erfolgreiche Schulabgänger vom Bürgermeister geehrt

Kaputte Spielgeräte vom Pausenhof entfernt

Langweilige Hausaufgaben werden abgeschafft

**1 a)** Lest diese Schlagzeilen aus einer Schülerzeitung ohne die Adjektive. Was fällt auf?
**b)** Versucht, einen Merksatz zu formulieren,
warum wir Adjektive brauchen.

**2** Viele Adjektive werden noch anschaulicher,
wenn man sie mit Nomen zusammensetzt:
*schnell wie ein Blitz – blitzschnell.*
Bildet aus den folgenden Vergleichen
Zusammensetzungen aus Nomen und Adjektiv.
Denkt an die Kleinschreibung.

1. gerade wie eine Kerze
2. scharf wie ein Messer
3. groß wie ein Riese
4. frisch wie der Tau
5. weich wie Samt
6. kalt wie Eis

## INFO

**Adjektive**
Adjektive (Eigenschaftswörter) sind
Wörter, mit denen man Eigenschaften
von Lebewesen und Dingen genau
beschreiben kann. Mit zusammengesetzten Adjektiven *(blitzschnell)* kann
man sich besonders anschaulich ausdrücken. Adjektive sind meistens steiger-
bar: *klein, kleiner, am kleinsten.*
Adjektive werden kleingeschrieben.

Eine Entdeckung
Es war an einem Sommertag. Ich war
gerade auf dem Weg von der Schule
nach Hause, als ich im Gras einen Stein
entdeckte. Sogleich hob ich ihn auf. Nino,
mein Schulfreund, sagte noch: „Lass doch
den Brocken liegen! Der ist doch langweilig!" Aber irgendwie spürte ich, dass
dieser Stein etwas Besonderes war. Und
das stimmte auch, wie sich in der kommenden Nacht herausstellen sollte.
Gegen Mitternacht wachte ich plötzlich
auf. Im Zimmer war es dunkel. Nachdem
ich mich an die Dunkelheit gewöhnt hatte,
traute ich meinen Augen kaum: Der Stein,
den ich auf den Schreibtisch gelegt hatte,
leuchtete plötzlich grün. Als ich aufstehen
wollte, gab es ein Geräusch.
Ich war zunächst starr vor Angst, doch
dann schaltete ich das Licht an. Der Stein
war zersprungen und auf dem Tisch lag
ein Zettel. Auf diesem stand mit Tinte
die folgende Nachricht: ...

**3 a)** Überarbeitet den Erzählanfang,
indem ihr passende Adjektive ergänzt.
Versucht auch anschauliche zusammengesetzte Adjektive zu finden.
**b)** Schreibt die Erzählung zu Ende.

# Wozu brauchen wir Präpositionen?

### Das unglaubliche Finale

„Drei Komma zwei Sekunden stehen noch <u>auf</u> der Spieluhr. Drei Sekunden <u>vor</u> dem Ende begeht „Flying Henning" das Foul <u>an</u> Sulzberger. Jetzt geht es <u>für</u> den quirligen Aufbauspieler um alles: Bringt er den Ball wenigstens einmal <u>in</u> den Korb, so kann seine Mannschaft der Sieger sein. Langsam nehmen die Spieler Aufstellung. Den Zuschauern stockt der Atem. Schiedsrichter Schmidt übergibt nun den Ball <u>an</u> Sulzberger. Genau achtet er darauf, dass der Freiwerfer <u>hinter</u> der Linie steht. Sulzberger nimmt entschlossen den Ball, wirft und – das gibt's doch nicht, verehrte Hörer! Einmal, zweimal tanzt der Ball <u>auf</u> dem Ring und fällt jetzt <u>zur</u> Freude der vielen Zuschauer nicht <u>neben</u>, sondern <u>in</u> den Korb. 89:88. Die Zuschauer jubeln <u>über</u> den Treffer. Aber noch gibt es einen zweiten Freiwurf, noch ist dieses Spiel nicht beendet. …"

**1** a) Lest den Text links einmal ohne die unterstrichenen Wörter und einmal mit diesen Wörtern vor. Was stellt ihr fest?
b) Welche Aufgabe erfüllen diese Wörter?

**2** a) Erklärt durch einfache Strichzeichnungen die unterschiedlichen Positionen des Werfers.

### INFO

**Präpositionen**

Präpositionen (Verhältniswörter) geben an, in welchem Verhältnis Nomen zueinander stehen. Deshalb kommen sie auch nur zusammen mit Nomen oder Pronomen vor:
*Er geht mit dem Ball an die Freiwurflinie.*
*Er geht mit ihm an die Freiwurflinie.*
Präpositionen gehören zu den Wörtern, die man nicht beugen kann.
Folgende Wörter sind Präpositionen:
*an, auf, aus, bei, durch, entlang, für, gegen, hinter, in, mit, nach, neben, ohne, seit, trotz, über, um, unter, von, vor, während, wegen, zu, zwischen.*

|  | hinter |  |
|---|---|---|
| Der Werfer steht | an | der Freiwurflinie. |
|  | auf |  |

b) Welche Wörter passen in die Lücken?

| Geht der Ball | ☆ | den Korb? |
|---|---|---|
|  | ☆ | den Ring? |
|  | ☆ | das Brett? |

**3** a) Das Spiel oben läuft noch weiter. Schreibt die Reportage zu Ende.
b) Unterstreicht in eurem Text die Präpositionen. Die Info kann euch dabei helfen.

# Präpositionen legen den **Fall** fest

1. Die stärkste Mannschaft tritt gegen ☆ an.
2. Die stärkste Mannschaft tritt bei ☆ an.

> die schwächste Mannschaft

3. Ali spielt gegen ☆.
4. Ali bildet mit ☆ ein gutes Team.
5. Ali hat wegen ☆ heute viel zu tun.

> der quirlige Ben

in · auf · hinter · unter

neben · an · vor

**1** a) Schreibt die Sätze auf.
Setzt dabei den zugehörigen Ausdruck ein.
b) Vergleicht die Sätze. Was stellt ihr fest?

> A Tina wirft den Ball in **den** Korb.
> B Der Ball hängt in **dem** Korb fest.

**2** a) Bestimmt jeweils den Fall nach *in*.
Worin liegt der Unterschied?
b) Lest dazu die Info.

**3** a) Untersucht auch in den folgenden Sätzen,
welcher Fall nach der Präposition stehen muss.
b) Vervollständigt die Sätze in eurem Heft.

1. Der Spieler läuft auf ☆ Spielfeld.
2. Er hat auf ☆ Spielfeld schon häufig
   gewonnen.
3. Er wirft den Ball leider hinter ☆ Korb.
4. Der Spieler sieht seine Freundin
   hinter ☆ Korb stehen.
5. Der Sportler blickt unter ☆ (sein)
   Turnschuh.
6. Unter ☆ (sein) Turnschuh
   klebt ein Kaugummi.

**4** Entwickelt Satzpaare, in denen nach den
Präpositionen oben einmal der Dativ (wo?)
und einmal der Akkusativ (wohin?) folgt.

## INFO

**Präpositionen bestimmen den Fall**
Präpositionen (Verhältniswörter) bestimmen den Fall des folgenden Nomens oder
Pronomens:
**2. Fall/Genitiv:** *trotz, während, wegen.*
*Sie lief* **während** *des Regens heim.*
**3. Fall/Dativ:** *aus, bei, mit, nach, seit, von,*
*zu. Er geht* **mit** *seinem Hund spazieren.*
**4. Fall/Akkusativ:** *durch, für, gegen,*
*ohne, um. Wir laufen* **durch** *den Wald.*

Folgende Präpositionen können den
3. oder den 4. Fall nach sich ziehen:
*entlang, hinter, neben, in, über, unter,*
*vor, zwischen.*
Nach der Frage „Wo?" steht der 3. Fall:
*Der Stift liegt auf dem Tisch.*
Nach der Frage „Wohin?" steht der 4. Fall:
*Ich lege den Stift auf den Tisch.*

**5** a) Lest den folgenden Text und überlegt, welche Präpositionen in die Lücken passen. Schaut euch dazu auch die Info auf dieser Seite an. Schreibt den Text auf.
b) Vergleicht eure Lösungen.
c) Besprecht, in welchem Fall jeweils das Nomen oder das Pronomen nach der Präposition steht.

### Schwierige Aufgabe

Nach der Schule erledigt Tina schnell ihre Hausaufgaben, denn ☆ Nachmittag möchte sie ☆ Handballtraining.

Vorher muss sie allerdings noch ☆ Buchladen vorbeischauen. Denn ihr Trainer hat ☆ kommenden Montag Geburtstag. Da Tina Mannschaftsführerin ist, soll sie ☆ Herrn Janker ein Buch kaufen. Das Geld nimmt sie hierfür ☆ der Mannschaftskasse. ☆ der Bücherei geht sie sofort ☆ den Tierbüchern. Herr Janker mag nämlich alles, was ☆ Hunden zu tun hat. Jedenfalls hat er sich ☆ letzten Handballspiel ☆ dem Schiedsrichter ☆ Boxer unterhalten. ☆ ihrer Suche findet Tina ein interessantes Buch. Sie kauft es und lässt es ☆ schönes Geschenkpapier einpacken.

### (K)ein Geschenk für den Trainer

Gestern war Mittwoch und es stand ☆ (unsere Mannschaft) wieder einmal Handballtraining ☆ (das Programm). Meistens haben wir ☆ (ein anstrengendes Training) keine Lust. Doch gestern freuten wir uns sogar darauf, denn wir hatten ☆ (unser Trainer) eine Geburtstagsüberraschung vorbereitet. Unsere Mannschaftsführerin hatte ☆ (eine Buchhandlung) ein Geschenk besorgt. Wir freuten uns schon ☆ (das Gesicht) unseres Trainers, wenn er das Paket öffnen würde. Schnell trat ich ☆ (die Pedale), denn ich war schon etwas spät dran. Doch leider endete die geplante Geburtstagsüberraschung anders als erwartet. Nachdem Herr Janker nämlich das Geschenk geöffnet hatte, sah er uns ☆ (ein irritierter Blick) an. Er hielt ein Buch ☆ (der Titel) „Der Boxer – ein toller Hund" ☆ (die Hände). Doch leider wusste Herr Janker ☆ (dieses Geschenk) nichts anzufangen. Denn unser Trainer interessierte sich nur ☆ (der Kampfsport Boxen).

**6** a) Schreibt den Text ab oder benützt Copy 18 und fügt geeignete Präpositionen ein.
Gestern war Mittwoch und es stand für unsere Mannschaft wieder einmal ...
b) Besprecht eure Lösungen.
Manchmal sind mehrere möglich.

> **INFO**
>
> **Zusammengesetzte Präpositionen**
> Die Wörter *am, beim, im, ins, vom, zum, zur* sind aus einer Präposition und einem Artikel zusammengesetzt:
> *am = an dem, ins = in das, zur = zu der.*
> Nach diesen zusammengesetzten Präpositionen werden Verben als Nomen gebraucht: *zum Schwimmen, vom Laufen* ...
> Siehe dazu auch den Tipp auf Seite 187.

## Wörter, die verknüpfen

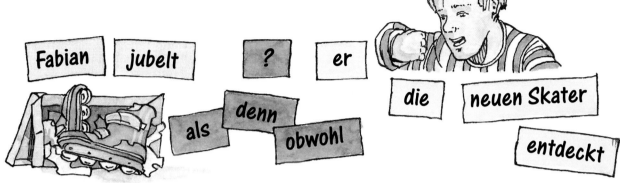

Fabian | jubelt | ? | er

denn | als | obwohl

die | neuen Skater | entdeckt

**INFO**

**1**
a) Legt euch zu zweit diese Kärtchen an.

b) Mit welchen Wörtern lassen sich
die beiden Teilsätze verknüpfen?
Wählt aus der Info rechts drei Wörter aus.

c) Schreibt sie auf drei kleine Kärtchen
und legt sie abwechselnd an die Stelle
des Fragezeichens.
**Achtung:** Vielleicht müsst ihr die Wörter
im zweiten Teilsatz etwas anders anordnen.
Achtet auf euer Sprachgefühl.

**2** Welche unterschiedlichen Bedeutungen
gewinnt der gesamte Satz, wenn ihr die
drei Wörter abwechselnd an die Stelle legt?
Sprecht darüber. Am besten überlegt ihr euch
eine kleine Geschichte, in die der jeweilige
Satz hineinpasst.

**3**
a) Sucht Konjunktionen heraus,
die begründen, warum Fabian jubelt.

b) Wann jubelt Fabian? Mit welchen
Konjunktionen könnt ihr dazu eine Angabe
machen? Untersucht, wie sich die Bedeutung
der Sätze jeweils ändert.

c) Nicht mil allen Konjunktionen kann man
diese beiden Teilsätze sinnvoll verbinden.
Nennt Beispiele.

**Konjunktionen**
Konjunktionen (Bindewörter) verknüpfen
– **Wörter**
  (klein, _aber_ fein; Stefanie _und_ Florian,
  heute _oder_ morgen),
– **Teile von Sätzen**
  (Florian gerät ins Stolpern _und_ fällt hin.),
– **Sätze**
  (Es stört ihn sehr, _dass_ seine Schwester
  besser fährt.).

**Beispiele für Konjunktionen:**

| aber | ehe | und |
|------|-----|-----|
| als | falls | während |
| bevor | nachdem | weil |
| bis | ob | wenn |
| da | obwohl | entweder...oder |
| damit | oder | sowohl...als auch |
| dass | seitdem | um...zu |
| denn | sobald | weder...noch |
| doch | sondern | |

Wenn Konjunktionen zwei Hauptsätze
miteinander verknüpfen, entstehen
**Satzreihen** (siehe Seite 147).
Wenn Konjunktionen Hauptsätze
und Nebensätze verknüpfen, entstehen
**Satzgefüge** (siehe Seite 148).

# Konjunktionen **richtig** verwenden

### Ein sportliches Ereignis

Am Wochenende fanden die diesjährigen Skatermeisterschaften statt, (1) leider kam es hierbei zu einem Zwischenfall. (2) bereits einige Skater die Zuschauer begeistert hatten, kam der bekannte Skater Hajo an die Reihe. Er kreiste auf seinen Skatern um die Menge (3) führte tolle Kunststücke vor. Leider muss Hajo jedoch für einen kurzen Augenblick nicht aufgepasst haben, (4) plötzlich fuhr er rückwärts auf die Absperrung zu (5) raste kurz darauf in hoher Geschwindigkeit einen Abhang hinunter. (6) er unten heil ankam, brachte man ihn zur Kontrolle ins Krankenhaus. Wenig später wurde dort auch ein Patient mit Gehirnerschütterung eingeliefert. Aus Neugier fragte Hajo den Mann, (7) es dazu gekommen sei. Daraufhin erklärte dieser, (8) er gerade beim Spazierengehen war, (9) er plötzlich von einem rückwärts fahrenden Skater in Hockstellung überholt wurde. Das habe ihn so ins Staunen versetzt, (10) er geradewegs gegen einen Laternenpfahl gelaufen sei (11) sich eine Gehirnerschütterung zugezogen habe.

**1** a) Schreibt den Text ab oder verwendet die Copy 19.

b) Setzt anstelle der Ziffern geeignete Konjunktionen ein.

c) Vergleicht eure Lösungen und besprecht mögliche Unterschiede.

1. Vor einigen Tagen wollte ich mir neue Inline-Skates kaufen, … (alte zu klein).
2. Im Laden gab es eine große Auswahl, … (mich nicht entscheiden können).
3. Endlich fand ich ein tolles Paar, … (lange gesucht).
4. Die Inline-Skates hatten nur den Nachteil, … (zu groß).
5. Sie würden allerdings passen, … (Watte in die Schuhe stecken).
6. Schließlich verließ ich traurig den Laden, … (Verkäufer vom Kauf abgeraten).

**2** a) Ergänzt die Sätze in eurem Heft.

b) Vergleicht eure Ergebnisse

**3** a) Warum liest sich der Text unten so holprig?

b) Überarbeitet den Text, indem ihr an einigen Stellen die Sätze mit Konjunktionen verbindet.

### Inline-Skaten – sonst gar nichts!

Stefanie, Florian haben neue Inline-Skates bekommen. Sie wollen sie natürlich sofort ausprobieren. Sie haben sie zu Hause ausgepackt. Florian zieht sich seine gleich an. Er eilt hinaus auf den Gehsteig. Bei ihm sieht das noch etwas holprig aus. Stefanie folgt ihm schon ganz elegant. Mit Schwung saust sie an ihm vorbei. Sie berührt ihn dabei nicht. Er gerät jedoch ins Stolpern. Er fällt hin. Seine Schwester fährt besser als er. Das stört Florian sehr. Er tröstet sich aber. Er hat sich wenigstens nicht weh getan. Er trägt Knie- und Ellenbogenschützer. So fährt er weiterhin seiner Schwester eifrig hinterher.

# Satzglieder ermitteln

MIT DEM BUS DER FIRMA „ABENTEUER"

INS SCHULLANDHEIM

NACH RIEDENBURG

AM NÄCHSTEN MONTAG

FÄHRT

DIE KLASSE 6B

**1** a) Übertragt die Texte auf kleine Zettel.
b) Ordnet die Zettel so, dass ein sinnvoller Satz entsteht.

**2** a) Lest eure Sätze vor.
Wie viele Möglichkeiten habt ihr gefunden, aus diesen Wörtern einen Satz zu bilden?
b) Kann man das Wörtchen „nächsten" alleine umstellen?
c) Die Teile des Satzes, die ihr umgestellt habt, nennt man Satzglieder.
Lest dazu die Info.
d) Welches Satzglied hat die meisten Wörter? Welches nur eins?
e) Wie formuliert ihr den Satz, wenn ihr auf folgende Fragen antworten sollt?

1. Wer fährt ins Schullandheim?

2. Wann fährt die Klasse 6b ins Schullandheim?

3. Wohin fährt die Klasse 6b?

**Fahrt ins Schullandheim**
Unsere Klasse 6b plant für nächste Woche einen Schullandheimaufenthalt. Wir besuchen dort auch einen großen Freizeitpark. Wir freuen uns besonders auf die Wildwasserrutsche. Wir werden sogar eine Nachtwanderung im Wald machen. Alle Schüler haben sich schon für das Abschiedsfest etwas Lustiges ausgedacht. Wir werden am Samstag wieder zurückkehren.

**3** a) Lest den Text vor und überlegt, warum er etwas eintönig wirkt.
b) Verbessert den Text, indem ihr in einigen Sätzen die Satzglieder umstellt.
c) Vergleicht eure Vorschläge.

**INFO**

**Satzglieder**
Ein Satz besteht aus Satzgliedern. Diese können aus einem einzigen Wort oder aus mehreren Wörtern bestehen. Satzglieder kannst du durch die Umstellprobe ermitteln: Die Wörter, die beim Umstellen zusammenbleiben, bilden ein Satzglied.
Soll ein Satzglied besonders betont werden, steht es am Anfang des Satzes.

# Was **tut** jemand? Was **geschieht**?

1. Der Clown **?** an der Kasse.

2. Die Zirkusdirektorin **?** vor dem Publikum.

3. In der Zirkuskuppel **?** ein Affe.

4. Die Tiger **?** auf dem Boden.

5. Am Schluss **?** das Publikum.

MACHEN

DIE CLOWNS

VIELE WITZE

IN DER MANEGE

**1** a) Warum ergeben die Sätze keinen Sinn?
b) Ergänzt die Sätze.
c) Vergleicht eure Lösungen.
d) Das Satzglied, das ihr in jedem Satz ergänzt habt, nennt man Prädikat (Satzaussage). Zu welcher Wortart gehören die von euch ergänzten Wörter?

**2** a) Schreibt die Satzglieder auf einzelne Zettel.
b) Wie viele Aussagesätze könnt ihr durch Umstellen bilden?
c) An welcher Satzgliedstelle steht immer das Prädikat?

**3** a) In den Sätzen unten besteht das Prädikat aus zwei Teilen. Lest dazu die Info.
b) Schreibt beide Teile und die Grundform in euer Heft: *1. kamen ... an – ankommen.*

### INFO

**Prädikat**

1. Das **Prädikat (Satzaussage)** sagt aus, was jemand tut oder was geschieht.
2. Das Prädikat wird mit Verben gebildet.
3. In Aussagesätzen ist das Prädikat immer das zweite Satzglied.
4. Das Prädikat besteht aus zwei Teilen
   – bei zusammengesetzten Verben: *ankommen, kommt ... an,*
   – bei zusammengesetzten Zeitformen:
   Perfekt: *ist ... gekommen, hat ... geklatscht,*
   Plusquamperfekt: *war ... gekommen, hatte ... geklatscht.*

1. Die Zirkusleute kamen mittags an.
2. In kurzer Zeit bauten sie das Zelt auf.
3. Viele Kinder aus der Stadt sahen zu.
4. Sie hatten so etwas noch nie gesehen.
5. Abends hat die Vorstellung begonnen.
6. Morgen wird der Zirkus weiterziehen.
7. Im nächsten Jahr kommt er bestimmt wieder.

# Wer tut etwas?

1. **?**   WERFEN   DIE BÄLLE   IN DIE LUFT.

2. EINEN HASEN   HOLT   **?**   AUS DEM HUT.

3. GEHST   **?**   MIT CHRISTA   IN DEN ZIRKUS?

4. **?**   BALANCIERT   ÜBER DEN ZUSCHAUERN   AUF DEM SEIL.

**1**
a) Mit welcher Frage findet ihr das fehlende Satzglied?

b) Ergänzt in jedem Satz das fehlende Satzglied und schreibt die Sätze in euer Heft.

c) Umrandet das ergänzte Satzglied und malt es farbig an.

d) Das Satzglied, das ihr in jedem Satz ergänzt habt, nennt man Subjekt (Satzgegenstand). Lest dazu die Info.

1. Der beleibte Zirkusdirektor begrüßt zu Beginn das Publikum.
2. Danach spielt die bunt gekleidete Musikkapelle einen lauten Tusch.
3. Nach dem Musikstück führt ein kleines Mädchen die Pferde herein.
4. Es hat ein glitzerndes Kleid an.
5. Vier junge Seiltänzerinnen balancieren in schwindelnder Höhe.
6. Vom Publikum bekommen sie einen tosenden Applaus.
7. Zum Schluss kommen alle noch einmal in die Manege.

**2**
a) Wie heißen in den Sätzen oben die Subjekte? Schreibe sie heraus.

b) Setze an die Stelle des Subjekts in Satz 1, 2, 3 und 6 zuerst „ich" und dann „wir" ein. Welches Wort verändert sich, wenn sich das Subjekt verändert? Kennzeichne die Stelle so:
*Ich begrüße …;*
*Wir begrüßen … .*

> **INFO**
>
> **Subjekt**
> Das Satzglied, das du mit der Frage „Wer oder was?" ermitteln kannst, heißt **Subjekt** (**Satzgegenstand**). Es gibt an, wer etwas tut. Das Subjekt kann aus einem oder aus mehreren Wörtern bestehen. Das Subjekt bestimmt die Endung des Prädikats:
> *Der Seehund schwimmt im Wasser.*
> *Die Seehunde schwimmen im Wasser.*
> *Du schwimmst im Wasser.*
> *Wir schwimmen im Wasser.*

# Stimmen Subjekt und Prädikat überein?

Ich
Du
Wir
Die Pferde
Der Clown

klatschen
tanzen
laufen
sitzen
springen
....

in der Manege.
am Ende der Vorstellung.
auf dem Seil.
durch den Reifen.
....

**1** Bildet mit eurem Partner zusammen lustige Sätze. Achtet darauf, dass das Prädikat mit dem Subjekt übereinstimmt:
*Du klatschst am Ende der Vorstellung.*

**2** Bilde mit folgenden Wörtern selbst Sätze. Unterstreiche das Subjekt und das Prädikat farbig.

1. Direktor – begrüßen
2. Akrobaten – turnen
3. Jongleure – hochwerfen
4. Clown – hinfallen
5. Zirkus – abreisen

**3** a) Ist euch dieser Fehler auch schon passiert?

Hanna und ich ging in den Zirkus.

b) Wie muss dieser Satz richtig lauten?
c) Worin liegt der Fehler?

**4** Schreibe den folgenden Text in dein Heft und ergänze das fehlende Subjekt oder das fehlende Prädikat.
Du kannst auch Copy 20 verwenden.

### Die Macht der Gewohnheit

Im letzten Jahr (1) ein Zirkus in unsere Stadt. Meine Schwester und ich (2) die Vorstellung am Samstagnachmittag. Die Tiernummer mit einem großen Elefanten (3) uns ganz besonders. Bei einer bestimmten Melodie stellte sich (4) auf ein kleines rotes Podest. Dann ließ (5) sich mit dem Hinterteil darauf nieder.
Als nach zehn Tagen (6) wieder abreiste, passierte etwas Aufregendes. Um zum Bahnhof zu kommen, (7) die Zirkusleute mit den Tieren durch die Stadt. Der Elefant (8) gerade an einem knallroten VW-Käfer vorbei, als aus dem Autoradio die bekannte Melodie ertönte. (9) schaute sich nach seinem Podest um. Sein Blick (10) auf den Käfer. Wenig später (11) er sich auf das Auto. (12) drückte dieses auf die Hälfte seiner Größe zusammen.

# Wem? – Wen oder was?

1. Wir veranstalten am Samstag in unserer Schule ☆ (wen oder was?).
2. Ich helfe ☆ (wem?) beim Ausschmücken.
3. Klaus, Marion und Celim besorgen ☆ (wen oder was?).
4. Birgit und Vera haben ☆ entworfen.
5. Sie gefällt ☆ prima.
6. Wir unterstützen ☆ beim Kopieren der Einladungen.
7. ☆ macht schon die Vorbereitung Spaß.

meinen Freunden

unsere Lehrerin

die Getränke

mir

ein Klassenfest

uns

die Einladung

**1** a) Die Sätze oben sind nicht vollständig. Die Fragen in den Sätzen 1 bis 3 helfen euch, die richtige Lösung zu finden.
b) Wie könnten die Fragen in den Sätzen 4 bis 7 lauten?
c) Ergänzt auch in den Sätzen 4 bis 7 das fehlende Satzglied.

1. Ulis Mutter macht ☆.
*Frage: Wen oder was macht Ulis Mutter?*
2. Wir befestigen ☆ an der Wand.
3. Mahmut reicht ☆ ☆.
4. Klaus holt ☆.

einen Hammer

Carolin

die Girlanden

eine große Portion Nudelsalat

einen Kassettenrekorder

**2** a) Stellt bei jedem Satz oben durch eine Frage fest, welches Satzglied gesucht wird.
b) Ergänzt die Sätze und schreibt sie in das Heft.

**3** a) Lies den Text rechts. Welche Sätze sind unvollständig?
b) Ergänze den Text nach deinen Vorstellungen.
c) Vergleicht eure Ergebnisse.

Lieber Hausmeister,

wir möchten bei Ihnen entschuldigen.
Es tut uns Leid, dass wir verschmutzt haben.
In Zukunft werden wir nicht mehr so viel Ärger bereiten. Wir werden nämlich im Pausenhof veranstalten. Hoffentlich gefällt diese Idee.

Mit freundlichen Grüßen
Ihre Klasse 6b

# Wie muss es heißen?

**1.** Kannst du mir ✭ (das Buch/die Zeitschrift) bitte morgen mitbringen?

**2.** Welche CD soll ich ✭ (mein Freund/ meine Freundin) schenken?

**3.** Morgen soll Stefan ✭ (das Sekretariat/ der Hausmeister) wegen seines verlorenen Schlüssels anrufen.

**4.** Die Ferien genügen ✭ (die Schüler/ die Schülerinnen) meistens nur selten.

**2** Bilde zu den Wörtern Sätze. Beispiel:
Die Schüler/ entwerfen/ der Plan.
Die Schüler entwerfen den Plan.

**1.** Die Nachspeise/schmecken/die Gäste.
**2.** Martina/verlieren/der Ring.
**3.** Der Schiedsrichter/beenden/das Spiel.
**4.** Der Schauspieler/danken/die Zuschauer.
**5.** Frederic/gratulieren/seine Mutter.

**1** Setze die Wörter im richtigen Fall ein.
Prüfe zuerst, in welchem Fall (3. oder 4. Fall) die Wörter in Klammern stehen müssen.
Lies dazu die Info.
*Er möchte ✭ (die Mutter/der Vater) helfen.*
*Wem möchte er helfen? = 3. Fall*
Schreibe so:
Er möchte der Mutter (dem Vater) helfen.

**3** Wähle zehn Verben aus und bilde Sätze.
Schreibe sie in dein Heft.

erfinden, gratulieren, sehen, gehören, riechen, fühlen, gefallen, bestellen, passen, anbieten, empfehlen, leihen, bringen, geben, liefern

**TIPP** Achte auf den Artikel und die Endungen

| 3. Fall | männlich | weiblich | sächlich |
|---|---|---|---|
| Klaus hilft | dem Freund. | der Mitschülerin. | dem Team. |
| | seinem Freund. | seiner Mitschülerin. | seinem Team. |
| | ihm. | ihr. | ihm. |
| Klaus hilft | den Freunden. | den Mitschülerinnen. | den Teams. |
| | seinen Freunden. | seinen Mitschülerinnen. | seinen Teams. |
| | ihnen. | ihnen. | ihnen. |

| 4. Fall | männlich | weiblich | sächlich |
|---|---|---|---|
| Marina schmückt | den Tisch. | die Tür. | das Klassenzimmer. |
| | ihren Tisch. | ihre Tür. | ihr Klassenzimmer. |
| | ihn. | sie. | es. |
| Marina schmückt | die Tische. | die Türen. | die Klassenzimmer. |
| | ihre Tische. | ihre Türen. | ihre Klassenzimmer. |
| | sie. | sie. | sie. |

# Objekte im 3. und im 4. Fall*

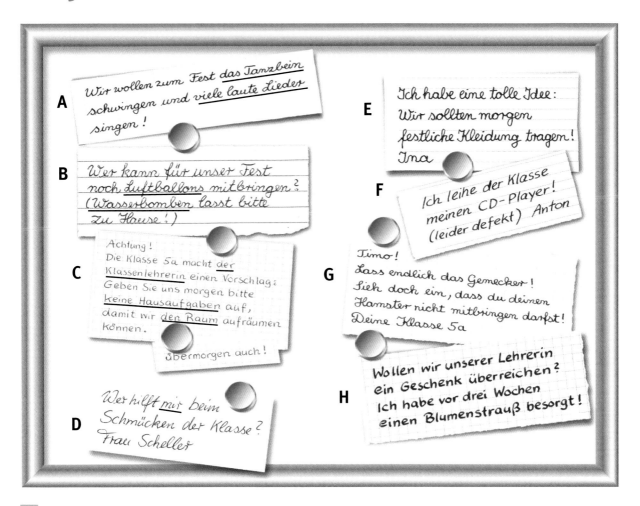

**A** Wir wollen zum Fest das Tanzbein schwingen und viele laute Lieder singen!

**B** Wer kann für unser Fest noch Luftballons mitbringen? (Wasserbomben lasst bitte zu Hause!)

**C** Achtung! Die Klasse 5a macht der Klassenlehrerin einen Vorschlag: Geben Sie uns morgen bitte keine Hausaufgaben auf, damit wir den Raum aufräumen können.
übermorgen auch!

**D** Wer hilft mir beim Schmücken der Klasse? Frau Scheller

**E** Ich habe eine tolle Idee: Wir sollten morgen festliche Kleidung tragen! Ina

**F** Ich leihe der Klasse meinen CD-Player! (leider defekt) Anton

**G** Timo! Lass endlich das Gemecker! Sieh doch ein, dass du deinen Hamster nicht mitbringen darfst! Deine Klasse 5a

**H** Wollen wir unserer Lehrerin ein Geschenk überreichen? Ich habe vor drei Wochen einen Blumenstrauß besorgt!

**1**
a) Bestimme die unterstrichenen Satzglieder. Lies dazu die Info und untersuche die Satzglieder mit den angegebenen Fragen.
b) Trage die Dativ- und die Akkusativobjekte in eine Tabelle im Heft ein.
c) Suche aus den Anzeigen ohne Unterstreichungen die Objekte heraus und trage sie in die Tabelle ein.

**2**
a) Bilde mit den folgenden Verben Sätze:
*schenken, schicken, gewinnen, feiern, singen, erhalten, besorgen, vorbereiten, verlosen.*
b) Unterstreiche die Dativ-Objekte und die Akkusativobjekte mit unterschiedlichen Farben.

**INFO**

**Objekte**
Die Satzglieder, die das Prädikat ergänzen, nennt man **Objekte** (**Satzergänzungen**).
**Objekte im 3. Fall** erfragst du mit „Wem?".
**Objekte im 4. Fall** erfragst du mit „Wen oder was?".
Frage immer in Verbindung mit dem Prädikat (Satzaussage):
*Gül gibt mir einen Apfel.*
Wem gibt Gül einen Apfel? *mir*
Wen oder was gibt Gül mir? *einen Apfel*

# Angaben des **Ortes** und der **Zeit**\*

**Letzte Informationen zu unserem Klassenfest**

1. Am kommenden Freitag halten wir unsere Klassenfeier ab.
2. Sie findet von 17.00 Uhr bis 21.00 Uhr statt.
3. Die Dekoration bauen wir am Vormittag auf.
4. Getränke kauft Anjas Vater im ILO-Getränkemarkt.
5. Kuchen und anderes Essen werden am Nachmittag angeliefert.
6. Leicht verderbliche Speisen können in der Küche gekühlt werden.
7. Am Anfang spielen wir auf der Bühne in der Aula
   unser Theaterstück vor.
8. Anschließend gibt es Essen und Trinken im Klassenzimmer.
9. Ab 19.00 Uhr öffnet die Disco in der Pausenhalle.

**1** Diese Informationen hängen an der Pinnwand
der Klasse 6c. Worum geht es?

**2** a) Wann findet die Klassenfeier statt?
Dazu findet ihr in den ersten beiden Sätzen
je eine Angabe. Unterstreicht sie auf einer
Folie oder auf Copy 21. Lest dazu die Info.
b) In den Sätzen oben finden sich noch fünf
weitere Angaben der Zeit. Unterstreicht sie.
Stellt dazu die entsprechenden Fragen.
c) Vergleicht eure Unterstreichungen
mit eurem Partner.

**3** a) Wo kauft Anjas Vater die Getränke?
Unterstreicht diese Angabe.
b) Ihr findet noch vier Angaben des Ortes.
Stellt dazu die entsprechenden Fragen
und unterstreicht diese Angaben.

**4** a) Die Klasse verfasst eine Einladung
für die Eltern. Lest den Entwurf rechts.
Welche Fragen werden die Eltern stellen?
b) Schreibt eine Einladung, die die Eltern
über das Fest und den Ablauf informiert.
c) Vergleicht eure Einladungen.

Hey, Eltern!
Wir haben uns mächtig angestrengt,
Theater geprobt und ein tolles Programm
auf die Beine gestellt.
Kommt zu unserem Klassenfest der 6c!
Klasse 6c

**INFO**

**Angaben (Adverbialien) des Ortes
und der Zeit**
Angaben sind Satzglieder. Sie geben
in einem Satz zusätzliche Informationen:

1. **Angaben des Ortes**
   **(Adverbiale des Ortes)**
   Sie antworten auf die Fragen
   *Wo? Wohin?*
2. **Angaben der Zeit (Adverbiale der Zeit)**
   Sie antworten auf die Fragen
   *Wann? Wie lange? Seit wann?*
Häufig beginnt ihr eure Sätze mit dem
Subjekt. Das wirkt eintönig. Stellt daher
in einigen Sätzen eine Angabe der Zeit
oder des Ortes an den Satzanfang.
Diese Angabe wird dann auch betont.

## Ein teurer Ausflug

Gestern hatten wir Wandertag.
Wir liefen um acht Uhr von der Schule
los. Nach zwei Stunden machte uns die
Sonne ganz schön zu schaffen. Deshalb
5 legten wir auf einer großen Waldwiese
eine Rast ein.
Dort führten wir nach kurzer Zeit auch
eine Schnitzeljagd durch.
Während des Spielens muss ich im Ge-
10 strüpp meine Geldbörse verloren haben.
Die ganze Klasse half mit und suchte im
Wald. Nach einiger Zeit rief Klaus ganz
aufgeregt: „Ich hab sie. Hier liegt sie."
Er hatte meine Geldbörse im dichten
15 Laub entdeckt. Mann, war ich froh.
Gegen Mittag kamen wir zur Schule
zurück.

## Weg zur Sonnenburg

Sie verlassen den Parkplatz durch die Bach-
gasse in nördlicher Richtung. Nach etwa
zehn Minuten zweigt der Weg nach rechts
von der Straße ab.
5 An den Bäumen sehen Sie eine weiße Tafel
mit einer gelben Sonne. Folgen Sie ab
hier dieser Wegmarkierung. Sie führt Sie
in einer weiten Linksbiegung durch einen
hellen Mischwald.
10 Nach wenigen Minuten erreichen Sie eine
kleine Unterstellhütte auf einer Lichtung.
Von hier aus führt der Weg leicht bergan
und Sie erreichen nach einer halben
Stunde den Eingang zur Burg. Sie haben
15 Ihr Ziel erreicht.

**5** a) In dem Text sind im ersten Teil
die Zeit- und die Ortsangaben unterstrichen.
Übertrage die folgende Tabelle in dein Heft
und trage die Angaben richtig ein.

| Ortsangaben Wo? Woher? Wohin? Von wo? | Zeitangaben Wann? Seit wann? Von wann bis wann? Wie lange? |
|---|---|
| ☆ ☆ ☆ | ☆ ☆ ☆ |

b) Im zweiten Teil kommen noch vier Ortsangaben und zwei Zeitangaben vor.
Suche sie heraus und schreibe sie
ebenfalls in die Tabelle.

**6** a) Sprecht über diese Wegbeschreibung.
b) Beim Lesen entstehen oft Bilder im Kopf.
Was tragen die Orts- und vor allem auch die
Zeitangaben dazu bei?
c) Gebt mit euren Worten den Weg vom
Parkplatz zur Sonnenburg wieder.

**7** a) Auch in eurer Nähe gibt es eine Sehens-
würdigkeit oder ein Ausflugsziel.
Beschreibt mit Hilfe von Orts- und von
Zeitangaben den Weg dorthin.
b) Besprecht eure Beschreibungen.
Überlegt, ob man sicher den Weg finden
und die benötigte Zeit richtig
einschätzen kann.

# Angabe des Grundes und der Art und Weise*

**Fans und ihre Superstars**

1. Wegen der Premiere ihres neuen Films werden viele bekannte Schauspieler erwartet.
2. Vor der Festspielhalle haben die Helfer zur Sicherheit eine Anfahrtszone eingerichtet.
3. Hunderte von Fans warten geduldig auf ihre Stars.
4. <u>Aus Vorsicht</u> fahren die großen Limousinen der Schauspieler <u>langsam</u>.
5. <u>Lächelnd</u> steigen die Superstars aus.

6. ☆ (wie?) gehen sie zu den Zuschauern.
7. Sie schütteln ☆ (warum?) viele Hände.
8. Dabei achten die Bodyguards ☆ (warum?) genau darauf, was die Fans machen.
9. ☆ (wie?) wenden sie sich dem Eingang zu.
10. Dann entschwinden sie ☆ (wie?) ins Haus.

> zum Schutz der Stars – aufatmend – schnell vor Freude – mit beiden Armen winkend

**1**
a) Warum werden viele Schauspieler erwartet? Unterstreicht auf einer Folie oder auf der Copy 21 die Angabe, die auf diese Frage eine Antwort gibt. Lest die Info.
b) Auch im zweiten Satz findet ihr eine solche Angabe. Erfragt sie und unterstreicht sie.

**2**
a) Wie warten die Fans auf ihre Stars? Unterstreicht im 3. Satz das Satzglied, das auf diese Frage eine Antwort gibt.
b) Wie heißt diese Angabe ? Lest die Info.
c) Bestimmt die unterstrichenen Angaben im 4. und 5. Satz.
d) Ergänzt in den Sätzen 6–10 die Angaben.

**Noch mehr Superstars**

<u>Müde</u> traben sie in ihren roten Trikots über das Spielfeld auf die Fankurve zu. <u>Für ihre unermüdliche Unterstützung</u> haben diese den Dank der Spieler verdient. <u>Händchen-</u>
5 <u>haltend</u> verbeugen sie sich <u>deshalb</u> vor den Fans, die bei jeder Verbeugung aufjubeln. Sie halten ihren Stars <u>in jeder Lage</u> die Treue. So ist eben Fußball. <u>Zur gleichen Zeit</u> steht der Manager <u>alleine</u> vor der Fernsehkamera.
10 <u>Höhnisch</u> kommentiert er die Entscheidungen des Schiedsrichters. <u>Nur aus diesem Grund</u> habe man das Spiel verloren.

**3**
a) Um welche Stars geht es im Text?
b) Erstelle folgende Tabelle und trage die unterstrichenen Angaben in die richtige Spalte ein.

| Angabe des Grundes Warum? Weshalb? Weswegen? | Angabe der Art und Weise Wie? |
|---|---|
| ... | ... |

**INFO**

**Angaben (Adverbialien) des Grundes und der Art und Weise**
**Angaben des Grundes** antworten auf die Fragen *Warum? Weshalb? Weswegen?*
*Sie weinte vor Glück.* Warum weinte sie?
**Angaben der Art und Weise** antworten auf die Frage *Wie?*
*Sie lachte <u>laut</u>.* Wie lachte sie?

# Angaben **erkennen** und **einsetzen***

## Urlaub am Meer

Kommen Sie zu uns <u>in den schönsten Wochen des Jahres</u>!
Sie haben es sich <u>redlich</u> verdient. <u>Hier</u> können Sie <u>in Ruhe</u> ausspannen.
Ganz gleich, ob Sie <u>den ganzen Tag lang</u> <u>am feinen Sandstrand</u> liegen,
schwimmen oder ob Sie <u>in den strandnahen Kiefernwäldern</u> spazieren gehen –
5 <u>wegen der Nähe zur Natur</u> erleben Sie Erholung pur.
Und <u>am Abend</u> besuchen Sie eines unserer vielen gepflegten Restaurants,
die <u>aufgrund ihrer Fischspezialitäten</u> bekannt sind.

**1** In diesem Text sind alle Angaben unterstrichen. Erstelle eine Tabelle nach dem folgenden Muster und ordne die Angaben aus dem Text richtig zu.

| | | | |
|---|---|---|---|
| Angaben des Ortes: | ☆ | ☆ | ☆ |
| Angaben der Zeit: | ☆ | ☆ | ☆ |
| Angaben der Art u. Weise: | ☆ | ☆ | ☆ |
| Angaben des Grundes: | ☆ | ☆ | ☆ |

**2 a)** Schreibe den Text rechts in dein Heft. Setze die fehlenden Angaben ein.
**b)** Vergleicht und besprecht eure Ergebnisse. Manchmal sind mehrere Lösungen möglich.

### Fit im Urlaub

Viele junge Menschen machen ☆ (wann?) Urlaub ☆ (wo?). Sie genießen das Wasser, die frische Luft und die Sportmöglichkeiten ☆ (wo?). ☆ (wie?) schwimmen und
5 tauchen sie ☆ (wo?). ☆ (warum?) kämpfen viele mit dem Surfbrett gegen Wind und Wellen. Aber auch ☆ (wo?) bleiben sie in Bewegung.
☆ (wo?) spielen Gruppen junger Leute ☆
10 (wie?) Beachvolleyball. ☆ (wie?) schmettern die einen und ☆ (warum?) springen die andern am Netz hoch. ☆ (wann?) gibt es dann ein feines Abendessen ☆ (warum?).

**Angaben des Ortes:**
am Meer – am Strand – außerhalb des Wassers – im warmen Wasser – im Sand
**Angaben der Zeit:**
im Sommer – nach dem Duschen
**Angaben der Art und Weise:**
begeistert – laut rufend – wuchtig
**Angaben des Grundes:**
zur Erholung – aus Spaß – zur Abwelu

# Wirkungen überprüfen

Auf Seite 145 findest du Sätze, die du zu einer kleinen Geschichte gestalten kannst. Lies zu jedem Teil 1 bis 4 die Aufgaben unten.

**1** Im Teil 1 werden dir zum Beginn der Geschichte Satzglieder zur Auswahl angeboten.
a) Beginne mit dem Subjekt oder mit der Zeitangabe.
b) Wähle ein Prädikat aus.
c) Entscheide dich für eine Ortsangabe.
d) Schreibe die Überschrift und den ersten Satz auf.

**2** Im Teil 2 wird die Geschichte fortgesetzt. Zu drei Sätzen findest du unterschiedliche Vorschläge. Entscheide dich jeweils für einen. Lies dazu den Tipp unten. Schreibe die ausgewählten Sätze und die vorgegebenen Sätze auf.

**3** a) Schreibe im Teil 3 die Geschichte ab bis zur nächsten Wahlmöglichkeit.
b) Mit Hilfe von zusätzlichen Informationen kann sich der Leser eine Geschichte besser vorstellen. Du findest zu drei Sätzen Erweiterungsvorschläge. Wähle die deiner Meinung nach günstigste Lösung aus und schreibe sie auf.

**4** a) Im Teil 4 musst du dich entscheiden, ob du die Sätze einzeln stehen lässt oder ob du sie miteinander verknüpfen willst. Lies dazu die Info.
b) Schreibe die Geschichte weiter ab und entscheide dich für einen der vorgegebenen Vorschläge.

**5** Die Geschichte ist noch nicht zu Ende. Überlege dir einen passenden Schluss und schreibe ihn auf.

**6** a) Lest euch eure Texte gegenseitig vor. Wie wirken sie jeweils im Ganzen auf euch?
b) Erklärt zu den einzelnen Teilen, warum ihr gerade diese Lösung gewählt habt.
c) Diskutiert die Vorschläge, hört auch auf andere Meinungen.

**INFO**

**Sätze verbinden**
Man kann zwei Sätze einfach hintereinander schreiben und sie durch einen Punkt voneinander trennen. Man kann Sätze auch mit einer Konjunktion (Bindewort wie *denn, weil, danach, obwohl* ...) verknüpfen. Dadurch kann man oft zusätzliche Informationen mitteilen.

**TIPP**

**So gestaltest du Texte lebendig:**
1. Beginne nicht jeden Satz mit dem Subjekt, das wirkt eintönig.
2. Versuche durch passende Wörter an den Satz vorher anzuschließen.
3. Stelle Informationen, die wichtig sind an den Anfang.

# Weltraumabenteuer

**1**   *Das Raumschiff      zieht      das Raumschiff            durch den Weltraum.*

   *Schon seit drei Tagen      gleitet      schon seit drei Tagen      durch die Weite des Raumes.*

**2**   a)  *Es nähert sich nun seinem Ziel.*
   b)  *Nun nähert es sich seinem Ziel.*
   In aller Ruhe machen zwei Astronauten die Landefähre „Eagle" startklar.
   a)  *Ihre Düsen springen mit einem leisen Fauchen an.*
   b)  *Mit einem leisen Fauchen springen ihre Düsen an.*
   Fast unmerklich löst sich die „Eagle" vom Raumschiff.
   a)  *Sie strebt langsam dem fremden Himmelskörper zu.*
   b)  *Langsam strebt sie dem fremden Himmelskörper zu.*
   c)  *Dem fremden Himmelskörper strebt sie langsam zu.*

**3**   An Bord herrscht gespannte Aufmerksamkeit. Mit einem letzten Schub
   zieht der Pilot die Kapsel über einen todbringenden Krater hinweg und
   landet auf einer ebenen, staubigen Fläche.
   a)  *Die Ausstiegsluke öffnet sich.*
   b)  *Nach kurzer Zeit öffnet sich die Ausstiegsluke.*
   a)  *Einer der beiden Astronauten klettert hinunter.*
   b)  *Vorsichtig klettert einer der beiden Astronauten die Leiter hinunter.*
   Der zweite Astronaut folgt ihm sogleich.
   a)  *Die beiden bestaunen die Landschaft.*
   b)  *Ehrfürchtig bestaunen die beiden die Landschaft.*
   c)  *Ehrfürchtig bestaunen die beiden die fremdartige, steinige Landschaft.*

**4**   Aber dann haben sie viel zu tun. Zuerst stellen sie wissenschaftliche Geräte auf.
   a)  *Am interessantesten ist wohl ein Laser-Reflektor. Mit seiner Hilfe
       kann man die Entfernung zur Erde zentimetergenau messen.*
   b)  *Am interessantesten ist wohl ein Laser-Reflektor, denn mit seiner Hilfe
       kann man die Entfernung zur Erde zentimetergenau messen.*
   c)  *Am interessantesten ist wohl ein Laser-Reflektor, weil man mit seiner Hilfe
       die Entfernung zur Erde zentimetergenau messen kann.*
   Anschließend erkunden die Männer die nähere Umgebung des Landeplatzes,
   a)  *dabei bewegen sie sich mit seltsam hopsenden Schritten.*
   b)  *wobei sie sich mit seltsam hopsenden Schritten bewegen.*
   Immer wieder packen sie Gesteinsproben ein,
   a)  *damit sie später auf der Erde untersucht werden können.*
   b)  *weil sie später auf der Erde untersucht werden sollen.*

# Hauptsätze aneinander reihen

A Auch du solltest deine Haare mit COOLY stylen.

B **Ich genieße als kleine Zwischenmahlzeit SQUITT.**

C Als Zahnarzt empfehle ich Blanx.

D Gegen Pickel nehme ich jetzt VORAN.

E *Ich wasche meinen Hund mit SCHMIER.*

1. **Es schont meinen Magen und hält mich fit.**

2. Meine Haut fühlt sich gleich viel besser an.

3. *Sein schönes Fell dankt es mir.*

4. **Haarprobleme sind damit fix zu heilen.**

5. Karies und Paradontose haben damit keine Chance.

---

**1** a) Je zwei Hauptsätze ergeben einen Werbespruch. Sucht die Satzpaare.

b) Schreibt die Werbesprüche auf. Zeigt, dass sie zusammengehören, indem ihr anstelle eines Punktes ein Komma setzt.

c) Unterstreicht in den Hauptsätzen die Subjekte und kreist die Prädikate ein. An welcher Satzgliedstelle stehen die Prädikate in Hauptsätzen immer?

d) Erklärt den Sonderfall beim zweiteiligen Prädikat. Lest dazu die Info auf Seite 134.

**2** a) Im Text rechts wurden immer zwei falsche Hauptsätze miteinander verbunden. Findet die richtigen Satzpaare heraus. (Mehrere Lösungen sind möglich.)

b) Schreibt die zusammengehörenden Hauptsätze auf. Achtet dabei auf die richtige Kommasetzung. Die Info auf Seite 147 hilft euch dabei.

c) Markiert immer die Konjunktion farbig, die die beiden Hauptsätze aneinander reiht.

**Gedanken zur Werbung**

1. Ich finde Werbung im Fernsehen gut, oder sie beginnt mit Opa zu streiten.

2. Meine Eltern regen sich immer über die vielen Unterbrechungen beim Fernsehen auf, doch leider behalte ich gerade solche Sprüche immer am besten im Gedächtnis.

3. Manche Werbesprüche sind einfach zu dumm, und sie verhilft den Produktherstellern zur Umsatzsteigerung.

4. Werbung hilft den Kunden bei der Produktauswahl, aber das stört die Werbeleute ja nicht.

5. Meine Oma schläft bei der Werbung immer ein, denn dadurch kriege ich die neuesten Trends mit.

# Satzreihen*

**Auf die Marke kommt es an**

Moderne Werbemacher setzen heutzutage auf Markennamen. Marken stehen für Qualität. „No name" ist in Zukunft out. Dies gilt für Jeans, Pullover und Schuhe. Auch bei Schoko-

5 riegeln, Schokolade, Cola oder Brotaufstrich wird auf Markenware geschaut.

Immer häufiger sind Prominente in Werbespots zu sehen. Der bekannte Sportler zum Beispiel sieht gut aus. Er ist erfolgreich. Er

10 führt ein angenehmes Leben. Da schmeckt der Brotaufstrich gleich viel besser. Natürlich verlangen die bekannten Sportler viel Geld für die Werbeaufnahmen. Der Aufwand lohnt sich für die Wirtschaft.

15 Besonders geschickt verhalten sich einige Firmen. Sie verkaufen T-Shirts oder Sweatshirts mit ihren groß aufgedruckten Namen. Der Kunde zahlt dafür auch noch teures Geld. So macht er kostenlos Reklame für die Firma.

**3** a) Der Text besteht aus vielen einfachen Hauptsätzen. An einigen Stellen kann man den Zusammenhang besser verdeutlichen, wenn man Hauptsätze zu Satzreihen verknüpft. Probiert dies einmal aus. Ihr könnt die Konjunktionen unten verwenden.

b) Schreibt den Text ab und bildet sinnvolle Satzreihen.

c) Vergleicht und besprecht eure Ergebnisse.

d) Schreibt selbst eine kleine Stellungnahme zur Frage „Sollte man „No-name"-Artikel tragen?" Verwendet dazu Satzreihen.

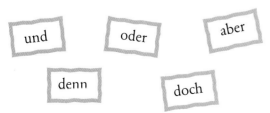

und    oder    aber

denn    doch

**INFO**

**Satzreihe**

Ein vollständiger **Hauptsatz** enthält mindestens ein Subjekt (Satzgegenstand) und ein Prädikat (Satzaussage).

Das Prädikat steht im Aussagesatz immer an zweiter Satzgliedstelle.

Zwischen zwei aneinandergereihten Hauptsätzen steht ein **Komma** oder eine **Konjunktion** (Bindewort) wie *und, oder, aber, denn, doch*:

*Werbung ist interessant, sie informiert über neue Produkte und sie präsentiert diese in auffälliger Weise.*

Durch Kommas oder Konjunktionen aneinander gereihte Hauptsätze nennt man **Satzreihen**.

Vor den Konjunktionen steht ein Komma. Nur vor *und* bzw. *oder* darf das Komma wegfallen.

# Hauptsatz und Nebensatz verbinden

**A** Viele Menschen sind über die Lebensdauer mancher Tiere erstaunt. Sie haben mit so einem hohen Tieralter nicht gerechnet.

**B** Die meisten Personen können es sich einfach nicht vorstellen. Viele Tiere werden viel älter als der Mensch.

**C** Das durchschnittliche Alter einer Riesenschildkröte beträgt z. B. 200 bis 300 Jahre. Sie bleibt bei guter Gesundheit.

**E** Dagegen wird ein Pferd nur bis zu 40 Jahre alt. Es sieht so robust und kräftig aus.

dass    obwohl    wenn    weil

Liebe Claudia,

sicherlich hast du dich gewundert, ☆ ich mich nicht schon früher bei dir gemeldet habe. Doch gestern war unsere ganze Familie in Aufregung, ☆ direkt auf unserem Schornstein ein Storch sein Nest errichtet hat. ☆ es zurzeit sehr kalt ist, können wir nun nicht heizen. ☆ uns mitgeteilt wurde, werden Störche bis zu 70 Jahre alt. Ich würde mich sehr freuen, ☆ er uns auch im nächsten Jahr wieder besuchen würde. Leider sehen meine Eltern dies etwas anders!

Viele Grüße
deine Ina

**1** Verbindet die Sätze oben immer mit einer passenden Konjunktion und schreibt sie auf. Vergesst nicht vor die Konjunktion ein Komma zu setzen.

**2** a) Bearbeitet alle Nebensätze: Unterstreicht die Konjunktion am Anfang und kreist das Prädikat am Ende des Nebensatzes ein. Lest hierzu auch die Info.
b) An welcher Stelle der Satzglieder steht das Prädikat in den Hauptsätzen? Überprüft dies anhand der Satzbeispiele oben.

**3** a) Schreibt den Brief oben ab. Setzt dabei für jedes Sternchen eine passende Konjunktion ein.
b) Unterstreicht alle Nebensätze.

### INFO

**Nebensatz**
Einen Nebensatz erkennst du an drei Merkmalen:
1. Am Anfang steht eine **Konjunktion** (als, nachdem, bis, weil, dass …). Sicherlich wunderst du dich, **dass** ich jetzt erst anrufe.
2. Die gebeugte Form des Prädikats steht am Ende des Nebensatzes.
3. Ein Nebensatz ergibt allein keinen Sinn.

Zwischen dem Hauptsatz und dem Nebensatz steht vor der Konjunktion ein Komma. Weitere Hinweise zur Kommasetzung findest du in der Info auf Seite 210.

# Satzgefüge*

**Der Wärme entgegen**

1. Viele Vögel fliegen in den Süden.
   Bei uns wird es kalt.
2. Sie sammeln sich zunächst in Scharen.
   Sie machen sich auf eine lange Reise.
3. Es ist wirklich erstaunlich.
   Sie kennen ihren Flugweg genau.
4. Nicht alle Vögel erreichen das Ziel.
   Nur starke Tiere überstehen die Reise.
5. Leider werden viele Zugvögel
   unterwegs abgeschossen.
   Dies ist in den meisten Ländern verboten.

bevor

wenn

obwohl

dass

weil

**4** a) Verbindet immer zwei Sätze zu einem Satzgefüge. Wählt dazu eine passende Konjunktion aus. Manchmal sind mehrere Lösungen möglich.
b) Unterstreicht die Nebensätze.
c) Stellt in einigen Sätzen den Nebensatz voran. Lest dazu die Info.
d) Schiebt im zweiten Satzgefüge den Nebensatz in den Hauptsatz ein.

**INFO**

**Satzgefüge**
Es gibt drei Möglichkeiten, Hauptsatz und Nebensatz miteinander zu verbinden:

1. Der Nebensatz kann **nach** dem Hauptsatz stehen: *Viele Vögel fliegen in den warmen Süden, wenn es kalt wird.*
2. Der Nebensatz kann **vor** dem Hauptsatz stehen: *Wenn es kalt wird, fliegen viele Vögel in den warmen Süden.*
3. Der Nebensatz kann **in** den Hauptsatz eingeschoben werden: *Viele Vögel fliegen, wenn es kalt wird, in den warmen Süden.*

**5** a) Überarbeitet den Text unten, indem ihr manche Sätze zu Satzgefügen umformt.
b) Gestaltet den Text abwechslungsreicher. Stellt dazu einige Nebensätze um.

**Pech gehabt!**
Seit einiger Zeit geht mir meine Mitschülerin Sandra ganz schön auf die Nerven. Sie muss ständig angeben. In der letzten Woche hatte sie damit aber kein Glück.
5 Unsere Klasse fuhr in den Zoo. Bereits im Bus hielt Sandra uns Vorträge über verschiedene Tierarten. Niemand hatte sie danach gefragt. Plötzlich zuckte eine Mitschülerin zusammen. Sie hatte an der Fensterscheibe eine Hummel
10 entdeckt. Sandra rief laut: „Ich weiß es ganz genau. Hummeln stechen nicht!" Mit beiden Händen griff sie nach dem Insekt und schüttelte es in ihren Händen. Plötzlich jedoch schrie unsere Angeberin auf. Die Hummel
15 hatte sie gestochen. Es dauerte lange. Sandra beruhigte sich wieder. Sie hatte es nämlich nicht gewusst. Nur die männlichen Hummeln stechen nicht. Vor den Weibchen muss man sich in Acht nehmen. Die stechen nämlich.

# Zusammensetzungen

> Papier
> ... zum Schreiben, Kopieren?
> ... für Briefe, Geschenke?
> ... bunt?

**1** a) Was soll das Mädchen besorgen?
*Schreibpapier, ...*
b) Schreibe die zusammengesetzten
Nomen auf und unterstreiche Grundwort
und Bestimmungswort in zwei verschiedenen
Farben.

**2** a) Zu welchen Wortarten
gehören die Bestimmungswörter?
b) Ordne die zusammengesetzten Nomen:

Nomen + Nomen
der Brief + das Papier: das Briefpapier

Verb + Nomen
schreiben + das Papier: das Schreibpapier

Adjektiv + Nomen
bunt + das Papier: das Buntpapier

c) Ergänze weitere Zusammensetzungen.

**3** a) Die folgenden Produkte gibt es alle
in einem Warenhaus zu kaufen:
*Löffel, Messer, Stifte, Karten, Bücher, Spiele.*
Sucht in kleinen Gruppen Zusammensetzungen zu diesen Wörtern:
*Löffel: Rührlöffel, Suppenlöffel, ...*
b) Schreibt die zusammengesetzten Nomen
auf einzelne Zettel und sammelt sie
in einem Umschlag.
c) Tauscht die Umschläge aus.
Bearbeitet die zusammengesetzten Nomen
wie in Aufgabe 2 auf dieser Seite.

**INFO**

**Zusammensetzungen**
Zusammensetzungen bestehen aus zwei
oder mehr Wörtern:

das (Schreib) (papier)

Bestimmungswort        Grundwort

Das **Grundwort** legt die Grundbedeutung
der Zusammensetzung fest. Der Artikel
bezieht sich auf das Grundwort.
Das **Bestimmungswort** bestimmt die
genaue Bedeutung der Zusammensetzung. Es kann zu verschiedenen
Wortarten gehören.
Mit zusammengesetzten Wörtern kann
man etwas genau ausdrücken.

# Ableitungen

Beladen Sie den Wagen? Dann muss ich Sie verwarnen.

Und wenn ich den Wagen entlade?

LADEN VERBOTEN

SPEDITION

**1** Stellt den folgenden Verben die Wortbausteine *be-* und *ent-* voran:
*laden, wässern, lüften, steigen, decken, sprechen, schädigen.*
laden – beladen – entladen ...

**2** a) Verwendet die abgeleiteten Verben in Sätzen.
b) Besprecht die unterschiedliche Bedeutung der Verben.

**3** Von einigen dieser Verben könnt ihr ein Nomen ableiten. Welche nachgestellten Wortbausteine braucht ihr dazu?
die Bewässer-?-

**4** Stellt den folgenden Verben den Wortbaustein *ver-* voran:
*achten, ändern, antworten, führen, geben, nehmen, warnen.*
achten – verachten

**5** a) Verwendet die Verben in Sätzen.
b) In welchen Fällen ist die Verwandtschaft der Verben noch zu erkennen?

**6** Von den Verben aus Aufgabe 4 könnt ihr auch Nomen und Adjektive ableiten.
Verwendet die nachgestellten Wortbausteine *-lich, -isch, -bar* und *-ung.*
Unterstreicht den Wortstamm:
nehmen – vernehmen –
die Vernehmung – vernehmbar.
Achtet auf die Groß- und Kleinschreibung.

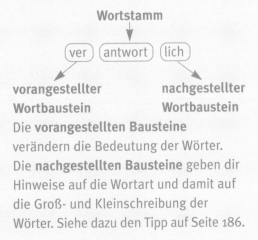

**INFO**

**Ableitungen**
Mit dem gleichen Wortstamm lassen sich durch vorangestellte und nachgestellte Wortbausteine viele Wörter bilden:

**Wortstamm**

(ver) (antwort) (lich)

**vorangestellter Wortbaustein**    **nachgestellter Wortbaustein**

Die **vorangestellten Bausteine** verändern die Bedeutung der Wörter.
Die **nachgestellten Bausteine** geben dir Hinweise auf die Wortart und damit auf die Groß- und Kleinschreibung der Wörter. Siehe dazu den Tipp auf Seite 186.

# Wortfamilien

**1** Alle Wörter auf den Blättern gehören zur Wortfamilie *brechen*.

a) Übertragt den Stammbaum auf Plakatkarton. Schreibt alle Wörter, die ihr dem Bild entnehmen könnt, auf Blätter.

b) Die Wörter der Wortfamilie *brechen* kommen in sechs Stammformen vor. Lest dazu die Info.

c) Nennt sie und tragt sie in die Äste ein.

d) Ordnet die Wörter richtig zu.

e) Woran erkennt ihr, dass sie miteinander verwandt sind?

**2** a) Ordnet die Wörter der Wortfamilie *brechen* nach Nomen, Verben, Adjektiven.

b) Setzt die Verben in die verschiedenen Personal- und Zeitformen. Was fällt euch auf?

**3** Sucht zu den sechs Stammformen der Wortfamilie *brechen* weitere Wörter. Benützt euer Wörterbuch.

> **INFO**
>
> **Wortfamilie**
> Alle Wörter, die einen gemeinsamen Wortstamm haben, gehören zu einer **Wortfamilie**. Der Wortstamm kann in verschiedenen Formen auftreten: *-brech-, -brach-, -bruch-, -broch-, -brüch-, -brich-.*

**4** Einige Wörter im „Wortstammbaum"
auf Seite 152 sind Zusammensetzungen.

a) Schreibt sie heraus.
Lest dazu die Info auf Seite 150.

b) Unterstreicht den Wortteil aus der Wortfamilie *brechen*. Stellt fest, ob der Wortteil
Grundwort oder Bestimmungswort ist.

**5** Überlegt euch zu weiteren Wörtern der
Wortfamilie *brechen*, was sie bedeuten,
und versucht sie bildlich darzustellen.

Wolkenbruch

Schiffbruch

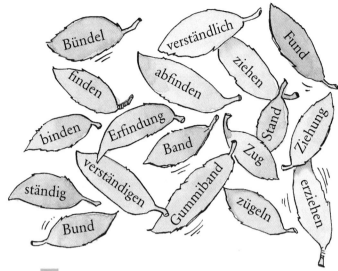

**7** a) Sucht aus diesem Blätterwirbel die Wörter
der vier Wortfamilien heraus.
Schreibt sie nach Wortfamilien getrennt auf.
Unterstreicht den gemeinsamen Wortstamm.

b) Ergänzt weitere Wörter zu den vier Wortfamilien.

**8** Wie musst du schreiben? Lies den Tipp.
Entscheide dich für eine Schreibweise
und begründe sie. Schreibe so:
*Bäume → Baum*.

| | |
|---|---|
| 1. B (eu/äu)me | 5. Es l(o/oh)nt sich. |
| 2. Es z(ieh/ie)t. | 6. Augenbli(ck/k) |
| 3. Sie re(n/nn)t weg. | 7. Wi(ll/l)st du? |
| 4. (e/ä)ngstlich | 8. kl(e/ä)glich |

**6** Durch Wortbausteine kann man zu einem
Wortstamm viele Wörter bilden.

a) Probiert das mit dem Wortstamm *-trag-* aus.

b) Untersucht an folgenden Beispielen
die Bedeutungsveränderung:
*Beitrag – übertragen – verträglich – Betrüger*

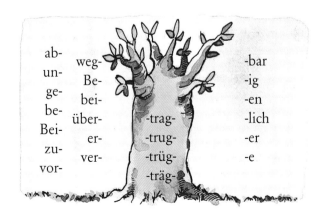

ab-
un-
ge-
be-
Bei-
zu-
vor-

weg-
Be-
bei-
über-
er-
ver-

-trag-
-trug-
-trüg-
-träg-

-bar
-ig
-en
-lich
-er
-e

**TIPP**

**Beim Rechtschreiben an die
Wortfamilie denken**
Manchmal bist du dir unsicher, wie
ein Wort geschrieben wird. Überlege,
ob du ein anderes Wort aus der
gleichen Wortfamilie kennst, das du
sicher schreiben kannst. Lies dazu
die Tipps auf den folgenden Seiten:
S. 176, S. 177, S. 184, S. 195.

# Wort**felder**

**Nächtliche Geräusche**

Schlaftrunken kroch ich an die Zeltöffnung und sah vorsichtig ins Freie. Alles war still. Sollte ich mich so getäuscht haben? Nein, ich hatte ganz deutlich Schritte gehört, die sich anschlichen. Ich sah ins Freie, konnte aber im Dunkeln nichts sehen. „Was ist denn los?", murmelte meine Freundin Lisa müde. „Psst. Ich habe so merkwürdige Geräusche gehört", flüsterte ich ganz leise. Mutig schlüpfte ich aus dem Zelt und sah mich nach allen Seiten um. „Kannst du was sehen?", wisperte Lisa ängstlich. „Nein, nichts!", antwortete ich ihr. Plötzlich vernahm ich ein Rascheln ganz in meiner Nähe. Erschrocken sah ich hin. Da sah ich zwei grüne funkelnde Augen, die mich ansahen …

**1** a) Euch ist sicher aufgefallen, dass Kerstin oft das Verb *sehen* verwendet hat. Ersetzt *sehen* durch treffendere Verben des Wortfelds. Der Wörterkasten hilft euch.
b) Vergleicht eure Lösungen miteinander.

**2** a) Menschen sehen ihre Umwelt in verschiedenen Situationen unterschiedlich. Ordne die unten stehenden Wörter des Wortfelds *sehen* den drei Personen zu.
b) Bilde Sätze mit den drei Personen und Wörtern des Wortfelds *sehen*.

**Wortfeld** *sehen*

fixieren entdecken spähen schauen anstarren beobachten erkennen linsen schielen umblicken mustern erblicken

**INFO**

**Wortfeld**
Wörter der gleichen Wortart, die eine ähnliche Bedeutung haben, ergeben ein **Wortfeld**, z.B. das Wortfeld *sehen*.

spähen
anschauen
blinzeln
glotzen
beobachten
besichtigen
anvisieren
ansehen
betrachten
schielen
zwinkern

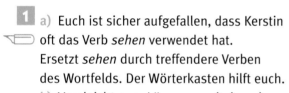

**3** a) Wie „gehen" die Kinder?
Sucht passende Verben und schreibt sie auf.
b) Spielt selbst euren Mitschülern unterschiedliche Gangarten vor. Ergänzt eure Liste.
c) Die Geschichte auf Seite 154 enthält
mehrere Wörter zum Wortfeld *gehen*.
Schreibt sie ebenfalls auf eure Liste.

**4** a) Übertragt die Tabelle unten in euer Heft.
b) Ordnet die Verben eurer Liste
in die passenden Spalten ein.

| gehen | | | |
|---|---|---|---|
| langsam | schnell | laut | leise |
| ☆ | ☆ | ☆ | ☆ |

**So machst du eine Girlande:**

1. Mache aus Papier ein Quadrat mit der Seiten-
länge von 10 bis 20 cm.
2. Mache daraus ein Dreieck und anschließend
nochmal ein kleineres.
3. Mache von der halboffenen Seite aus entlang
der offenen langen Seite des Dreiecks gleich-
breite Streifen bis einen halben Zentimeter
vor die geschlossene Knickkante.
4. Mache das Blatt auseinander.
5. Mache die weiteren Arbeitsschritte von innen
nach außen. Mache die rechte und die linke
innerste Zacke nach oben und mache die Spit-
zen mit Klebstoff zusammen.
6. Wende das Blatt und mache das Gleiche mit
den nächsten beiden Zacken.
7. Wende wieder das Blatt und mache so weiter
bis zum letzten Zackenpaar.
8. Nun kannst du die Girlande an einen dün-
nen Faden anmachen und an die Decke des
Klassenzimmers machen.

**5** a) Ersetze das Wort *machen* durch treffende
Verben. Die Wörter rechts helfen dir.
b) Überprüfe deine Bastelanleitung, indem
du danach eine Girlande herstellst.

(zusammen)kleben – falten – erledigen –
hängen – fortfahren    schneiden – knicken –
klappen – befestigen – basteln

# Gut ist nicht gleich gut, schlecht ist nicht gleich schlecht

**1** Ersetze in den Sprechblasen die Adjektive *gut* bzw. *schlecht* durch treffendere Ausdrücke. Die Wortsammlung hilft dir dabei.

**Wortfeld *gut – schlecht***
ordentlich   prima   miserabel   furchtbar   blöd   fantastisch   ideal   sagenhaft   prächtig   scheußlich   wunderbar   langweilig   ärgerlich   ausgezeichnet   mühsam   toll   …

**2**
a) Überlege dir, welche Bedeutung die Wörter im Wortfeld-Kasten haben.

b) Schreibe die unten stehende Skala in dein Heft und trage die Wörter an passender Stelle in die Skala ein.

c) Du kannst auch weitere Adjektive für *gut/schlecht* ergänzen.

d) Vergleicht eure Zuordnungen der Wörter in die Skala miteinander.

e) Bildet Sätze, in denen ihr die Wörter treffend verwendet.

**INFO**

**Adjektiv-Wortfelder**
Mit Adjektiven die zu einem Wortfeld (z.B. *gut – schlecht*) gehören, kann man sich genauer ausdrücken. Manche Wortfelder enthalten gegensätzliche Wörter: *langsam – schnell*.

# Mehrdeutige Wörter

„Max, siehst du die Gletscherspalte dort drüben? Da ist vor einer Woche mein Bergführer hineingefallen."
„Mann, und das sagst du so ungerührt?"
„Nun ja, er war schon etwas alt und es fehlten ein paar Seiten."

**1** Hier liegt ein Missverständnis vor. Erklärt es.

**2** Manche Wörter können mehrere Bedeutungen haben. Welche Wörter passen zu den Bildern?

**3** Suche das jeweils passende mehrdeutige Wort zu diesen Aussagen und schreibe es auf.
1. Sie stehen im Liederbuch.
   Sie stehen im Zeugnis.
2. Sie hängt im Klassenzimmer.
   Ein festlich gedeckter Tisch heißt so.
3. Die Frau, die dich geboren hat.
   Der Teil einer Schraube heißt so.
4. Kinder spielen damit.
   Eine Tanzveranstaltung ist gemeint.

**4** **a)** Sucht noch weitere Wörter, die zwei oder mehrere Bedeutungen haben, und spielt damit das Teekesselchenspiel z.B. *Ton, Leiter, Blatt ...*
**b)** Legt ein Teekesselspiel an.
Schreibt auf die Vorderseite eines Kästchens das Teekesselwort und auf die Rückseite die Lösungen. Wer sammelt die meisten Kärtchen?

**5** Übertrage die Tabelle in dein Heft. Welche zwei Bedeutungen haben die Wörter? Du kannst im Wörterbuch nachschlagen.

| 1. Bedeutung | Wort | 2. Bedeutung |
|---|---|---|
| Gegenteil von süß | sauer | beleidigt |
| | Schimmel | |
| | Futter | |
| | Läufer | |
| | durchdrehen | |

**6** Auch hier kann es Missverständnisse geben:

Ich stehe darauf.

Es läuft ganz gut.

Mir schmeckt es nicht.

Verwende diese Sätze in unterschiedlichen Sinnzusammenhängen.

**TIPP**
**Achte auf den Zusammenhang**
Wörter können mehrere Bedeutungen haben. Um die gemeinte Bedeutung zu verstehen, muss man auf den Satz- oder Textzusammenhang achten.

# Ober- und Unterbegriffe

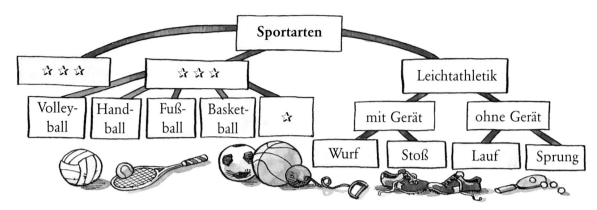

**1 a)** Untersucht die Übersicht zu den Sportarten. Welche Wörter sind Oberbegriffe
und welche sind Unterbegriffe?
Lest dazu die Info.

**b)** Übertragt die Übersicht in euer Heft
und ergänzt die fehlenden Ober- und
Unterbegriffe.

**c)** Ergänzt drei weitere Sportarten
mit den jeweiligen Ober- und Unterbegriffen.

**d)** Erstellt weitere Übersichten mit Ober- und
Unterbegriffen zu folgenden Stichworten:
*Lebensmittel, Spiele, Fahrzeuge.*

**2** Gestalte den folgenden Merkzettel übersicht-
licher. Suche passende Oberbegriffe
und ordne die jeweiligen Unterbegriffe zu.

> *Nicht vergessen:*
> *Zahnbürste, Tacho, Fahrradkarte,*
> *Müsliriegel, Socken, Regenumhang,*
> *Traubenzucker, Turnschuhe, Isomatte,*
> *Sonnenhut, Luftpumpe, Fahrradschloss,*
> *Schlafanzug, Taschentücher,*
> *Taschenmesser, 2 Hosen, Zahnpasta,*
> *1 Pullover, Sonnencreme*

**3** Suche zu jeder Wortreihe
einen passenden Oberbegriff.

> 1. Vater – Mutter – Sohn – Tochter
> 2. Paprika – Kümmel – Salz – Curry
> 3. Milch – Apfelsaft – Limonade – Kakao
> 4. Arnika – Salbei – Kamille – Baldrian
> 5. Schwein – Katze – Wal – Fledermaus
> 6. Erdbeben – Vulkanausbruch –
>    Überschwemmung
> 7. Skilanglauf – Eishockey – Slalom–
>    Skispringen
> 8. Asien – Amerika – Europa – Australien

## INFO

**Ober- und Unterbegriffe**
Ober- und Unterbegriffe helfen uns,
Nomen (Namenwörter) zu ordnen.
**Oberbegriffe** sind allgemeiner, Unter-
begriffe haben eine engere Bedeutung.
Einem Oberbegriff sind mehrere Unter-
begriffe untergeordnet.
**Unterbegriffe** können selbst wieder
zu Oberbegriffen werden. Für manche
Begriffe findet man keinen Oberbegriff,
sondern nur eine Umschreibung:
*Leichtathletik mit Gerät/ohne Gerät.*

# Fach**begriffe**

Präpositionen drücken das Verhältnis zwischen Personen, Sachen usw. aus.

In einem Tropfen Wasser gibt es eine Vielzahl von Kleinlebewesen, das so genannte Plankton. Das pflanzliche Plankton besteht aus Algen. Tierisches Plankton sind einzellige oder mehrzellige Lebewesen.

Im Mittelalter gehörte ein großer Teil des Landes dem jeweiligen König. Er verlieh es als Lehen an Herzöge und Bischöfe zur Verwaltung und Bewirtschaftung. Diese Lehensmänner oder Vasallen mussten dafür dem Lehensherrn, dem König, Treue schwören und im Kriegsfall Soldaten stellen.

Der Atlas enthält neben topographischen Karten auch thematische Karten, z. B. zu Bodenschätzen, Klima oder Bevölkerungsdichte. Jede Karte wird durch eine Legende erklärt.

**1** Lest die Textausschnitte.
Zu welchen Schulfächern gehören sie?

**2** a) In den Sachfächern kommen Fachbegriffe vor, deren Bedeutung und Schreibung ihr kennen solltet. Sucht sie heraus und schreibt sie getrennt nach Fächern auf.

| Fach | Fachbegriff | Bedeutung |
|------|-------------|-----------|
| Deutsch | Präposition | Verhältniswort |

b) Versucht ihre Bedeutung aus dem Textzusammenhang zu erklären und überprüft die Bedeutung mit einem Lexikon.

### INFO

**Fachbegriffe**
Einzelne Wissensbereiche wie z.B. die Grammatik, aber auch Berufs- oder Interessengruppen verwenden bestimmte Bezeichnungen, so genannte **Fachbegriffe:**
Grammatik: *Nomen, Verb* ...

**3** a) Suche in dem folgenden Wörtersuchspiel weitere Fachbegriffe aus den oben genannten vier Unterrichtsfächern.
b) Stelle Fachbegriff und Bedeutung gegenüber. Was stellst du fest?

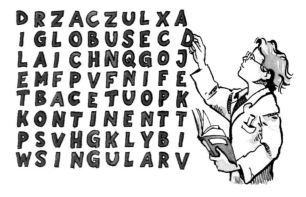

```
D R Z A C Z U L X A
I G L O B U S E C D
L A I C H N Q G O J
E M F P V F N I F E
T B A C E T U O P K
K O N T I N E N T T
P S V H G K L Y B I
W S I N G U L A R V
```

Gehörknöchelchen – Erdteil –
römische Truppeneinheit –
Eigenschaftswort –
Modell der Erdkugel – Einzahl –
Handwerkervereinigung –
Eier von Wassertieren

# Sprachliche Bilder in **Redensarten** und **Sprichwörtern**

**1**  **a)** Hier sind einige Redensarten wortwörtlich dargestellt. Wie heißen sie?

**b)** Suche zu den Redensarten dieser Seite passende Situationen, in denen der Sinn der Redensarten klar wird.

*Als ich gestern an meinen Hausaufgaben saß, hatte ich ein Brett vor dem Kopf.*

**c)** Was sagen die Redensarten aus?

### INFO

**Vergleich durch sprachliche Bilder**
Viele Redensarten enthalten sprachliche Bilder. „Ein Auge zudrücken" ist nicht wortwörtlich gemeint. Das sprachliche Bild vergleicht: Wer ein Auge zudrückt, sieht weniger. Daher bedeutet dieses sprachliche Bild, dass man „über etwas hinwegsieht".
Sprachliche Bilder in Redensarten und Sprichwörtern darf man daher nicht wortwörtlich nehmen, sondern man muss seine übertragene Bedeutung kennen.

**2**  Ergänze die folgenden Sätze durch ein passendes sprachliches Bild. Schreibe die Sätze in dein Heft.

wie Feuer

wie ein Löwe

wie eine Mauer

wie die Wand

wie am Spieß

wie ein Rohrspatz

wie eine Schneekönigin

1. Um zu gewinnen, hat er gekämpft ...
2. Nach der Probe schimpfte Eva ...
3. Beim Duschen brannte meine Wunde ...
4. Lindas Familie steht ... hinter ihr.
5. Vor lauter Schreck war Leon weiß ...
6. Sie hat sich gefreut ...
7. Markus hat geschrien ...

A den Spieß umdrehen
B einen Stein im Brett haben
C mit jemandem eine Lanze brechen
D auf dem hohen Ross sitzen
E jemandem etwas ankreiden

1. sich bereit erklären, gegen jemanden zu kämpfen
2. die Waffe des Angreifers gegen ihn selbst wenden
3. Schulden auf einer Tafel aufschreiben, um sie nicht zu vergessen
4. bei einem Brettspiel einen Stein auf einem guten Platz haben
5. sich überlegen fühlen, weil man auf einem großen Pferd sitzt

**3** a) Wie sind diese Redensarten entstanden? Ordnet in Partnerarbeit die Erklärungen rechts den Redensarten zu: *1=C*.
b) Ersetze die unterstrichenen Stellen unten durch eine passende Redensart von oben.

1. Kathrin sagt: „Danke, dafür hast du etwas gut bei mir!"
2. Seitdem Alex auf die Realschule geht, benimmt er sich überheblich.
3. Nachdem die Mannschaft sich in der ersten Halbzeit ständig verteidigen musste, gelang es ihr durch eigenes schnelles Spiel in der zweiten Halbzeit anzugreifen.
4. Oliver trägt Kathrin nach, dass sie seinen Geburtstag vergessen hat.
5. Christian war bereit, sich mit Kai auf einen Streit einzulassen.

**4** Auch in Sprichwörtern sind sprachliche Bilder enthalten. Erkläre die übertragene Bedeutung der folgenden Sprichwörter an Beispielen.

1. Es ist noch kein Meister vom Himmel gefallen.
2. Lügen haben kurze Beine.
3. Übung macht den Meister.
4. Der Apfel fällt nicht weit vom Stamm.
5. Viele Köche verderben den Brei.

**5** Hier stimmt was nicht. Stelle die Sprichwörter richtig und schreibe sie auf:

1. Wer anderen eine Grube gräbt, lernt Hans nimmermehr.
2. Wer sich die Suppe einbrockt, hat die Qual.
3. Was Hänschen nicht lernt, wenn er auch die Wahrheit spricht.
4. Reden ist Silber, muss fühlen.
5. Wer einmal lügt, dem glaubt man nicht, Schweigen ist Gold.
6. Wer die Wahl hat, muss sie auch auslöffeln.
7. Wer nicht hören will, fällt selbst hinein.

# Richtig nachschlagen

1. M ? O
2. ? B C
3. B ? D
4. F G ?
5. R ? T
6. A B ?
7. ? I J
8. ? M N
9. ? B C
10. F ? H
11. K L ?
12. ? F G
13. ? J K
14. ? T U
15. R S ?
16. C D ?
17. Q ? S

**1** a) Seid ihr im Abc fit?
In jedem Kästchen fehlt ein Buchstabe.

b) Schreibt sie der Reihe nach auf
und ihr erhaltet das Lösungswort: *N A ...*
Wer ist erster?

**2** Stelle die folgenden Wörter nach dem Abc
in einer Liste zusammen. Ordne die Wörter
zuerst nach dem Anfangsbuchstaben.
Achte dann auf die folgenden Buchstaben.

Heft – Eiweiß – Soße – Reis – Erziehung
Salz – Held – Elefant – Reinigung
Rost – Sorge – Heidelbeere

**3** a) Wenn du ein Wort nachschlagen willst,
musst du erst das Stichwort finden.
Lies dazu den Tipp rechts.

b) Schreibe zu jedem Wort unten
das Stichwort auf, unter dem du
nachschlagen musst.
c) Schlage die Wörter im Wörterbuch nach.

geschlichen – regelmäßig – floss – Räume
kitzlig – räuberisch – Flickenteppich
quirlig – wärmsten – Modelleisenbahn
weitgehend – (du) bist

## TIPP

**Das Stichwort ermitteln:**

1. Bilde bei gebeugten Verben
(Zeitwörtern) die Grundform:
fand → finden.

fin|den: du findest, fand(e)st, fändest,
gefunden, find(e)!; der **Finder**, der
**Finderlohn**, der **Findling** (Fels-
stein); **findig**: ein findiger Kopf

2. Wenn du ein Nomen (Namenwort)
in der Pluralform (Mehrzahl)
nachschlagen willst, bilde den
Singular (die Einzahl):
*Bäume → Baum.*

B**au**m, der: des Baum(e)s, die Bäume;
die **Baumschule**, die **Baumwolle**;
**baumstark**; **baumeln**: an einem Ast
baumeln

3. Bei gesteigerten Adjektiven
(Eigenschaftswörtern) bilde
die Grundform: *näher → nahe.*

n**a**|h(e): näher, am nächsten; von na-
hem – nahe daran sein – von nah
und fern – nahe gehen – nahe bringen – nahe legen – nahe treten; **na-**

4. Bei zusammengesetzten Wörtern
schlage unter dem ersten Wort
nach: *wegfahren → weg.*

**weg**: weg da! – er ist ganz weg (begeistert) – das hat er weg (das be-
herrscht er gründlich); die **Weg-**
**werfflasche** (Einwegflasche), die
**Wegwerfgesellschaft**; **wegfahren**,

Manchmal musst du unter dem
ersten und unter dem zweiten Wort
nachschlagen:
*Glückssträhne → Glück*
*→ Strähne*

# Viele Informationen

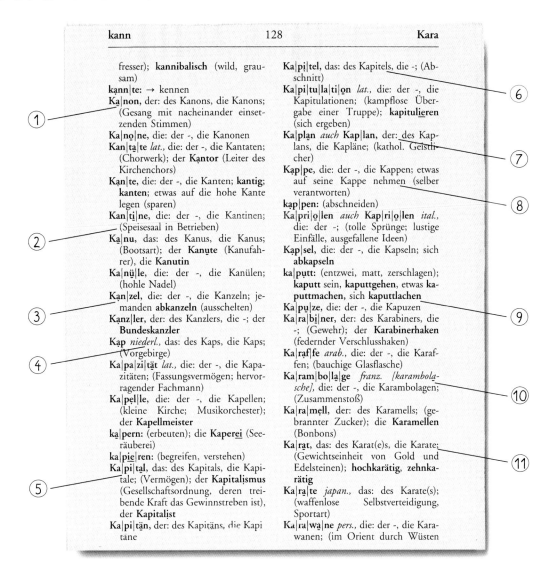

| kann | 128 | Kara |
| --- | --- | --- |

① fresser); **kannibalisch** (wild, grausam)

**kann|te:** → kennen

**Ka|non,** der: des Kanons, die Kanons; (Gesang mit nacheinander einsetzenden Stimmen)

**Ka|no|ne,** die: der -, die Kanonen

**Kan|ta|te** *lat.,* die: der -, die Kantaten; (Chorwerk); der **Kantor** (Leiter des Kirchenchors)

**Kan|te,** die: der -, die Kanten; **kantig; kanten;** etwas auf die hohe Kante legen (sparen)

② **Kan|ti|ne,** die: der -, die Kantinen; (Speisesaal in Betrieben)

**Ka|nu,** das: des Kanus, die Kanus; (Bootsart); der **Kanute** (Kanufahrer), die **Kanutin**

**Ka|nü|le,** die: der -, die Kanülen; (hohle Nadel)

③ **Kan|zel,** die: der -, die Kanzeln; jemanden **abkanzeln** (ausschelten)

**Kanz|ler,** der: des Kanzlers, die -; der **Bundeskanzler**

④ **Kap** *niederl.,* das: des Kaps, die Kaps; (Vorgebirge)

**Ka|pa|zi|tät** *lat.,* die: der -, die Kapazitäten; (Fassungsvermögen; hervorragender Fachmann)

**Ka|pel|le,** die: der -, die Kapellen; (kleine Kirche; Musikorchester); der **Kapellmeister**

**ka|pern:** (erbeuten); die **Kaperei** (Seeräuberei)

**ka|pie|ren:** (begreifen, verstehen)

⑤ **Ka|pi|tal,** das: des Kapitals, die Kapitale; (Vermögen); der **Kapitalismus** (Gesellschaftsordnung, deren treibende Kraft das Gewinnstreben ist), der **Kapitalist**

**Ka|pi|tän,** der: des Kapitäns, die Kapitäne

**Ka|pi|tel,** das: des Kapitels, die -; (Abschnitt)

⑥ **Ka|pi|tu|la|ti|on** *lat.,* die: der -, die Kapitulationen; (kampflose Übergabe einer Truppe); **kapitulieren** (sich ergeben)

⑦ **Ka|plan** *auch* **Kap|lan,** der: des Kaplans, die Kapläne; (kathol. Geistlicher)

⑧ **Kap|pe,** die: der -, die Kappen; etwas auf seine Kappe nehmen (selber verantworten)

**kap|pen:** (abschneiden)

**Ka|pri|o|len** *auch* **Kap|ri|o|len** *ital.,* die: der -; (tolle Sprünge; lustige Einfälle, ausgefallene Ideen)

**Kap|sel,** die: der -, die Kapseln; sich **abkapseln**

**ka|putt:** (entzwei, matt, zerschlagen); **kaputt** sein, **kaputtgehen,** etwas **kaputtmachen,** sich **kaputtlachen**

**Ka|pu|ze,** die: der -, die Kapuzen

⑨ **Ka|ra|bi|ner,** der: des Karabiners, die -; (Gewehr); der **Karabinerhaken** (federnder Verschlusshaken)

**Ka|raf|fe** *arab.,* die: der -, die Karaffen; (bauchige Glasflasche)

⑩ **Ka|ram|bo|la|ge** *franz. [karambolasche],* die: der -, die Karambolagen; (Zusammenstoß)

**Ka|ra|mell,** der: des Karamells; (gebrannter Zucker); die **Karamellen** (Bonbons)

⑪ **Ka|rat,** das: des Karat(e)s, die Karate; (Gewichtseinheit von Gold und Edelsteinen); **hochkarätig, zehnkarätig**

**Ka|ra|te** *japan.,* das: des Karate(s); (waffenlose Selbstverteidigung, Sportart)

**Ka|ra|wa|ne** *pers.,* die: der -, die Karawanen; (im Orient durch Wüsten

**1** a) Hinter einem Stichwort findet ihr im Wörterbuch noch weitere Angaben und Erklärungen.
Seht euch dazu den Wörterbuchausschnitt oben an.

b) Auf welche Angaben weisen die Ziffern von 1 bis 11 hin? Ordnet den Ziffern die rechts stehenden Begriffe zu.
*1 = langgesprochener betonter Vokal*

c) Vergleicht eure Zuordnungen.

a) Bedeutung
b) lang gesprochener betonter Vokal
c) Artikel
d) Redewendung
e) kurz gesprochener betonter Vokal
f) Aussprache
g) weitere Wörter und Zusammensetzungen aus der Wortfamilie
h) Plural (Mehrzahl)
i) 2. Fall (Genitiv)
j) Herkunft des Wortes
k) Trennung

| | | |
|---|---|---|
| 1. Welche Trennungsmöglichkeiten gibt es? | Ge-fühl | Kli-ma |
| 2. Wie lautet der Artikel? | das | ☆ |
| 3. Wie heißt der 2. Fall Singular? | des Gefühls | ☆ |
| 4. Wie heißt die Pluralform? | die Gefühle | ☆ |
| 5. Nenne ein Beispiel für eine Zusammensetzung. | Gefühlsmensch | ☆ |
| 6. Nenne ein verwandtes Adjektiv. | gefühllos | ☆ |
| 7. Wie wird der Hauptvokal gesprochen? (lang/kurz) | lang (Gefühl) | ☆ |
| 8. Aus welcher Sprache stammt das Wort? | deutsch | ☆ |

**2** **a)** Legt auf der breiten Seite eines DIN-A4-Blattes die oben stehende Tabelle mit den Suchaufgaben an.

**b)** Führt die Suchaufgaben für folgende Wörter durch: Klima, Instinkt, Magnet, Elektrizität, Maschine.
**Achtung:** Nicht bei jedem Wort können alle Aufgaben durchgeführt werden.

**3** Euer Wörterbuch gibt euch in eckigen Klammern Aussprachehilfen: **Tweed** [*tvi:t*]. Punkte und Striche unter den Vokalen geben an, dass diese Silbe kurz- oder langgesprochen und betont wird: *Kanu*. Übt in der Klasse die richtige Aussprache der folgenden Wörter. Schlagt jedes der aufgeführten Wörter im Wörterbuch nach und gebt die Seitenzahlen an.

> Recycling  Tweed  Chance
> Nugget  Shampoo  Perspektive
> Quiz  Black-out  Pyjama  Boom

**4** Welche Artikel müssen vor den folgenden Nomen stehen? Schlage nach:
Exempel, Modem, Fussel, Prospekt, Joghurt, Yoga, Fax, Resultat, Bonbon

**5** Wie werden die folgenden Wörter im Wörterbuch getrennt? Schreibe die Trennungsmöglichkeiten auf: *Se - kun - de.*

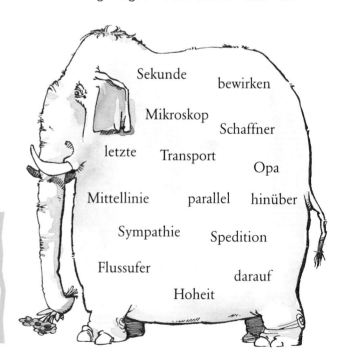

Sekunde  bewirken
Mikroskop  Schaffner
letzte  Transport  Opa
Mittellinie  parallel  hinüber
Sympathie  Spedition
Flussufer  darauf
Hoheit

**6** Bei manchen Verben ist es schwierig, die Zeitformen zu bilden. Welche Hinweise gibt dir das Wörterbuch?

> **lau|fen;** du läufst, er/sie läuft; du liefst (liefest); du liefest; gelaufen; lauf[e]!

**7** Mit dem Würfelspiel kannst du die Beugung der folgenden Verben üben.

essen – gehen – singen – rufen
schreiben – sprechen – genießen

**Spielregeln:**

- Das Spiel könnt ihr zu zweit oder in der Gruppe spielen.
- Wenn du an der Reihe bist, gibt dir jemand aus der Gruppe ein Verb vor.
- Du erwürfelst mit dem ersten Wurf die Personalform und mit dem zweiten Wurf die Zeitform. Schreibe die Verbform auf.
- Während du aufschreibst, wird schon dem Nächsten ein weiteres Wort genannt.
- Überprüft nach jeder Runde die Lösungen. Schlagt im Zweifelsfall im Wörterbuch nach.

1. Wurf:
Personalpronomen

| · | ich | ∴ | wir |
| ⁛ | du | ⁛ | ihr |
| ⁂ | er, sie, es | ⁙ | sie |

2. Wurf:
Zeitform

| · | Präsens |
| ⁚ | Perfekt |
| ∴ | Präteritum |
| ⁛ | Plusquamperfekt |
| ⁙ | Futur I |
| ⁙⁙ | Wähle selbst die Zeitform |

**8 a)** Welche Fehler sind in dem folgenden Text passiert? Wie muss es richtig heißen?
**b)** Schlage im Wörterbuch alle unterstrichenen Verben nach und schreibe auf, wie es richtig heißt: *sie übersah …*

> Da Paula auf dem Radweg den großen Stein <u>übersehte</u>, <u>fahrte</u> sie darüber. Dabei <u>verlierte</u> sie das Gleichgewicht und <u>fliegte</u> auf den Radweg. Das Vorderrad war <u>verbiegt</u> und die Kette <u>herausgesprungt</u>. Da <u>helfte</u> nichts mehr und Paula <u>schiebte</u> verärgert ihr Rad nach Hause.

**9** Setze zu den folgenden Sätzen das Verb in die 2. Person Präsens und Präteritum. Schlage dazu im Wörterbuch nach. Schreibe so:
*1. du hältst – du hieltst*

1. Gerade (halten) du die Leine im Maul.
2. Du (geben) dir viel Mühe mit den Blumen.
3. Vor lauter Begeisterung (fallen) du in den Eimer.
4. Du (graben) ein tiefes Loch in die Erde.
5. Stolz (tragen) du den Hausschuh im Maul.
6. Genüsslich (fressen) du den Knochen.

**TIPP**

**Bei Verben die Grundform bilden**
Bei gebeugten Verben musst du zum Nachschlagen erst die Grundform ermitteln:
*nimmst* → *nehmen*,
*fand* → *finden*.

# Fehlerwörter prüfen und einordnen

**1** In einer Rechtschreibkartei sammelst du
Wörter, die du falsch geschrieben hast.
Wenn du weißt, um welche Art von Fehler es
sich handelt, kannst du zielgerichtet üben.
Die Checkliste hilft dir, deine Fehler
einzuordnen. Schau sie dir an.

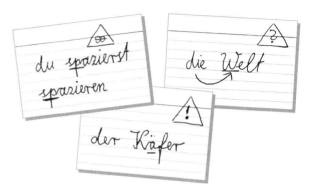

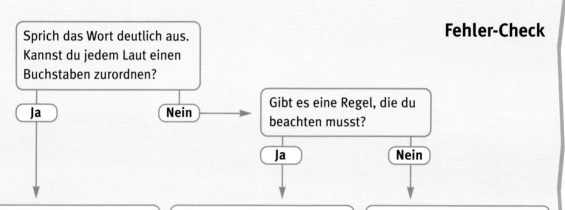

**Fehler-Check**

Sprich das Wort deutlich aus.
Kannst du jedem Laut einen
Buchstaben zuordnen?

**Ja** / **Nein** → Gibt es eine Regel, die du
beachten musst?

**Ja** / **Nein**

### Mitsprechwörter
Wörter, die man schreibt,
wie man sie spricht.
Für jeden Laut steht ein
Buchstabe: *Tomate*.
Dazu gehören auch Wörter
mit den Buchstabengruppen
*sp-st-qu-eu-sch-ch*.
Bei Wörtern mit den Endungen *-el,-er,-en* darfst du das *e*
nicht vergessen.

### Nachdenkwörter
Wörter mit besonderer
Schreibweise, die man
durch Nachdenken heraus-
finden kann:
1. *ie* (nach langem i)
2. *ll, mm, nn, rr* ...
   (nach kurzem Vokal)
3. *ck, tz* (nach kurzem Vokal)
4. *ss* (nach kurzem Vokal)
5. *b, d, g* im Auslaut
   (Verlängerungsprobe)
6. *ä/äu* (Ableitung von *a/au*),
7. silbentrennendes h
   (trennt zwei Vokale *ge-hen*)
8. Großschreibung
9. Zusammenschreibung

### Merkwörter
Wörter, deren Schreibweise
man sich merken muss:
1. *h* (nach langem Vokal)
2. *aa,ee, oo* oder *ai*
3. langes i ohne Kennzeichen
4. *ß* (nach langem Vokal)
5. s (nach kurzem Vokal)
6. ohne Doppelkonsonant
   nach kurzem Vokal,
7. *v* im Wortstamm,
8. Vorsilbe *Ver/ver* oder
   *Vor/vor*
9. Wörter mit *C, chs, x,*
10. *ä* oder *äu*
    (ohne Ableitungen)
11. Fremdwörter

# Mit **Orientierungskarten** arbeiten

Mit Orientierungskarten kannst du während der Freiarbeit selbstständig üben (Copy 22). So arbeitest du mit den Orientierungskarten:

1. Lege ein eigenes Übungsheft an.
2. Stelle mit dem Fehler-Check fest, ob dein Fehlerwort ein Mitsprech-, Nachdenk- oder Merkwort ist.

3. Wähle die passende Orientierungskarte aus. Sie informiert dich und enthält Aufgaben zum selbstständigen Üben.
4. Entscheide, ob du allein oder mit einem Partner arbeiten möchtest.

## Orientierungskarte Mitsprechwörter

**Worum geht es?**
Mitsprechwörter schreibt man so, wie man sie spricht.

**Das musst du wissen:**

1. Jeder Laut ergibt einen Buchstaben.
2. Manche Laute werden als Buchstabengruppen geschrieben: *st-sp-qu-eu-ei*.

3. Bei den Endungen *el, er*, *en* darfst du das *e* nicht vergessen.
4. Bei Wörtern mit *b-p, d-t, g-k* am Wortanfang musst du genau hinhören.
5. In vielen Wörtern wird der lange Vokal ohne Kennzeichnung geschrieben: *Schule, nämlich*.
6. In manchen Wörtern wird der kurze Vokal ohne Kennzeichnung geschrieben: die Post.

---

**So kannst du alleine üben:**

1. Schreibe dein fehlerhaftes Wort richtig in dein Übungsheft.
2. Sprich beim Schreiben jeden Buchstaben langsam und deutlich.
3. Unterstreiche die schwierige Stelle.
4. Unterstreiche die Buchstabengruppen *st-sp-sch-qu farbig*.
4. Kennzeichne bei den Endungen *en-er-el* das *e*.
8. Sammle Wörter mit derselben Schwierigkeit in einer Wörterliste an. Dein Buch hilft dir dabei.
9. Wiederhole Übungen in deinem Buch auf den Seiten 171–175.

**So kannst du mit deinem Partner üben:**

1. Suche aus deiner Rechtschreibkartei alle Mitsprechwörter mit derselben Schwierigkeit heraus und lasse sie dir diktieren.
2. Diktiert euch gegenseitig die Wörterlisten.
3. Wählt euch Übungen zu den Mitsprechwörtern auf den Seiten 171–175 im Buch aus.
4. Erfindet Rätselwörter (z.B. Geheimschrift, Morseschrift, Buchstabenwolken, Purzelwörter ...) für den Partner aus der Wörterliste.
5. Schreibt aus Sachtexten Mitsprechwörter mit den Endungen *el, er, en* heraus und unterstreicht das *e*.

# Orientierungskarte Nachdenkwörter

**Worum geht es?**
Nachdenkwörter können mithilfe von Regeln richtig geschrieben werden.

**Das musst du wissen:**

1. Wörter mit langem *i* werden *ie* geschrieben (siehe Tipp Seite 176).
2. Nach kurzem Vokal wird der folgende Konsonant verdoppelt (Wörter mit *ll, mm, nn* ... , siehe Info Seite 177)
3. Nach kurzem Vokal wird *k* zu *ck* (siehe Info auf Seite 178).
4. Nach kurzem Vokal wird *z* zu *tz* (siehe Info auf Seite 179).
5. Nach kurzem Vokal wird *s* zu *ss* (siehe Info auf Seite 180).
6. Bei *b, d, g* im Auslaut musst du verlängern, um den Laut genau zu hören (siehe Tipp auf Seite 182).
7. Wörter werden *ä (äu)* geschrieben, wenn sie von *a (au)* abgeleitet werden können (siehe Tipp auf Seite 189 und 190).
8. Das silbentrennende *h* trennt zwei Silben, z.B. *dre- hen, sich bemü- hen* (siehe Tipp auf Seite 191).

---

**Hinweis:**
Lies dir vor dem Üben den Tipp oder die Info zu deinem Rechtschreibfall durch.

**So kannst du alleine üben:**

1. Schreibe das Fehlerwort richtig in dein Übungsheft.
2. Unterstreiche die schwierige Stelle.
3. Schreibe die entsprechende Rechtschreibregel auf.
4. Lege eine Wortliste an und sammle Wörter mit demselben Rechtschreibfall.
5. Lass dir zu deinem Rechtschreibfall einen Trainingsplan (Copy X-Y) geben.

**So kannst du mit deinem Partner üben:**

1. Suche aus deiner Rechtschreibkartei Nachdenkwörter des gleichen Rechtschreibfalls heraus und lasse sie dir diktieren.
2. Diktiert euch gegenseitig die Wortlisten.
3. Überprüft euren letzten selbst geschriebenen Text, ob er Fehler des gleichen Rechtschreibfalls enthält.
4. Schreibt aus einem Text (Sachtext, Zeitungsartikel, Lesebuchtext ...) Wörter mit demselben Rechtschreibproblem heraus.
5. Wählt euch Übungen zu den Nachdenkwörtern auf den Seiten 176–184 im Buch aus.
6. Erfindet für den Partner Rätselwörter (Geheimschrift, Purzelwörter, Buchstabenwolken, Silbenrätsel ...) aus der Wörterliste.

# Orientierungskarte Nachdenken: Groß- und Kleinschreibung

**Worum geht es?**

Die meisten Wörter werden im Deutschen klein geschrieben. Nur das Nomen (Namenwort) wird großgeschrieben.

**Das musst du wissen:**

1. Nomen erkennst du daran, dass man sie mit einem bestimmten (*der, die, das*) und mit einem unbestimmten (*ein, einer, eines*) Artikel verwenden kann (siehe Tipp auf Seite 185). Führe daher immer die Artikelprobe durch.

2. Viele Nomen lassen sich an den Endungen erkennen: *heit, keit, ung, schaft, nis, tum.*

3. Werden Verben als Nomen gebraucht, müssen sie großgeschrieben werden (siehe Tipp auf Seite 187): *das Lachen, vom* (= von dem) *Lachen, sein Lachen.*

4. Werden Adjektive als Nomen gebraucht, müssen sie großgeschrieben werden (siehe Tipp auf Seite 188): *das Beste, wenig Gutes.*

---

**So kannst du alleine üben:**

1. Schreibe das Nomen mit dem Artikel richtig in dein Übungsheft.

2. Kennzeichne den Anfangsbuchstaben farbig.

3. Schreibe zu dem Nomen eine Wortgruppe, in der Artikel+ Adjektiv+ Nomen vorkommen. Zeichne einen Pfeil vom Artikel zum Nomen: *der kleine Hund.*

4. Suche fünf Wörter mit der Nomenendung heraus, die du übersehen hast, und schreibe sie auf.

6. Sammle in einer Wörterliste Nomen mit der Endung, die du übersehen hast.

7. Schreibe einen Text (Zeitungsartikel, Sachtext...) nur in kleinen Buchstaben ab. Klappe die Vorlage zu und korrigiere anschließend den Text. Vergleiche deine Bearbeitung mit dem Ausgangstext.

8. Suche dir im Buch auf den Seiten 185–190 eine Übung, die zu deiner Fehlerstelle passt und bearbeite sie.

**So kannst du mit dem Partner üben:**

1. Stellt mit einem Partner eine Liste von fünf zusammengesetzten Nomen zusammen (z.B. *die Turmuhr: der Turm; die Uhr* ...) und schreibt die richtigen Artikel dazu.

2. Nehmt einen Satz aus einem Sachtext und diktiert ihn dem Partner. Überprüft anschließend die Großschreibung.

3. Legt euch eine Tabelle mit Nomenendungen an und sammelt im Wettkampf Wörter mit derselben Endung. Korrigiert gegenseitig die Listen und übertragt die Wörter in eure Wörterlisten.

4. Schreibt mit dem Computer einen Text nur in Großbuchstaben ab. Euer Partner soll den Text in richtiger Groß- und Kleinschreibung abschreiben.

---

Eine „Orientierungskarte Nachdenken: Zusammenschreibung" findest du in der Copy 22.

# Orientierungskarte Merkwörter

**Worum geht es?**

Merkwörter haben Rechtschreib-Besonder-
heiten, zu denen es keine Regel gibt.
Man muss sie sich merken.

**Das musst du wissen:**

Folgenden Wörter haben eine Merkstelle,
auf die du achten musst:

1. Wörter mit einem *h* nach einem lang gesprochenen Vokal (siehe Info auf Seite 195):
   *lahm, nehmen, Wohnung ...*
2. Wörter mit Doppelvokal *-aa, -ee, -oo* (siehe
   Info auf Seite 195): *Saal, Beere, Moos.*

3. Wörter mit der Ausnahmeschreibung des
   langen *i* (siehe Info auf Seite 198): *Maschine.*
4. Wörter mit *ß* (siehe Info auf Seite 199):
   *fließen, Muße ...*
5. Wörter mit s nach einem kurzen Vokal
   (siehe Info auf Seite 201): *die Erkenntnis.*
6. Wörter mit *ä/äu*, die man nicht ableiten
   kann: *Bär, Knäul.*
7. Wörter mit *ks*-Laut der *chs* geschrieben wird:
   *Fuchs, wachsen.*
8. Wörter mit *ks*-Laut der *x* geschrieben wird:
   *Hexe, Taxi.*

---

**So kannst du das Wort allein üben:**

1. Schreibe das Fehlerwort richtig
   in dein Übungsheft.
2. Unterstreiche die schwierige Stelle.
3. Lege eine Wörterliste an und sammle
   alle Wörter mit derselben Schwierigkeit.
4. Schreibe in einem Satz die Schwierigkeit
   *des Wortes auf: Beim Wort „Fuchs" höre ich x
   und schreibe chs.*
6. Suche Wörter aus der gleichen Wortfamilie
   und schreibe sie auf.

**So kannst du mit deinem Partner üben:**

1. Suche aus deiner Rechtschreibkartei
   Merkwörter mit derselben Merkstelle heraus
   und lasse sie dir diktieren.
2. Diktiert euch gegenseitig Wörterlisten,
   die ihr im Buch auf den Seiten 195–206 findet.
3. Überprüft gegenseitig euren letzten selbst
   geschriebenen Text auf die Verwendung
   von Merkwörtern.
4. Untersucht Texte (Zeitungsartikel, Sach-
   texte ...) auf die Verwendung von Merkwörtern mit derselben Merkstelle.
5. Wählt Übungen zu den Merkwörtern
   von den Seiten 195–206 im Buch aus.

# Laute und Buchstaben

**1** Welche Früchte kommen in den Obstsalat? Zwei passen wohl eher nicht.

**2 a)** Sprecht die Wörter zu allen abgebildeten Früchten langsam und deutlich.
Wie viele Laute könnt ihr hören?
**b)** Welche Wörter passen in welche Lautfelder? Legt in eurem Heft die folgenden Lautfelder an oder verwendet Copy 23.

| ☆ | ☆ | ☆ | ☆ | ☆ |
|---|---|---|---|---|

| ☆ | ☆ | ☆ | ☆ | ☆ | ☆ | ☆ |
|---|---|---|---|---|---|---|

| ☆ | ☆ | ☆ | ☆ | ☆ | ☆ | ☆ | ☆ |
|---|---|---|---|---|---|---|---|

Nudelsalat
- Nudeln
- Öl
- ...

Eiersalat
- Eier
- Salz
- ...

Überraschungs-
salat
- Fisch
- Kopfsalat
- ...

Wurstsalat
- Wurst
- Gurken
- ...

? salat
- ...

**INFO**

**Mitsprechwörter**
Viele Wörter schreibt man genau so, wie man sie spricht. Diese Wörter nennt man Mitsprechwörter. Wenn du unsicher bist, sprich das Wort langsam und überdeutlich aus.

**3 a)** Was ist euer Lieblingssalat?
Stellt mit einem Partner eine Rezeptliste für euren Lieblingssalat zusammen. Achtet dabei auf die Aussprache. Wählt nur solche Wörter, die man genauso spricht, wie man sie schreibt. Lest dazu die Info.
**b)** Sucht euch in der Klasse ein anderes Partnerpaar. Diktiert euch gegenseitig eure Einkaufslisten. Überprüft, ob nur Mitsprechwörter ausgewählt wurden.

# Wörter mit **Buchstabengruppen**

**1 a)** Welche Gegenstände seht ihr
in der Küche?
Sprecht die Dinge laut und deutlich.
**b)** Wie viele Laute könnt ihr hören?
Legt im Heft folgende Tabelle an und tragt
die Wörter ein. Lest dazu den ersten Hinweis
in der Info.

| Wort | Laute | Buchstaben |
|------|-------|------------|
| Saft | 4 | 4 |
| Tisch | 3 | 5 |
| Gabel | ? | ? |

**2 a)** Ordnet die Wörter aus der Küche
den jeweiligen Buchstabengruppen zu.
**b)** Ergänzt eure Tabelle durch weitere
Beispiele. Verwendet nur Mitsprechwörter.

| au | Sauerkraut ... |
|------|------------|
| ei | Eimer ... |
| eu | Streuer ... |
| ch | Kuchen ... |
| sch | Schaufel ... |
| ng | Zange ... |

**3 a)** Lest den Text unten laut vor.
**b)** Schreibt den Text ab und ergänzt
die fehlenden Buchstaben. Lest dazu
beide Hinweise in der Info.

**Unglaublich!**
Auf unserem Da(1)boden kann man die
unglaubli(2)sten Di(3)e finden. In (4)ner
großen Scha(5)tel hebt Großmutter Blus(6)
Röcke und Hos(7) auf. In einem alten
Koff(8) liegen Bild(9) und Büch(10) aus
lä(11)st verga(12)enen Tag(13).
Ein verst(14)btes Buch mit Ko(15)rezepten
gefällt mir ganz besonders.

**INFO**

**Wörter mit Buchstabengruppen**
1. Bei bestimmten Lauten schreibt man
Buchstabengruppen: *au, ei, eu, ch,
sch, ng*. Bei *Tisch* hört man drei Laute
und schreibt fünf Buchstaben.
2. Die Endungen *el, en, er* hört man als
einen Laut, obwohl sie aus zwei
Buchstaben bestehen: *Gabel, schneller, laufen*.

| Rose | – | Rost |
|------|---|------|
| Nebel | – | Nest |
| Schule | – | Schuster |

# Langer oder kurzer Vokal?

**1** Sprecht die Wörter deutlich aus. Was stellt ihr fest?

**2** a) Überprüft durch deutliches Sprechen, ob der Vokal lang oder kurz gesprochen wird.

| der Faden | der Bach | die Schale |
|-----------|----------|------------|
| der Tisch | die Schere | das Kind |
| die Lose | der Sumpf | die Krone |
| der Fisch | das Blut | der Punkt |
| die Schnur | die Tasche | das Nest |

b) Legt eine Tabelle an und tragt die Wörter ein. Kennzeichnet den kurz gesprochenen Vokal mit einem Punkt und den langgesprochenen Vokal mit einem Strich.

| Kurzer Vokal | Langer Vokal |
|--------------|--------------|
| Bach | Faden |

**3** a) Lege in deinem Heft eine Tabelle mit den lang gesprochenen Vokalen an.
b) Trage die Wörter, die als Bilder dargestellt sind, in die Liste ein.

a: Hase, …
e:
o:
u:

c) Suche zu jedem Vokal vier weitere Wörter mit langem Vokal und trage sie in die Tabelle ein. Überprüfe die Schreibweise mit dem Wörterbuch.

**4** Suche aus dem Wörtersuchspiel zehn Wörter mit einem langen Vokal heraus und schreibe sie auf.

| E | F | N | X | H | Ö | R | E | N | G | Q | X | Q |
|---|---|---|---|---|---|---|---|---|---|---|---|---|
| G | M | A | B | N | A | T | U | R | F | W | Y | U |
| V | U | S | G | E | M | Ü | S | E | P | A | K | E |
| S | T | E | D | K | O | U | V | B | C | L | M | R |
| A | B | U | L | S | T | Ö | R | E | N | U | Q | A |
| M | R | O | T | Q | F | N | Ä | M | L | I | C | H |

## INFO

**Schreibung nach lang gesprochenem Vokal**
Viele Wörter mit einem lang gesprochenen Vokal werden so geschrieben, wie man sie spricht: *die Hose, ich war, nämlich*. Es gibt auch Wörter, deren lang gesprochener Vokal besonders gekennzeichnet ist (siehe Seite 17 und 195).
**Schreibung nach kurz gesprochenem Vokal**
Nach kurz gesprochenem Vokal folgen häufig zwei Konsonanten (*die Post*) oder ein Doppelkonsonant (siehe Seite 177–180).

# Trainiere mit dem **Übungszirkel**

**1** Wer hört am besten?
Bearbeitet die folgenden Stationen (Copy 24)
allein oder mit eurem Partner:

## Station 1
(6 Punkte)                    Wörter mit *sp, st, qu*

1. Schreibe die abgebildeten Begriffe auf.
2. Schlage je einen weiteren Begriff mit
   *st-sp-qu* im Wörterbuch nach und
   schreibe ihn auf.

## Station 3
(15 Punkte)                   Endungen *el, en, er*

1. Schreibe je fünf Wörter mit den
   Endungen *el, en, er* auf. Überprüfe die
   notierten Wörter mit dem Wörterbuch.
2. Diktiert sie euch gegenseitig.
   Achtet dabei auf eine deutliche
   Aussprache.

## Station 2
(9 Punkte)                    Wörter mit *sp, st, qu*

Das Rätsel enthält Wörter mit *sp-st-qu*.
Schreibe die Wörter auf den Block.
Jeder Stern ist ein Buchstabe.
1. großer Weg: ☆☆☆☆☆☆
2. Deutsch, Englisch,Türkisch sind:
   ☆☆☆☆☆☆☆☆☆
3. anderes Wort für Abdruck: ☆☆☆☆
4. Lebensmittel aus Milch: ☆☆☆☆☆
5. was man für ein falsches Verhalten
   bekommt: ☆☆☆☆☆☆
6. Ursprung des Wassers: ☆☆☆☆☆☆☆
7. Hilfsmittel beim Gehen: ☆☆☆☆☆☆
8. Leuchtkörper am Himmel: ☆☆☆☆☆☆☆
9. kreuz und ...: ☆☆☆☆

## Station 4
(12 Punkte)                   *b/p, d/t, g/k* am Wortanfang

Welcher Anfangslaut ist richtig?
Schreibe die Wörter richtig auf.

| b/p? | d/t? | g/k? |
|------|------|------|
| die ☆olizei | der ☆eckel | der ☆uchen |
| die ☆anane | Benzin ☆anken | die ☆abel |
| der ☆inguin | der ☆eppich | ☆rüßen |
| etwas ☆ringen | die ☆asse | das ☆leid |

## Station 5  *b/p, d/t, g/k am Wortanfang*
(6 Punkte)

Überprüfe, welches Wort an die Leerstelle passt und schreibe dann den Satz richtig auf.

**Kabel - Gabel**

1. Damit wir keinen Stromschlag bekommen, werden ☆ mit einer schützenden Schicht versehen.
2. Manch einer benützt seine ☆ so ungeschickt, dass er seinen Nachbarn gefährdet.

**ticken - dick**

1. In alten Möbeln hört man den Holzwurm ☆.
2. Er liebt besonders ☆ Holz.

**packen - backen**

1. Zuerst muss man alle Zutaten aus☆.
2. Erst dann kann man den Kuchen ☆.

## Station 6
(5 Punkte)                    Silben erkennen

In diesem Silbensalat haben sich fünf feine Speisen versteckt.
Schreibe die Wörter richtig auf.

1. chen-Brat-würst-
2. chen-Zi-nen-ku-tro-
3. lat-Nu-sa-del-
4. scho-tor-Milch-ko-den-la-te
5. chen-Mar-bröt-me-den-la-

## Station 7
(4 Punkte)                    Partnerdiktat

Diktiert euch gegenseitig diese Sätze und korrigiert sie anschließend. Wenn im korrigierten Text noch Fehler sind, werden Punkte abgezogen.
Wenn du alleine arbeitest, lies die Sätze aufmerksam durch und schreibe sie Satz für Satz aus dem Gedächtnis auf.

1. Kater Peter schleicht mit Kater Bert durch das Gras.
2. Pilze finden und sammeln ist schwieriger als Nudeln mit der Gabel essen.
3. Paula malt lieber blaue Blumen.
4. Kleine Strolche sind nämlich klüger als die Polizei erlaubt.

**Preisverleihung**

Ihr könnt 57 Punkte erreichen.

– Wenn ihr 52 Punkte erreicht, seid ihr Zuhörmeister! Gratulation und Blumenstrauß!
– Wenn ihr 45 Punkte erreicht, seid ihr schon ziemlich gut! Gratuliere!
– Wenn ihr 35 Punkte erreicht, könnt ihr zufrieden sein! Gut gemacht!
– Wenn ihr 27 Punkte erreicht, habt ihr fast die Hälfte geschafft. Das reicht gerade noch aus!
– Wenn ihr 15 Punkte oder gar weniger erreicht, müsst ihr euch ganz gründlich die Ohren putzen.

# Wörter mit ie

| | | | |
|---|---|---|---|
| schmierig | liegen | verlieren | ziemlich |
| neugierig | schließen | schief | riesig |
| Ziel | strapazieren | irgendwie | Fliege |
| sie rief | er lief | Brief | siegen |
| Glieder | sie ließ | gießen | Ziegel |
| vielleicht | viel | tief | gierig |
| interessiert | Trieb | kriegen | Ziege |
| passieren | trainiert | Spiegel | schwierig |
| Hieb | fließen | schließlich | Riegel |
| notieren | Dieb | quietschen | |
| spazieren | frieren | biegen | |
| sie stieß | er fiel | Spiel | |

**1** **a)** Einige Wörter aus der Wörterliste reimen sich, z. B. *lief – tief – schief*. Schreibt die Reimpaare in euer Heft.

**b)** Zu vielen anderen Wörtern könnt ihr euch selbst Reimwörter überlegen, z. B. *Glieder – Lieder – Flieder – wieder*. Schreibt sämtliche Reimpaare auf, die ihr bilden könnt.
Vielleicht fallen euch noch weitere Wörter mit *ie* ein, die sich reimen und mit denen sich eure Wörterliste ergänzen lässt.

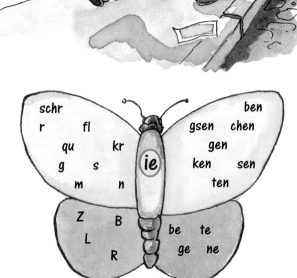

INFO

**Nachdenkwörter**
Viele Wörter kannst du durch Nachdenken richtig schreiben. Beim lang gesprochenen i-Laut musst du daran denken, dass er *ie* geschrieben wird: *die, wie, schief.*
Das gilt für alle Wörter der gleichen Wortfamilie: *spielen, das Spiel, spielerisch, das Ballspiel.* Ausnahmen zur ie-Schreibung findest du auf Seite 198.

**2** **a)** Bildet mithilfe der gegenüberliegenden Schmetterlingsflügel möglichst viele Wörter mit *ie*.

**b)** Legt in eurem Heft die folgende Tabelle an und tragt die Wörter ein.

| Nomen | Verben | Adjektive | andere Wortarten |
|---|---|---|---|
| ☆ | ☆ | ☆ | ☆ |

# Wörter mit ll, mm, nn ...

**1** a) Sprecht die abgebildeten Wörter.
Fast alle haben etwas gemeinsam.
Vorsicht: Drei Wörter passen nicht dazu.
b) Diktiert euch die Wörter gegenseitig.

**2** a) Zu welchen Wörtern passen die außen
stehenden Doppelkonsonanten?
Schreibe die Wörter richtig in dein Heft.
Unterstreiche die Doppelkonsonanten farbig.
b) Untersuche die Vokale vor den Doppelkonsonanten. Kennzeichne alle Kurzvokale
mit einem Punkt: Antẹnne. Was stellst du fest?

**3** Bei den Wörtern unten sind in jeder Zeile
die Doppelkonsonaten vertauscht worden.
Setze die richtigen Doppelkonsonanten ein
und du erhältst sinnvolle Wörter: *1. glimmen ...*

1. glirren – Hippel – Temmor – Kummel
2. stratt – Kirr – schümmen - Pfanner
3. trerren – Roppen – Illtum – stonnen
4. Schallner – oppen – affgemein – schnuffern
5. Kristatt – zinnern – flülle – reggen
6. felleln – Fess – Pfiss – Biff

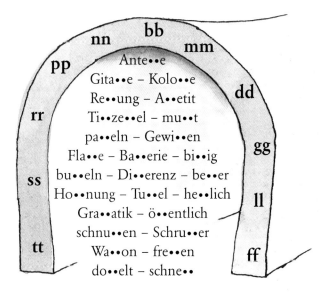

pp
nn
bb
mm
dd
rr
gg
ss
ll
tt
ff

Ante••e
Gita••e – Kolo••e
Re••ung – A••etit
Ti••ze••el – mu••t
pa••eln – Gewi••en
Fla••e – Ba••erie – bi••ig
bu••eln – Di••erenz – be••er
Ho••nung – Tu••el – he••lich
Gra••atik – ö••entlich
schnu••en – Schru••er
Wa••on – fre••en
do••elt – schne••

# Wörter mit ck

Ein Junge wollte seine Eltern necken,
mit fürchterlichem Krach aufwecken.
Doch rechnete er nicht,
der dreiste Wicht,
mit seinem Vater, dem kecken.

Ein dicker Mann war Zuckerbäcker,
er fand alles ganz lecker.
Eines Tages war es zu viel,
er bekam ein großes Völlegefühl.
Da blieb von ihm, oh Schreck,
nur noch ein fettiger Fleck.

Ein Dackel, genannt Flocke,
neckte Hans mit einer dreckigen Socke.
Hans wollte den frechen Hund packen,
doch der biss ihm nur in die Hacken.

**1** a) Sucht aus den lustigen Versen die Wörter mit *ck* heraus und schreibt sie auf.

b) Sprecht die Wörter deutlich und kennzeichnet den kurzen Vokal vor dem *ck* mit einem Punkt: *aufwecken*.

**2** Aus den folgenden Wörtern kannst du durch Verändern oder Hinzusetzen von Buchstaben neue Wörter mit *ck* entstehen lassen:
*Glocke – Gockel, Locke – locker.*

> lecker – knicken – Stock – Druck
> backen – Schnecke – stecken

**INFO**

**Wann wird *ck* geschrieben?**
Nach kurzem Vokal (Selbstlaut) wird auch der Konsonant (Mitlaut) *k* verdoppelt. Statt *kk* schreibt man jedoch *ck*: *hocken, Zucker.* Bei der Trennung kommt das *ck* auf die neue Zeile: *Brü - cke.*

**3** a) Schreibe mit den Wörtern aus der Torte möglichst viele lustige Sätze.

b) Suche zu drei Wörtern weitere Wörter aus der gleichen Wortfamilie.

| Wörter mit *ck* | |
|---|---|
| Bäcker | schlucken |
| blicken | schrecklich |
| dreckig | erschrecken |
| Druck | Spucke |
| glücklich | Frühstück |
| trocken | verstecken |
| hocken | Wecker |
| Lack | Schmuck |

# Wörter mit tz

Blitz
flitzen
nutzen
sitzen
verletzen
schützen
Witz

Platz
Metzger
flitzen
plötzlich
setzen
schwitzen
jetzt

Satz
spritzen
letzter
kratzen
schmutzig
wetzen

Netz
petzen
trotzdem
platzen
Pfütze
stützen
kitzeln

**1** Lest diese Wörter laut vor.
Wie wird der Vokal vor dem *tz* gesprochen?

**2** Übertragt die folgende Tabelle in euer Heft
und schreibt die Wörter aus der Liste
nach Wortarten getrennt auf.

| Nomen | Verben | andere |
|-------|--------|--------|
| ☆ | ☆ | ☆ |

**3** Geheimschrift: Schreibe das Abc auf
und nummeriere alle Buchstaben durch.
Finde nun zu der Geheimschrift die Wörter.

1. 11–9–20–26–5–12–14
2. 19–3–8–14–9–20–26–5–12
3. 22–5–18–12–5–20–26–5–14
4. 26–21–12–5–20–26–20
5. 16–12–1–20–26

**4** a) Schreibt den Text rechts ab und setzt
passende Wörter aus den Wortlisten ein.
b) Diktiert euch den Text als Partnerdiktat.

## Peinlich, peinlich

Am ☆ Dienstag war ich beim Fußballtraining.
Da es am Vortag geregnet hatte, befanden sich
auf dem ☆ viele ☆. Dennoch war ich in
Hochform. Ich ☆ wie der ☆ über das Feld.
Während ich den Ball ins ☆ schoss, rutschte
ich ☆ aus. Obwohl ich meine Beine ☆ hatte,
☆ ich mir meinen Knöchel. Zunächst ☆ ich
mich ins Gras. Dann humpelte ich in die
Kabine, wobei mich mein Trainer unter dem
Arm ☆. Da ich sehr ☆ war, wollte ich erst einmal duschen. Als ich die Tür zum Duschraum
öffnete, schlug mir eine starke Dampfwolke
entgegen. Dann wurde ich mit Wasser ☆. In
meiner Aufregung bemerkte ich erst ☆, dass
ich den Duschraum der Mädchen betreten
hatte. Verlegen ☆ ich mich am Kopf. Dann
sagte ich schnell: „Hallo, Jungs, hat jemand
meine Brille gesehen?"

# Wörter mit SS

| | | |
|---|---|---|
| hässlich | verbessern | vergessen |
| lassen | Wissen | flüssig |
| gegossen | essen | lässig |
| gegessen | du isst | Gewissen |
| hassen | Guss | Erpressung |
| vergesslich | Schloss | Entschluss |
| prassen | ich vergesse | |
| Biss | passieren | |
| Fluss | | |
| Kasse | | |
| Tasse | | |

**1** **a)** Lest die Wörter laut und deutlich vor. Achtet auf den Vokal vor dem s-Laut.

**b)** Schreibt die Wörter ab und kennzeichnet die kurzgesprochenen Vokale mit einem Punkt: *Schluss.*

**c)** Einige Wörter aus der Liste sind miteinander verwandt.
Schreibt sie zusammen heraus.

**d)** Versucht zu jedem Wort weitere verwandte Wörter zu ergänzen.

**e)** Übt die Wörter im Partnerdiktat (Anleitung: Seite 216).

**2** Im Wörtersuchspiel findest du 12 Wörter mit *ss*. Kennzeichne sie auf einer Folie oder auf der Copy 25.

| Q | V | U | S | T | B | I | S | S | C | H | E | N |
|---|---|---|---|---|---|---|---|---|---|---|---|---|
| X | E | R | D | G | E | S | C | H | O | S | S | K |
| Y | R | L | K | O | W | Q | A | R | L | F | U | Q |
| Z | G | M | E | V | U | E | T | Ü | A | A | M | A |
| O | E | B | Q | I | ß | W | A | S | S | E | R | K |
| E | S | S | E | N | T | W | U | S | S | T | E | N |
| U | S | M | P | A | S | S | I | E | R | T | Y | M |
| F | E | L | Ä | S | S | I | G | L | B | Q | R | T |
| E | N | T | S | C | H | L | O | S | S | E | N | F |

**3** Übe die Sätze mit dem Dosendiktat (siehe Seite 216).

Der Peter ist nicht hässlich,
doch leider ist er sehr vergesslich.

Der Trainer fordert von den Spielern Biss,
ob es hilft, das ist ungewiss.

Schokolade ist bekanntlich essbar,
der Genuss ist am Gewicht messbar.

INFO

**Wörter mit *ss***
Das *ss* steht nur nach einem kurz gesprochenen Vokal:
*Fass, besser.*

# Übungen zur Weiderholung

## Hopserlauf

| pi- | Metz- | Lo- | ger | cke |
|---|---|---|---|---|
| Sät- | tro- | ver- | cken | Stüt- |
| cken | schwit- | ze | wit- | Müt- |
| ze | Kat- | deckt | ze | ze |
| nut- | zen | rückt | zig | ver- |
| Fle- | zu- | Sprit- | cker | zer- |
| zen | So- | Mü- | cke | cken |
| cke | cken | e | lo- | ckig |

**1** Besorgt euch eine Spielfigur (Chip, Münze, Büroklammer) und stellt im Hopserlauf (zwei Felder vor, zurück oder seitlich) die Silben zu einem Wort zusammen. Die erste Silbe ist rot, die zweite grün. Schreibt mindestens zwölf Wörter auf und sucht verwandte Wörter dazu.

**2** Bilde aus mindestens drei Wörtern einen Satz. Versuche, auch Reime zu bilden; z. B. *Wenn die Suppe in der Flamme prasselt, hast du das Essen schon vermasselt.*
1. brennen – Suppe – Flamme – Mittag – prasseln – lassen
2. Metzger – vermissen – Pfarrer – Schnitzel – Schlüssel – hacken
3. herrlich – Katze – Platz – sonnig – genoss – schlummerte

**3** Löse das Rätsel. Schreibe die gesuchten Wörter untereinander auf. Ihre Anfangsbuchstaben ergeben, von oben nach unten gelesen, das Lösungswort.

1. Kriechtier mit Gehäuse ☆☆☆☆☆☆☆☆
2. nicht geschlossen ☆☆☆☆☆
3. Kopfbedeckung ☆☆☆☆☆
4. stechendes Insekt ☆☆☆☆☆
5. Ackergerät ☆☆☆☆
6. Getreideart ☆☆☆☆☆☆
7. anderes Wort für *rennen* ☆☆☆☆☆☆☆
8. Unterarmknochen ☆☆☆☆
9. Körperteil des Elefanten ☆☆☆☆☆☆
10. Gegenteil von *nie* ☆☆☆☆☆
11. Ein Dreieck hat drei davon ☆☆☆☆
12. jemanden ärgern ☆☆☆☆☆☆

Lösungswort: SOMMERFERIEN

# b, d, g im Auslaut

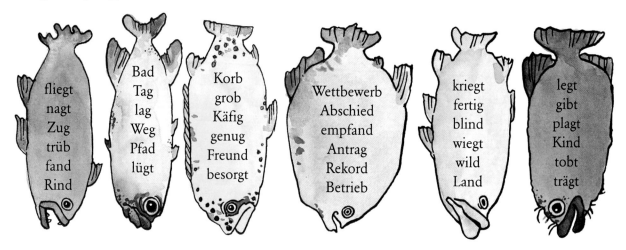

fliegt
nagt
Zug
trüb
fand
Rind

Bad
Tag
lag
Weg
Pfad
lügt

Korb
grob
Käfig
genug
Freund
besorgt

Wettbewerb
Abschied
empfand
Antrag
Rekord
Betrieb

kriegt
fertig
blind
wiegt
wild
Land

legt
gibt
plagt
Kind
tobt
trägt

**1** a) Lest die Wörter oben laut vor.
b) Vergleicht das gesprochene Wort mit dem geschriebenen. Was stellt ihr fest?

**2** a) Welche Begriffe unten sind mit den Wörtern aus den ersten drei Fischen jeweils verwandt? Schreibt die verwandten Wortpaare immer zusammen auf:
*fliegt – fliegen, nagt – ...*
b) Sucht nun auch zu den anderen Wörtern verwandte Begriffe.

> genügen – Körbe – eintrüben – Nagetier – Liege – baden – fliegen – finden – Züge – Rinder – vertagen – Sorge – anfreunden – Käfige – bewegen – Grobian – Pfade – belogen

**3** a) Ordnet die Wörter in den Fischen nach Nomen, Verb und Adjektiv in eine Tabelle ein.
b) Kennzeichnet die Buchstaben *b, d, g* mit unterschiedlichen Farben.
c) Wendet für jedes Wort eine Lösungshilfe an. Lest dazu den Tipp.

**4** Lies den Tipp und entscheide, wie du schreiben musst. Achtung: Ein Wort wird im Auslaut mit *t* und ein Wort mit *k* geschrieben.

> empfan? – unglau?lich – Zei? – Vertra? – Rekor? – Hal?zeit – Wan? – star? – lan?

**TIPP**

**So überprüfst du Wörter mit *b, d, g* im Auslaut:**
Endet ein Wort mit *b, d, g*, dann klingt der Laut (p), (t), (k).
So kannst du prüfen:
1. Bilde bei Nomen den Plural: *Rand – Ränder.*
2. Bilde bei Adjektiven die Steigerungsform: *grob – gröber* oder verlängere das Adjektiv, indem du ein Nomen ergänzt: *der grobe Mann.*
3. Bilde bei Verben den Infinitiv (Grundform): *klebt – kleben.* Du hörst dann deutlich *b, d, g*.

# Abgeleitete Wörter mit ä/äu

**1** Helft das Problem zu lösen. Lest den Tipp.

**2** Schreibe zu folgenden Verben die 2. Person Präsens auf: *schlagen – du schlägst*.

> schlagen – waschen – schlafen – raten –
> graben – braten – tragen – behalten

**3** Bilde zu folgenden Nomen Adjektive:
*das Land – ländlich*. Unterstreiche das ä.

> das Land – die Angst – die Gefahr –
> der Hass – der Tag – das Jahr

**4** Bilde zu folgenden Nomen den Plural:
*das Land – die Länder*.

> der Bach – das Dach – das Fach –
> der Rand – das Band – die Hand –
> der Waldbrand – der Fall

**5** Wer sammelt die meisten Wörter?
Schreibe in fünf Minuten so viele Wörter
mit e oder ä auf, wie du kannst. Dein Partner
überprüft. Für jedes richtig geschriebene Wort
erhältst du einen Punkt.

**6** Bilde zu folgenden Nomen Adjektive
und schreibe sie auf.

> der Haufen     h☆fig
> der Glaube     gl☆big
> der Raum     r☆mlich
> der Kauf     k☆flich

**7** Diktiere deinem Partner die folgenden Wörter
im Plural: *die Kräuter*.

> das Kraut – der Strauch – der Strauß –
> die Faust – der Traum – das Haus

**8** Überprüfe dein Wissen:
*eu* oder *äu*?

> 1. Das Polizeifahrz☆g war gut hinter
>    dichten Str☆chern versteckt.
> 2. Mit Blumenstr☆ßen kann man
>    h☆fig Augen zum L☆chten bringen.
> 3. Nur in ☆ren Tr☆men h☆len die Wölfe
>    mit geballten F☆sten.
> 4. Die Böden in Bürogeb☆den muss man
>    nicht sch☆ern.
> 5. Zur Entt☆schung aller F☆erwehrl☆te
>    platzten die Schl☆che und die Sch☆ne
>    brannte völlig ab.

**TIPP**

**Wann schreibst du ä/äu?**
Überprüfe, ob du ein Wort aus der
gleichen Wortfamilie kennst, das mit
*a/au* geschrieben wird:
ängstlich → Angst/Bäume → Baum.

# Das silbentrennende h

Mein Tagesablauf:
- um 7 Uhr aufstehen
- ins Bad gehen
- Radio andrehen
- Klamotten anziehen
- Zunge am heißen Kakao verbrühen
- in die Schule gehen
- ...

AUSRUHEN!

**1** **a)** Sieht euer Alltag ähnlich aus? Sprecht darüber.
**b)** Alle Verben auf dem Notizzettel weisen eine Besonderheit auf. Lest dazu die Info.
**c)** Schreibt alle Verben des Notizzettels heraus und unterstreicht das silbentrennende *h*.

**2** Schildere in einer E-Mail deinen Start in den Tag. Verwende dabei möglichst viele Verben mit einem silbentrennenden h.

Liebe Susi,
du siehst Post von mir! :-)

### INFO

**Das silbentrennde *h***
Dieses *h* steht zwischen zwei Vokalen (Selbstlauten) und trennt zwei Silben voneinander. Durch das *h* sind diese Wörter besser zu lesen. Es steht zu Beginn der zweiten Silbe:
*ho- he, Kü- he, se- hen.*
Das *h* bleibt auch in den anderen Wortformen erhalten:
*sehen – du siehst – ich sah.*

**3** **a)** Suche zu den unten stehenden Wörtern Reimwörter.

| gehen | glühen | frohe | Ruhe |
|-------|--------|-------|------|
| sehen | ? | ? | ? |
| ? | ? | ? | ? |

**b)** Bilde mit deiner Wörtersammlung lustige Sätze.

Ich ruhe in der glühenden Sonne.

**4** Löse das Keuzworträtsel.
Schreibe die Wörter auf.

1. Tiere des Waldes  Re☆☆
2. Gegenteil von Lärm  R☆☆☆
3. Gerät zur Wiedergabe bewegter Bilder  Fern☆☆☆☆☆
4. Lebensgemeinschaft  E☆☆
5. Gartengerät  Rasen☆☆☆☆☆

**5** Schreibe zu folgenden Verben die 2. Person Präsens auf. Schreibe so:
*stehen – du stehst.* Unterstreiche das *h*.

stehen – sehen – blühen – fliehen – ziehen – verzeihen – drehen – verstehen

# Großschreibung von Nomen

## Grauwale machen Hochzeitsreisen

GRAUWALE SIND ETWA 15 METER LANGE UND 33 TONNEN SCHWERE MEERESSÄUGER, DIE IN GRÖßEREN GRUPPEN ZUSAMMENLEBEN. JÄHRLICH DURCHQUEREN SIE AUF EINER ART HOCHZEITSREISE DIE RIESIGE WEITE DES GEWALTIGEN OZEANS, IN DEM SIE LEBEN. DIE HAUPTWEIDEGRÜNDE DER GROßEN GRAUWALE LIEGEN IM NÖRDLICHEN EISMEER. WENN DAS ERSTE EIS DEN WINTER ANKÜNDIGT, ZIEHEN DIE WALE BIS ZU 5000 KM WEIT IN WÄRMERE GEWÄSSER BIS NACH KALIFORNIEN. WESHALB BEGEBEN SICH DIE GRAUEN RIESEN AUF DIESE LANGE REISE? DEN JUNGEN ZULIEBE! BEI DER GEBURT BESITZEN DIE KLEINEN GRAUWALE NOCH KEINE DICKE SPECKSCHICHT, DIE SIE VOR DER KÄLTE DES EISMEERES SCHÜTZT. DESHALB MÜSSEN SIE IN WARMEN GEWÄSSERN GEBOREN WERDEN. HIER FRESSEN SIE SICH IHREN SPECK IN DEN ERSTEN BEIDEN LEBENSMONATEN AN.

**1** In diesem Text sind die Nomen versteckt. Woran könnt ihr sie erkennen? Lest dazu die Lösungshilfen.

**2** a) Schreibt den Text in der richtigen Groß- und Kleinschreibung auf.
b) Zeichnet Hinweispfeile vom Signalwort zum Nomen: *die riesige Weite …*

**TIPP**

**So erkennst du Nomen:**

**1. Auf Signalwörter achten:**
Nomen werden großgeschrieben. Man erkennt sie an folgenden Signalwörtern:
*der, die, das, des, dem, den*
*ein, eine, eines, einem, einen* (= Artikel).
Achte auch auf folgende Wörter, in denen sich ein Artikel versteckt:

*am* = an dem   *ins* = in das
*ans* = an das   *vom* = von dem
*beim* = bei dem   *zum* = zu dem

**Achtung:** Zwischen Signalwort und Nomen kann sich ein Adjektiv schieben:
*der graue Wal.*

**2. Artikelprobe durchführen:**
Nomen können auch ohne Signalwörter stehen. Wenn du vor das Wort *der, die, das* ergänzen kannst, dann ist es ein Nomen:
*Sie hatte große Ziele.*
*Ziele: das Ziel, die Ziele*

**3** a) Lege in deinem Heft folgende Tabelle an. Lass in den Spalten genügend Schreibraum.

| -heit | -keit | -ung | -tum | -schaft | -nis |
|-------|-------|------|------|---------|------|
| ☆ | ☆ | ☆ | ☆ | ☆ | ☆ |

b) Suche zu den Verben oben ein verwandtes Nomen. Schreibe die Nomen in die Tabelle.

c) Suche auch zu den Adjektiven immer ein verwandtes Nomen. Schreibe es auf.

d) Ergänze die Tabelle durch eigene Beispiele.

**4** a) Schreibe den Text rechts in richtiger Groß- und Kleinschreibung ab.

b) Unterstreiche alle Nomen, die an ihren Endungen zu erkennen sind.

**TIPP**

**Achte auf die Endungen**
Wörter mit den Endungen -heit, -keit, -ung, -tum, -schaft oder -nis sind Nomen und werden großgeschrieben: die Gesund_heit_, die Verwandt_schaft_ ...

**Papagei als Plaudertasche**

EINES NACHTS KLINGELT AUF EINER POLIZEI-STATION DAS TELEFON. AM ANDEREN ENDE DER LEITUNG MELDET SICH EINE FRAU, DIE SICH WEGEN RUHESTÖRUNG BEKLAGT. DIE BEAMTEN GEHEN DER MELDUNG NACH UND FAHREN SOGLEICH ZUR WOHNUNG. DORT ÖFFNET JEDOCH NIEMAND, OBWOHL VON DRINNEN EINE LAUTE STIMME ZU HÖREN IST. MIT POLIZEILICHER ERLAUBNIS ÖFFNET DER HAUSMEISTER SCHLIEßLICH DIE TÜR. IN DER WOHNUNG MACHEN DIE POLIZISTEN EINE ERSTAUNLICHE ENTDECKUNG. IN ALLEN ZIM-MERN BEFINDET SICH DIEBESGUT. IN EINEM RAUM ENTDECKEN SIE SCHLIEßLICH EINEN PAGAGEIEN, DER VERMUTLICH EBENFALLS GESTOHLEN WORDEN IST. DAS TIER IST GESCHWÄTZIG UND NENNT KURZ DARAUF STRAßE UND ORTSCHAFT, AUS DER ES STAMMT. BEI EINBRUCH DER DUNKELHEIT TREFFEN DANN AUCH DIE TÄTER EIN, DIE VON DEN POLIZISTEN SOGLEICH FESTGENOMMEN WER-DEN. DAS DIEBESGUT KANN DEN BESITZERN DANK DER GESCHWÄTZIGKEIT DES VOGELS SCHNELL ZURÜCKGEGEBEN WERDEN.

# Wenn Verben als Nomen gebraucht werden

**Bitte helfen Sie mit!**
Das unbedingte Einhalten
der Verhaltensregeln ist wichtig –
für Sie und die Tiere.

Beim Öffnen der Türen zum Streichelzoo
bitte vorsichtig sein! Unser Ziegenbock geht
gern auf Wanderschaft!

**Achtung!**
Das Streicheln der Tiere
ist nicht erlaubt!

Das Mitbringen
von Hunden
ist nicht gestattet!

**ACHTUNG!**
Es besteht Lebensgefahr
beim Übertreten
der Sicherheitslinie!

Das Fotografieren
mit dem Blitz ist verboten.
Die Augen der Eulen werden
geschädigt.

Das Füttern
der Affen
ist **verboten!**

**1** Auf den Schildern oben befinden sich
sieben Verben, die als Nomen gebraucht
werden. Lest dazu den Tipp.

**2** Schreibt die als Nomen gebrauchten Verben
mit ihren Signalwörtern heraus.

**TIPP**

**Auf Signalwörter für die Großschreibung achten**
Auch Verben können als Nomen gebraucht
werden. Die Großschreibung erfolgt nach
folgenden Signalwörtern:
– **der, die, das, des, dem, den:** *das Füttern;*
– **ein, eines, einem:**
   *ein Kommen und Gehen;*

– **mein, dein, sein, ihr, unser, euer, ihr**
   (besitzanzeigende Pronomen): *sein Lachen;*
– **am, beim, im, vom, zum:** *beim Fressen.*

**Achtung:** Zwischen einem als Nomen verwendeten Verb und seinem Artikel kann
ein Adjektiv treten: *das laute Schreien.*

## Das sollte man in der Schule nicht tun:

vom Nachbarn abschreiben

mit Papierkugeln werfen

im Schulhaus laut schreien

andere nicht ausreden lassen

im Treppenhaus rennen

mit dem Nachbarn schwätzen

im Unterricht essen

in der Klasse raufen

andere auslachen

Freunde verpetzen

**3** Auch in der Schule gibt es viele Regeln, die zu beachten sind. Formuliere mit den Ausdrücken oben solche Regeln:
*An unserer Schule ist das Rennen im Treppenhaus verboten.*

**4** **a)** Schreibe die Verse rechts in der richtigen Groß- und Kleinschreibung in dein Heft.
**b)** Ergänze noch weitere lustige Verse in der richtigen Groß- und Kleinschreibung.

**5** Übertrage die unten stehende Tabelle in dein Heft. Ordne die Beispiele richtig ein und ergänze die fehlenden Formen.

vom Schreiben

dein Lachen

ins Staunen

wiehern

das Krächzen

ein kräftiges Brüllen

beim Füttern

DAS LAUTE GURREN DIESER TAUBEN
WIRD MIR DIE LETZTEN NERVEN RAUBEN!

DAS SCHRILLE KREISCHEN DIESER AFFEN
MACHT MIR HEUTE SEHR ZU SCHAFFEN.

EIN LUSTIGES PENDELN MIT DEM RÜSSEL
ZEIGT MIR EIN RIESENELEFANT IN BRÜSSEL.

DAS LAUTE TROMPETEN DER ELEFANTEN
ERINNERT MICH AN MEINE TANTEN.

| Signalwörter für die Großschreibung | | | |
|---|---|---|---|
| Verb | Artikel | Pronomen | Präposition + Artikel |
| schreien | ein Schreien | sein Schreien | vom Schreien |
| ... | ... | ... | ... |

# Wenn **Adjektive** als **Nomen** gebraucht werden

**1** a) In der Einladung rechts gibt es neun Adjektive, die als Nomen gebraucht und daher großgeschrieben werden. Lest dazu den Tipp.

b) Sucht diese nominalisierten Adjektive.

c) Schreibt die nominalisierten Adjektive mit ihren Signalwörtern heraus.

**2** a) Schreibt die folgenden Sätze in richtiger Groß- und Kleinschreibung auf.

b) Vergleicht eure Lösungen.

c) Übt die Sätze zu zweit als Würfeldiktat.

 AUF ANNES GEBURTSTAG HABEN WIR VIEL INTERESSANTES ERLEBT.

 AM SPÄTEN NACHMITTAG KAM DAS BESTE: DER RITT AUF EINER KUH.

 NUR FÜR FABIAN WAR DIES WOHL NICHT GANZ DAS RICHTIGE.

 DAS LUSTIGE WAR NÄMLICH, DASS ER NICHT AUF DIE KUH, SONDERN AUF EINEN DANEBEN STEHENDEN BULLEN GESTIEGEN IST.

 ES WAR FÜR DAS TIER EIN LEICHTES, SICH LOSZUREISSEN UND FABIAN VON SEINEM RÜCKEN ZU BEFÖRDERN.

 WIR VERSUCHTEN SPÄTER, DIE SACHE INS LÄCHERLICHE ZU ZIEHEN, DOCH FABIAN KONNTE NICHTS WITZIGES DARAN FINDEN.

Liebe Lisa,

wie du ja weißt, feiern wir am Montag meinen Geburtstag. Ich habe mir hierfür etwas Tolles ausgedacht. Zunächst passiert nichts Besonderes, wir machen Spiele usw. Aber dann kommt das Beste: Gegen 17.00 Uhr unternehmen wir eine Fahrt ins Grüne. Auf einem Bauernhof werden wir auf einer Kuh reiten. Hast du schon einmal auf einer Party etwas Aufregenderes erlebt? Das Tier gehört einem Bekannten meiner Eltern. Die Kuh ist ganz artig. Ich habe das Tier in den letzten Wochen schon dressiert. Zieh dir also bitte nichts Neues an. Ich hoffe, du bist dir darüber im Klaren, dass auch deine Seidenblusen und Röcke unpassend sind.

Bis bald und alles Gute,
deine Anne

**TIPP**

**Auf Signalwörter für die Großschreibung achten**

Adjektive können auch als Nomen gebraucht werden: das Beste, im Allgemeinen.

Die Großschreibung erfolgt nach folgenden Signalwörtern:
– der, die, das, ein, eine;
– etwas, viel, manches, wenig, nichts, alles.

**Achtung:** Die Höchststufe des Adjektivs wird immer kleingeschrieben: am besten, am schönsten.

**Das war der Western im Fernseh'n gestern**
Der SCHÖNE mit Hut war GUT.
Der HÄSSLICHE war der BÖSE.
Er ballerte FEIGE von hinten
drei Farmer um.
Von den TÜCHTIGEN Cowboys
kümmerte sich gleich einer drum.
Er fetzte rasant hinter dem BÖSEN her,
sein ARMES Reittier schwitzte sehr.
Dann ging's rund:
Der GUTE und der BÖSE Mann
starrten sich lange, lange an.
Das GERECHTE hat am Ende gesiegt.
Der GUTE hat Mary Lou zur Frau gekriegt.

**3** Schreibe den Text oben in richtiger Groß- und Kleinschreibung auf.

**4 a)** Im Text unten befinden sich als Nomen gebrauchte Adjektive und Verben. Finde sie heraus und schreibe sie getrennt voneinander auf.
**b)** Diktiert euch die Sätze als Partnerdiktat.

**5** Schreibe den folgenden Witz in richtiger Groß- und Kleinschreibung auf.

**Der Vogelimitator**
EIN JUNGER ARTIST BEWIRBT SICH BEI EINEM BEKANNTEN ZIRKUS. „MIT MIR ERLEBEN DIE ZUSCHAUER ETWAS EINMALIGES", SCHWÄRMT DER MANN, „ICH BIN NÄMLICH VOGELIMITA-TOR. DAS IST DOCH SICHERLICH ETWAS NEUES FÜR IHREN ZIRKUS!"
„JUNGER MANN", ERKLÄRT DARAUFHIN DER GELANGWEILTE DIREKTOR, „DAMIT LOCKT MAN HEUTZUTAGE NIEMANDEN MEHR IN DEN ZIRKUS. VOGELIMITATOREN GIBT ES DOCH WIE SAND AM MEER. DA MÜSSEN SIE SICH ETWAS BESSERES EIN-FALLEN LASSEN."
„SCHADE", MEINT DER ENTTÄUSCHTE ARTIST, BREITET SEINE ARME AUS UND FLIEGT DAVON.

**Zirkus Rankolli lädt ein!**
WIR BRINGEN EUCH ZUM STAUNEN. BEI UNS KÖNNT IHR ETWAS TOLLES ERLEBEN. DIE TRAPEZNUMMER WIRD EUCH INS SCHWIT-ZEN BRINGEN! DAS TOLLSTE ABER IST UNSER CLOWN OTTO! IHR WERDET AUS DEM LACHEN NICHT WIEDER HERAUSKOMMEN! ALLERDINGS GIBT ES AUCH ETWAS UNANGE-NEHMES ZU BERICHTEN, WAS EUCH HOF-FENTLICH NICHT INS GRÜBELN BRINGT: *UNSERE KASSE IST FAST LEER, DRUM ZAHLT UNS ARMEN BITTE ETWAS MEHR!*

# Ausdrücke aus Nomen und Verb

Unsere Hobbys:
- Meerschweinchen lesen
- Fußball züchten
- Rad hören
- Kuchen spielen
- Musik fahren
- Comics spielen
- Gameboy backen

**1** **a)** Schaut euch die Liste der Hobbys an.
Wie muss es richtig heißen?
**b)** Legt euch folgende Tabelle an
und schreibt die Ausdrücke
in die entsprechenden Spalten.

| Nomen | Verb |
|-------|------|
| Kuchen | backen |

**c)** Ergänzt diese Tabelle durch weitere
Hobbys.

> Morgen werde ich einen <u>Kuchen backen</u>.
> Das <u>Kuchenbacken</u> ist nämlich
> ein besonderes Hobby von mir.

**2** **a)** Erklärt die Schreibweise der oben unterstrichenen Ausdrücke. Lest dazu die Info.
**b)** Bildet fünf Sätze mit Ausdrücken aus eurer
Tabelle, in denen diese Ausdrücke zusammengeschrieben werden müssen.

**3** Schreibt die Sätze ab. Überlegt genau,
wie ihr schreiben müsst.

1. Für unser Fest müssen wir noch eine
   Einladung/schreiben.
2. Wir suchen noch jemanden für das
   Plakate/malen.
3. Zum Kuchen/verkaufen haben sich
   Ben und Ayse gemeldet.
4. Heute müssen wir den Hausmeister/
   informieren.
5. Wollen wir auch die Presse/einladen?

### INFO

**Ausdrücke aus Nomen und Verb**
Die meisten Ausdrücke aus Nomen und
Verb schreibt man getrennt:
*Musik hören, Auto fahren.*
Werden diese Ausdrücke als Nomen
gebraucht, schreibt man sie zusammen:
*Das <u>Musikhören</u> ist beim <u>Autofahren</u>
angenehm.*

# Ausdrücke aus Verb und Verb

**Lieber Wanderer!**
Halten Sie sich bitte an folgende Hinweise:
1. Sie sollten nur auf markierten Wegen
   spazieren gehen.
2. Bitte alle Blumen stehen lassen,
   damit sie sich vermehren können.
3. Sie sollten keine Abfälle liegen lassen.

Nur so kann die Natur erhalten bleiben.
Auch zukünftige Generationen werden
dann die Reize der Bergwelt kennen lernen
und lieben lernen.

**1** **a)** Lies die Regeln aufmerksam durch.
Worauf sollte ein Wanderer achten?
**b)** In dem Text ist ein Ausdruck unterstrichen.
Zu welcher Wortart gehören die beiden Teile
des unterstrichenen Ausdruckes?
**c)** Im Text sind noch sechs weitere Ausdrücke
dieser Art enthalten.
Schreibt sie wie unten in einer Tabelle auf.

| Verb | Verb |
| --- | --- |
| spazieren | gehen |
| stehen | ? |

**2** Welche zusammengesetzten Ausdrücke könnt
ihr mit folgenden Verben bilden?

Das <u>Spazierengehen</u> ist nur
auf markierten Wegen erlaubt.

**3** **a)** Erklärt die Schreibweise
des unterstrichenen Ausdrucks.
Lest dazu die Info.
**b)** Bildet fünf Sätze mit Ausdrücken aus der
Aufgabe 1 und 2, in denen die Ausdrücke
zusammengeschrieben werden müssen:
*Dieses Fest dient dem Kennenlernen.*

**4** Getrennt oder zusammen?
Schreibe den Text richtig in dein Heft.
Beachte die Info auf dieser Seite
und auf Seite 191.

**Sportliches Verhalten**
Viele Jugendliche lieben das Mountain-
bike/fahren in den Bergen und finden das
Spazieren/gehen langweilig. Für alle steht
jedoch das Natur/erleben im Vordergrund.
Sich in der freien Natur zu bewegen ist
gesünder als sich zu Hause hängen/zu/lassen.
Alle sollten beim Brotzeit/machen daran
denken, dass man seinen Müll nicht lie-
gen/lässt. Man sollte auch in den Bergen auf
Schwächere Rücksicht/nehmen.

**INFO**

**Ausdrücke aus Verb und Verb**
Ausdrücke, die aus zwei Verben
bestehen, schreibt man getrennt:
*liegen lassen, stehen bleiben.*
Werden diese Ausdrücke als Nomen
gebraucht, schreibt man sie zusammen
und groß: *das Liegenlassen.*

# Die Schreibung von **das**

**3** **a)** Schreibe die Sätze unten auf
und ergänze in den Lücken *das*.
**b)** Unterstreiche in den Sätzen *das*,
wenn es als Artikel gebraucht wird.
**c)** In welchen Sätzen ist *das* ein Fürwort?
Zeichne in deinen aufgeschriebenen Sätzen
einen Pfeil vom Fürwort zum Nomen.

1. Kannst du dir Folgendes vorstellen?
   Es soll ein Hotel geben, ☆ nur aus
   Schnee und Eis besteht.
2. ☆ größte Puzzle ist 5050 m² groß
   und besteht aus 54 756 Teilen.
3. ☆ Inlineskaten, ☆ ein großes
   Hobby von vielen Jugendlichen ist,
   soll ca. 300 Jahre alt sein.
4. Das Nagetier, ☆ ☆ höchste Alter
   erreicht haben soll, ist ein Sumatra-
   Stachelschwein. Es wurde 27 Jahre
   und 3 Monate alt.

**Das goldene Tor**

Das Handballspiel zwischen Lehrermannschaft
und Schülermannschaft, das wie immer zum
Schuljahresende stattfand, war auch in diesem Jahr kaum an Spannung zu überbieten.
5 Lange Zeit war das Lehrerteam in Führung.
Das gefiel uns natürlich gar nicht. Das ent-
scheidende Tor, das erst in der Schlussminute
fiel, war jedoch ein Tor für die Schüler. Das
hat die Lehrer ganz schön geärgert.

**1** Schreibt alle Nomen heraus,
die das Wörtchen *das* als Artikel haben.

**2** **a)** Das Wort *das* kann auch ein Fürwort
(Relativpronomen) sein. In diesem Fall kann
man *das* durch *welches* ersetzen.
Lest dazu den Tipp.
**b)** Schreibt aus dem Text „Das goldene Tor"
alle Sätze heraus, in denen *das*
durch *welches* ersetzt werden kann.
**c)** Zeichnet einen Pfeil vom *das* zu dem
Nomen, auf das es sich bezieht.
**d)** In zwei Fällen müsst ihr die Ersatzprobe
mit *dies* durchführen. Nennt die Beispiele.

**TIPP**

**Ersatzprobe**
Wenn du das Wort *das* durch *welches*
oder *dies* ersetzen kannst, schreibst du
*das*: Gib mir das Spiel, das (welches)
ich dir geliehen habe, wieder zurück.
Aber das (dies) kann doch nicht wahr
sein!
Das (dies) ist ja unverschämt!

# Die Schreibung von dass

Wusstest du, dass das bisher größte funktionierende Telefon in der Schweiz hergestellt wurde und 3,95 m hoch, 6,60 m breit und 8,80 m lang ist?

**1** Versucht beim Wort *dass* die Ersatzprobe mit *dies* oder *welches* durchzuführen. Was stellt ihr fest?

**2** **a)** Das Wort *dass* steht häufig nach bestimmten Verben. Lest dazu die Info.
**b)** Setzt in den folgenden Sätzen beim ersten Sternchen ein passendes Verb und beim zweiten Sternchen die Konjunktion *dass* ein.

1. Ich ☆, ☆ wir auch im nächsten Jahr das Handballspiel gewinnen.
2. Die Lehrer ☆ aber, ☆ sie dann kein Team mehr zusammenbekommen.
3. Die meisten ☆, ☆ bei einer anderen Sportart mehr Schülerinnen und Schüler mitmachen würden.
4. Wir ☆ uns, ☆ dieses Thema erst jetzt zur Sprache gebracht wird.
5. Ich würde ☆, ☆ wir im nächsten Jahr Volleyball spielen.
6. Vorher ☆ ich jedoch, ☆ wir eine Umfrage machen.

**3** Im folgenden Text musst du entscheiden, ob *das* oder *dass* in die Lücken kommt. Schreibe den Text auf und setze fünfmal *dass* und viermal *das* richtig ein.

### Fahrbarer Fußball

Sicherlich hast du schon häufig davon gehört, ☆ Menschen heutzutage die merkwürdigsten Dinge erfinden. Vielleicht ist dir auch ☆ folgende Beispiel bekannt. Vor
5 einigen Jahren wurde nämlich ein neues Fahrzeug erbaut, ☆ die Herzen vieler Fußballfans höher schlagen ließ. So freuten sich Kickerfreunde, ☆ es erstmals einen fahrbaren Fußball gab. Zunächst glaubte
10 zwar niemand, ☆ ☆ Gefährt überhaupt funktionieren würde. Daher wunderte man sich umso mehr, ☆ ☆ Fahrzeug sogar bis zu elf Personen befördern konnte. Allerdings gefiel es Vereinen und Mannschaften
15 doch nicht so gut, ☆ es sich als Beförderungsmittel langfristig durchsetzte.

### INFO

**Die Konjunktion dass**
Das Wort *dass* leitet einen Nebensatz ein und kann nicht durch *welches* oder *dies* ersetzt werden. Im Hauptsatz stehen folgende Signalverben:

| | | |
|---|---|---|
| hören | glauben | sich wundern |
| sagen | wissen | befürchten |
| hoffen | fühlen | behaupten |
| sehen | schreiben | wünschen |
| merken | finden | sich freuen |

Der durch *dass* eingeleitete Nebensatz kann nicht weggelassen werden.

## Wörter mit **h** nach langem Vokal

| | | | |
|---|---|---|---|
| nehmen | Fehler | kühl | dehnen |
| wahr | fröhlich | wählen | bohren |
| wohl | gefährlich | Ehre | wählen |
| berühmt | wühlen | allmählich | stehlen |
| wahrscheinlich | Diebstahl | Lehrerin | ehrlich |
| ehrlich | Weihnachten | Fahrrad | ähnlich |
| wohnen | erzählen | Draht | Ohr |
| stehlen | befehlen | während | ihm |
| jährlich | Fahne | prahlen | ihn |
| belohnen | fahren | hohl | ihr |
| führen | Sahne | Frühstück | gewöhnen |
| mehr | empfehlen | Lehrer | umkehren |
| Vieh | ungefähr | berühren | zahlen |
| Uhr | Gefahr | ahnen | |
| Verkehr | | | |

**1** Wählt euch eine der Spalten aus und ordnet die Wörter in alphabetischer Reihenfolge.

**2** Führt mit den Wörtern aus der Wörterliste ein Schnipseldiktat durch:
- Bildet dazu kleine Gruppen (höchstens fünf Schüler oder Schülerinnen).
- Jeder in der Gruppe schreibt je drei Wörter auf einen Zettel oder Schnipsel und legt diesen umgedreht in die Mitte des Gruppentisches. Nummeriert die Schnipsel durch.
- Zieht einen Schnipsel, merkt euch die Wörter, legt den Schnipsel umgedreht zurück und schreibt die Wörter auf.
- Notiert euch die dazugehörige Nummer des Schnipsels.
- Korrigiert am Ende eure Wörter gegenseitig.

### INFO

**Merkwörter**

Eine Reihe von Wörtern haben Rechtschreibbesonderheiten, die man sich merken muss. Das gilt auch für alle Wörter mit einem *h* nach einem lang gesprochenen Vokal (Mitlaut). Wörter der gleichen Wortfamilie werden ebenfalls mit *h* geschrieben:
*stahl – stehlen, der Diebstahl*.

**3** **a)** Übt die folgenden Sätze im Würfeldiktat.

Wir fahren durch das Hinterland,
Verkehr ist dort fast unbekannt.

Auf Kuchen passt am besten Sahne,
beim Fußball schwenken wir die Fahne.

Wir wohnen in einer schönen Stadt,
die jährlich viele Wahlen hat.

Man kann Schülern nur empfehlen,
im Unterricht nicht oft zu fehlen.

Diebstahl, ja, das ist gefährlich,
da bleiben wir doch lieber ehrlich!

Sollen wir die Fehler zählen
oder lieber etwas Neues wählen?

**b)** Bildet mit den Wörtern aus der Wörterliste
von Seite 195 selbst lustige Sätze.

**4** Wer schafft es, mit möglichst vielen Wörtern
aus der Wörterliste von Seite 195 den längsten
sinnvollen Satz zu bilden? Der Klassensieger
darf seinen Satz der Klasse diktieren.

**5** **a)** Bilde zu den folgenden Wörtern
Wortfamilien:
fahren, wohnen, zählen, lehren, fühlen.

**b)** Überlege dir zu jeder Wortfamilie
ein passendes Bild und schreibe
deine Wörter dann hinein.

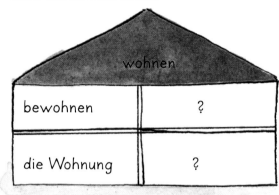

**6** Würfele zu jedem Wort im Glücksrad
ein Personalpronomen. Bilde dann
dazu die entsprechende gebeugte Form
des Verbs und gebrauche sie in einem sinnvollen Satz: *er steht – Er steht im Regen.*

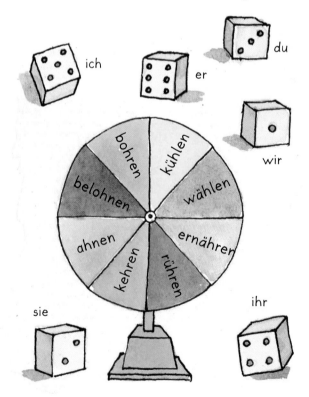

# Wörter mit aa, oo, ee oder ai

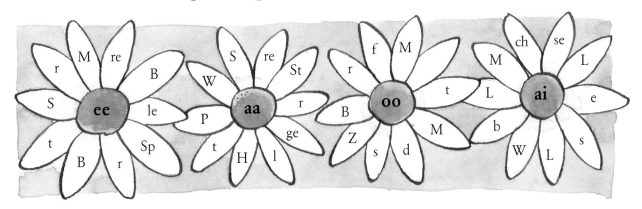

**1** a) Welche Wörter erkennt ihr in den Blüten? Schreibt alle Wörter mit Doppelvokal auf. Lest dazu die Info.

b) Sprecht über die Bedeutung der Wörter mit *ai*. Informiert euch gegebenenfalls im Wörterbuch über die Wortbedeutung.

c) Bildet mit den Wörtern aus den Blüten lustige Sätze. Bemüht euch, möglichst viele Wörter mit Doppelvokal in euren Sätzen unterzubringen.

**2** a) Stellt die Buchstaben richtig und schreibt die Wörter auf.

b) Erfindet selbst Buchstabenrätsel. Schreibt sie auf eine Folie und zeigt sie mit dem Tageslichtprojektor.

FAFEKE
(heißes Getränk)

LEKE
(Pflanze)

AMIN
(Fluss)

NESECH
(weiß und kalt)

ACEHAN
(Stadt in Deutschland)

RKISAE
(herrschten früher in Deutschland)

**3** Stelle die Wörter richtig und schreibe die Sätze ins Heft.

1. Deine DEEIN sind immer so schön.
2. Im BLUMENTEEB waren ein RAAP Schnecken am Werk.
3. ROOM kann ziemlich gefährlich sein.
4. TESAIN braucht jede Geige.
5. ALAE zählen unter Kennern zu den ausgesprochenen Delikatessen.
6. Aus HimREBEblättern kann man einen leckeren ETE zubereiten.
7. Nur in Märchen gibt es Zauberer und NEFE.
8. Hilfe, mein Kopf ist so ELRE.

**INFO**

**Wörter mit *aa, ee, oo* und *ai***
In seltenen Fällen wird der lang gesprochene Vokal mit einem Doppelvokal geschrieben. Diese Wörter solltest du dir einprägen.
Es gibt nur wenige Wörter, bei denen der (ei)-Laut mit *ai* geschrieben wird, z.B. *die Maid, der Hai*. Auch diese Wörter musst du dir merken.

# Wörter mit lang gesprochenem i ohne Kennzeichen

**4 a)** In dem folgenden Text stehen mehrere Wörter mit der gleichen Rechtschreibbesonderheit. Um welche handelt es sich?

> **Immer diese Regine!**
> Sie versteckt sich hinter der Gardine oder neben der Kabine in der Kantine. Neulich war sie in einer Ruine. Heimlich futtert sie Rosinen, Pralinen, Mandarinen und sogar Sardinen. Selbst Margarine frisst sie.

**1 a)** Lest euch in Partnerarbeit die Wörter oben laut und deutlich vor.
**b)** Welche Besonderheit fällt euch auf? Lest dazu die Info.

**b)** Schreibt die Wörter auf *ine* heraus.
**c)** Sucht weitere Wörter auf *ine* und ergänzt eure Liste.

**2** In dem Wörtersuchspiel unten findet ihr 16 Wörter mit *i* (Copy 26). Schreibt die Wörter ins Heft.

**5** Übt die folgenden Sätze im Partnerdiktat (siehe Seite 216).

| F | Q | R | C | T | X | P | Y | M | N | A | S | M |
|---|---|---|---|---|---|---|---|---|---|---|---|---|
| A | W | U | K | A | D | E | L | F | I | N | X | C |
| B | I | A | L | Q | I | T | K | I | L | O | Q | D |
| R | R | M | I | R | R | E | F | B | Q | U | C | B |
| I | F | K | N | D | A | R | M | E | P | S | T | H |
| K | D | A | I | Q | F | S | J | L | P | M | O | V |
| B | M | O | K | A | N | I | N | C | H | E | N | K |
| E | A | X | N | B | O | L | Q | X | R | D | M | T |
| V | Y | U | F | T | V | I | D | E | O | I | Q | L |
| B | I | B | E | L | S | E | Q | M | X | Z | M | F |
| X | O | L | F | R | B | D | C | K | L | I | M | A |
| C | J | P | T | V | U | E | S | S | M | N | G | B |
| B | Z | K | R | O | K | O | D | I | L | R | D | P |

1. Wollen wir ins Kino gehen? Es gibt „Der weiße Tiger".
2. Ist das auch kein Vampir-Film? Solche Filme finde ich widerlich.
3. Ich bringe noch meine Kusine mit. Sie heißt Sabine.
4. Nimmst du ein paar Rosinen zum Naschen mit?
5. Ich habe nur Apfelsinendrops und eine paar Pralinen.

**3** Bildet mit den Wörtern aus der Abbildung und aus dem Wörtersuchspiel lustige Sätze: *Ein Krokodil am Nil hat die Krise.*

**INFO**

**Wörter mit *i***
Die meisten Wörter mit einem lang gesprochen *i* schreibt man *ie* (siehe Seite 176). Einige Wörter werden nur mit *i* geschrieben. Du musst sie dir merken.

# Wörter mit ß

1. Morgen findet bei uns ein großes Fest statt.
2. Die Vereine werden in einem Umzug durch die Straßen ziehen.
2. Auf dem Festplatz gibt es Scooter und Schießbuden.
3. Leider ist das Wetter scheußlich.
4. Der Regen will nicht abreißen.
5. Trotzdem werden wir hingehen, wir sind ja schließlich nicht aus Zucker.
6. Außerdem kann man ja auch einen Anorak anziehen.
7. Wir werden viel Spaß haben.

**1**
a) In jedem Satz oben gibt es ein Wort mit ß. Lest dazu die Info.
b) Legt euch folgende Tabelle an. Tragt die Wörter mit ß in die richtige Spalte ein.

| langer Vokal | Doppellaut |
|---|---|
| groß | Schießbuden |

**2**
a) Sucht in den Versen unten alle Wörter mit ß und tragt sie in die Tabelle ein.
b) Übt diese Sätze als Dosendiktat (siehe Seite 216).

Schlechtes Wetter kann uns nicht verdrießen,
wir werden doch das Fest genießen.

Ist das Wetter richtig heiß,
fließt im Gesicht der Schweiß.

Meine Oma strickt äußerst fleißig
Mützen für die Tombola: ganze dreißig.

Unser Festangebot ganz groß:
Spießbraten mit Kraut und Kloß.

Bei fetter Bratwurst jeder weiß,
man vorsichtig in dieselbe beißt.

**INFO**

**Wörter mit ß**
Nach einem lang gesprochenen Vokal (Selbstlaut) oder nach einem Doppellaut (*au, äu, ei, eu, ie*) folgt häufig ein ß:
*Spaß, spaßig, Fleiß, fleißig.*
Das ß steht auch in allen Wörtern der gleichen Wortfamilie, wenn der Vokal lang ist.
Wörter mit ß musst du dir merken.

das Metermaß
fleißig
grüßen
der Stoß
zuckersüß
heiß
der Blumenstrauß
der Grießpudding
das Eiweiß
äußerlich

abstoßend
schneeweiß
spießig
mäßig
der Schweiß
spaßig
die Grüße
das Floß
vergrößern
der Fleiß

das Gefäß
der Freistoß
heiß
der Spieß
außerdem
scheußlich
der Ruß
dreißig
die Süßigkeit
großzügig

heißen
außen
der Schoß
schließlich
die Soße
draußen
spaßig
bloß
die Straße
die Füße

**3** a) Lege in deinem Heft eine Tabelle an und trage die Wörter von oben ein.
Unterstreiche den langgesprochenen Vokal oder den Doppellaut und das ß.

a/ä:    das Metermaß, mäßig …
o/ö:
u/ü:
au/äu:
ei:
ie:
eu:

b) Entwickle mit den Wörtern lustige Sätze und diktiere sie deinem Partner:
*Mit bloßen Füßen lief er über den heißen, schneeweißen Sand.*

**TIPP**

**Aufpassen, wenn der Wortstamm sich ändert**
In der gleichen Wortfamilie kann sich die Schreibweise ändern, wenn bei bestimmten Wortformen der Vokal kurzgesprochen wird:
*schießen – schoss – hat geschossen
der Schuss – die Schießbude.*

**4** In dem folgenden Suchspiel findest du zwölf Verben. Schreibe sie heraus.

| a | x | r | b | r | f | d | a | g | k | j | c | a |
|---|---|---|---|---|---|---|---|---|---|---|---|---|
| d | b | e | s | c | h | l | i | e | ß | t | x | f |
| p | o | i | c | q | ß | a | o | n | o | g | d | h |
| g | f | ß | u | w | c | x | t | i | d | p | c | v |
| v | m | t | a | e | g | ß | s | e | m | x | b | e |
| e | s | c | f | i | f | r | a | ß | i | r | h | r |
| r | o | d | x | ß | v | u | h | t | c | m | r | l |
| g | l | u | e | p | q | s | o | u | x | ß | f | i |
| a | ß | ß | n | h | l | p | g | o | g | u | c | e |
| ß | a | r | f | l | i | e | ß | t | k | r | h | ß |
| m | v | a | h | d | e | d | a | u | x | ß | x | n |
| k | j | i | c | g | ß | y | x | c | r | i | n | i |
| a | d | b | l | f | a | g | s | t | a | c | x | v |
| ß | g | i | e | ß | t | o | g | m | a | ß | m | ß |

**5** Lege folgende Tabelle an.
Ergänze zu allen Wörtern von Aufgabe 4 die geforderten Verbformen.
Schlage im Wörterbuch nach, wenn du unsicher bist.

| 3. Pers. Präsens | 3. Pers. Präteritum | 3. Pers. Perfekt |
|---|---|---|
| er isst | er aß | er hat gegessen |
| ? | er ließ | ? |

# Wörter mit S

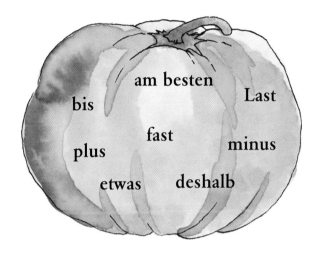

am besten
bis
Last
fast
minus
plus
etwas
deshalb

Kürbis
Ergebnis
Zirkus
Bambus
Luxus
Atlas
Radius
Dosis

Omnibus
Ananas
Tennis
Spiritus
Globus
Ereignis
Wildnis
Verzeichnis

**1** a) Vielleicht habt ihr die Wörter im Kürbis auch schon falsch geschrieben. Lest die Info.

b) Bildet Sätze, in denen möglichst viele Wörter aus dem Kürbis vorkommen:
*Bis gestern versuchte sie, etwas daraus zu machen.*

**2** Bildet aus den folgenden Verben Nomen im Singular und im Plural:
*erkennen – die Erkenntnis, die Erkenntnisse.*

> erkennen – verhalten – versäumen – wagen
> ergeben – ärgern – ereignen – erlauben

**3** a) Sortiere die Wörter aus den Ananas nach ihren Endungen und schreibe sie auf:

| as | is | us |
|----|-----|-----|
| ... | Kürbis | ... |

b) Setze die Wörter, wenn es möglich ist, in den Plural. Überprüfe die Pluralformen mithilfe des Wörterbuches.

c) Schreibe fünf Wörter in Geheimschrift.

Ergebnis • • • • • • • •

d) Versuche mit den Wörtern einige Zungenbrecher zu erfinden:
*Ein kühler Kürbis kühlt kluge Köpfe.*

### INFO

**Merkwörter mit *s***
Nach einem kurz gesprochenem Vokal folgt eigentlich *ss* (siehe Seite 180).
Die Wörter oben sind Ausnahmen.
Du musst sie dir merken.
Achtung: Bei Wörtern mit der Endung *nis* wird der Plural *nisse* geschrieben:
*das Ereignis, die Ereignisse.*

# Mit der **Lerntheke** Merkwörter üben

**1** **a)** Sprecht darüber, was die Schüler auf dem Bild machen.
**b)** Lest die Info und den Tipp und sprecht darüber.
**c)** Auf diesen beiden Seiten findet ihr Listen mit Merkwörtern.
Auf Seite 204 findet ihr Aufgabenstellungen, wie ihr mit diesen Wörterlisten üben könnt.
Welche zwei Aufgaben können mit dem Text zu der Liste rechts bearbeitet werden?
**d)** Übt mit der Lerntheke Merkwörter.
Ihr könnt dazu Copy 27 und die Wörterlisten auf den Seiten 195 bis 201 verwenden.
Lest dazu den Tipp auf Seite 203.

**INFO**

**Lerntheke**
Die Lerntheke ist für Freiarbeitstunden gedacht. Sie enthält mehrere Kästen oder Ordner mit Wörterlisten und Arbeitstexten. Du entscheidest selbst, welchen Aufgaben du bearbeiten willst.

**Merkwörter mit *v***

| | |
|---|---|
| November | Vers |
| Volleyball | Villa |
| vielleicht | Ventil |
| voll | Vokabeln |
| brav | Advent |
| vor | Pullover |
| vom | Vulkan |

Ergänze Wörter aus deiner Fehlerkartei:

_____ ☆    ☆    ☆ _____

_____ ☆    ☆    ☆ _____

1. Jetzt ist es schon November.
2. Im Advent werden wir vielleicht an einem Volleyballturnier teilnehmen.
3. In der Halle müssen wir nicht im Pullover spielen.
4. Vor der Villa treffen wir uns.
5. Zum Glück müssen wir keine braven Verse aufsagen oder englische Vokabeln auswendig lernen.
6. Der Vesuv ist ein Vulkan.

## Merkwörter mit *Ver/ver*

| | | |
|---|---|---|
| Verkehr | Versuch | verlieren |
| Versteck | Verlosung | verstehen |
| Vertrauen | Verspätung | vertauschen |

## Merkwörter mit *Vor/vor*

| | |
|---|---|
| Vorschrift | vorsagen |
| Vorfahrt | vorrechnen |
| Vorwurf | vorturnen |
| Vorschlag | vorsingen |
| Vorhang | vorzeigen |
| Vorsicht | vorsehen |
| Vortrag | vorhaben |

## Merkwörter mit *chs*

| | | |
|---|---|---|
| Fuchs | wachsen | wechseln |
| sechs | Dachs | Lachs |
| Luchs | Achse | nächste |

## Merkwörter mit kurz gesprochenem Vokal und nur einem Konsonanten

| | | | | |
|---|---|---|---|---|
| bis | ob | zum | mit | man |
| in | plus | hin | von | was |
| drin | um | bin | hat | |

## Merkwörter mit *C*

| | | |
|---|---|---|
| Cent | Christbaum | Computer |
| Clown | Christ | Cowboy |
| Cola | | |

## Merkwörter mit *ä* und *äu*

Bei diesen Wörtern ist die Ableitung des *ä/äu* schwierig oder nicht möglich.

| | | |
|---|---|---|
| Mädchen | Ärger | Säge |
| Ähre | März | Lärm |
| Käfig | erzählen | Träne |
| ungefähr | während | spät |
| Käse | mähen | erwähnen |
| Dämmerung | abwärts | Kapitän |
| Säule | Känguru | versäumen |
| Knäuel | sich sträuben | sich räuspern |

## Merkwörter mit *x*

| | | |
|---|---|---|
| Hexe | Taxi | Text |
| boxen | Axt | kraxeln |
| explodieren | fix | mixen |
| Lexikon | Nixe | extra |

**TIPP**

**Das brauchst du für die Lerntheke:**
1. Notizblock oder Heft für Freiarbeit
2. Rechtschreibkartei oder Übersichtsblatt mit deinen Fehlerschwerpunkten
3. Wörterlisten zu den Merkwörtern und Arbeitstext (wenn nötig).

**So kannst du arbeiten:**
1. Prüfe mit deiner Rechtschreibkartei, welche Wörter dir schwer fallen.
2. Wähle dann die entsprechende Wörterliste zum Üben aus.
3. Nimm dir in einer Freiarbeitseinheit nur eine Rechtschreibschwierigkeit vor. Drei Aufgaben solltest du in jedem Fall schaffen.

# Arbeitsvorschläge für die Lerntheke

**So kannst du alleine üben:**

1. Ergänze die Wörterliste durch Wörter aus deiner eigenen Fehlerkartei. Kennzeichne die schwierige Stelle farbig.

2. Wähle zehn Wörter aus der Liste aus. Schreibe sie richtig ab und kennzeichne die schwierige Stelle farbig.

3. Wähle zehn Wörter aus, ordne sie nach dem Alphabet und schreibe sie auf.

4. Versuche, dir möglichst viele Wörter auswendig zu merken und schreibe sie aus dem Gedächtnis auf.

5. Wähle fünf verschiedene Wörter aus, die sich gut zeichnen lassen. Zeichne jedes Bild auf eine Karte. Schreibe den Begriff richtig auf die Rückseite. Lege die Karten beiseite und mache eine andere Übung. Schreibe anschließend zu den Bildern die Wörter auf und überprüfe die Schreibweise.

6. Suche zu fünf Wörtern Reimwörter mit derselben Rechtschreibschwierigkeit. Überprüfe die Schreibweise der gereimten Wörter mit dem Wörterbuch.

7. Schreibe zu fünf Wörtern Wortfamilien (Nomen, Verb, Adjektiv) auf.

8. Schreibe aus der Wörterliste alle Adjektive aus und steigere sie.

9. Suche alle Verben heraus und setze sie in die 2. Person Präsens und Präteritum. Schreibe so: *fahren – du fährst – du fuhrst.*

10. Suche alle Nomen heraus und setze sie mit dem passenden Begleiter in die Singular- und Pluralform.

11. Schreibe den vorliegenden Text ab und überprüfe anschließend dein Ergebnis.

**So kannst du mit dem Partner üben:**

1. Lass dir die Wörterliste mit deinen Fehlerwörtern von einem Partner diktieren. Überprüfe die richtige Schreibung.

2. Schreibe mit möglichst vielen Wörtern aus der Wörterliste einen Text, der mindestens aus vier Sätzen besteht. Überprüfe selbst mithilfe des Wörterbuchs den Text und lass ihn anschließend vom Partner korrigieren.

3. Schreibe den vorliegenden Text einmal ab und unterstreiche die Merkstellen. Lass ihn dir anschließend diktieren.

# Fremdwörter **richtig** schreiben

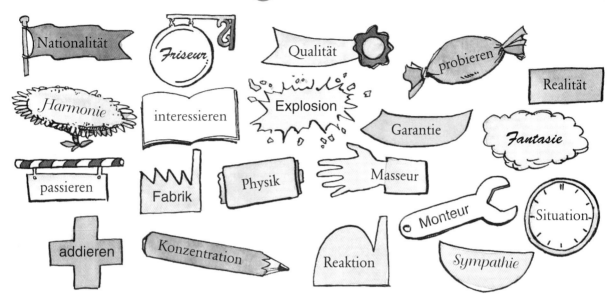

**1** **a)** Erkläre die Bedeutung dieser Fremdwörter. Das Wörterbuch hilft dir dabei und gibt dir auch Auskunft darüber, aus welcher Sprache die Wörter stammen.

**b)** Schreibe die Fremdwörter getrennt nach Groß- und Kleinschreibung auf.

**c)** Unterstreiche die Endungen. Bei welcher Endung wird das Fremdwort groß-, bei welcher kleingeschrieben?

**d)** Übt zu zweit die Fremdwörter im Partnerdiktat.

### INFO

**Fremdwörter**

In unserer Sprache gibt es auch Wörter aus anderen Sprachen. Diese Wörter bezeichnen wir als **Fremdwörter**.

Fremdwörter erkennt man häufig an bestimmten Wortbausteinen, die in den verschiedenen Fremdwörtern immer gleich geschrieben werden. Diese Bausteine musst du dir merken.

**2** **a)** Ordne die Wörter aus der Wörterliste unten nach den folgenden Wortbausteinen: *Re-/re-, Ex-/ex-, Inter-/inter-, Kon-/kon-; -iv, -ell, -eur, -ieren, -ion, -ik, -tät, -ie.*

**b)** Versuche Regeln für die Groß- und Kleinschreibung zu formulieren.

reparieren   Internist   Explosion
international   konzentrieren
interpretieren   Konsum   Dativ
Kontakt   naiv   sensationell
Adjektiv   Modell   Masseur
Friseur   generell   Monteur
operieren   Report   addieren
Mission   konjugieren   Grafik
Multiplikation   Republik   Experte
Mosaik   Grammatik   Realität
Sensation   Qualität   Nationalität
Fantasie   aktiv   Harmonie
exakt   Pharmazie
Reaktion   Interesse

Haltestelle
Berichterstattung
Rechenaufgabe mit „+"
Auskunft, Nachricht
besonderes Ereignis
Schande, peinliche Bloßstellung
Unterstellraum für Autos
chirurgischer Eingriff

**3** Viele Fremdwörter enden auf
*-age* oder *-ion*.
**a)** Löse das Rätsel auf der Tafel rechts.
**b)** Wie lautet das Lösungswort?

**4** Aus Wörtern mit den Endungen
*-age, -ion* und *-ie* kann man Verben
bilden, indem man *-ieren* anhängt.
Ergänze die Tabelle.

| Nomen | Verben |
|---|---|
| ☆ | reagieren |
| Blamage | ☆ |
| ☆ | theoretisieren |
| Motiv | ☆ |
| Subtraktion | ☆ |

**5** In einer Reihe von Fremdwörtern
wird der (f)-Laut mit *ph* geschrieben:
*Phase, Philosophie, Physik, Phänomen,
Phantom, Atmosphäre, Katastrophe.*
**a)** Erkläre die Bedeutung der Wörter.
Überprüfe sie mit dem Wörterbuch.
**b)** Häufig kannst du Wörter mit den
Wortbausteinen *-phon-, -photo-, -graph-*
auch mit f schreiben. Schlage im Wörterbuch
nach, bei welchen der folgenden Wörter dies
möglich ist: *Mikrophon, Geographie,
Photographie, Graphik, Orthographie.*

**6** Viele Fremdwörter enthalten ein *th*.
Findest du die acht Wörter?
Schreibe sie in dein Heft.

☆☆☆☆☆☆ th ☆☆  (Tanzlokal)
Th ☆☆☆☆☆☆  (Gegenteil von Praxis)
☆☆☆ th ☆☆☆  (Arzneimittelgeschäft)
Th ☆☆☆☆☆☆☆☆☆  (Temperaturanzeiger)
☆☆☆☆☆☆ th ☆☆  (Bücherei)
☆☆☆☆ th ☆☆  (Wettlauf über 42,2 km)
Th ☆☆☆☆☆☆  (Schauspielhaus)
☆☆ th ☆☆☆☆☆☆  (Lehre vom Rechnen)

**TIPP** **Achte auf die Endungen**
Fremdwörter mit den Endungen
*-age, -ion, -ie, -tät, -eur* sind Nomen.
Man schreibt sie immer groß.
Fremdwörter mit der Endung *-ieren*
sind Verben. Man schreibt sie klein.

# Aufpassen am Zeilenende

**1** **a)** Setzt aus den Silben acht Wörter zusammen. Richtig zusammengesetzt ergeben sie Wörter, die in den Bildern wiedergegeben sind.

**b)** Schreibt die gefundenen Lösungswörter mit Trennungsstrich auf und ordnet sie den Trennungsregeln aus der Info zu:

*U- hu = 2*

**INFO**

**Regeln der Worttrennung**

1. Zusammengesetzte Wörter werden nach Wortbausteinen getrennt:
   *Pro- gramm, voll- auf,*
   *ver- braucht, Laub- frosch ...*
2. Elnfache Wörter werden nach Sprechsilben getrennt:
   *Wa- gen, A- bend, sau- er, Eu- le ...*
3. Bei mehreren Konsonanten kommt der letzte zur zweiten Silbe:
   *Kas- perl, Damp- fer,*
   *Pfos- ten, knusp- rig ...*
4. **Achtung:** *ch, ck, sch, ph* und *th* gelten als ein Konsonant:
   *Ra- che, Zu- cker, wa- schen,*
   *Stro- phe, Ma - the ...*
5. Trenne keine einsilbigen Wörter:
   *Schwamm, Fall, warm, kann ...*

**2** **a)** Schreibe die folgenden Wörter mit Trennungsstrichen auf.

| | | |
|---|---|---|
| Hose | innen | bisschen |
| Uropa | Himmel | bearbeiten |
| Affe | bärenstark | Asphalt |
| Wanduhr | Hocker | bitter |
| warum | feiern | Wache |
| Seeigel | warten | Elefant |
| locken | Wecker | Bauer |
| Oma | Zimmerbrand | Weste |
| herein | platzieren | Pässe |

**b)** Bestimme, nach welcher Regel du getrennt hast. Schreibe die Nummer der jeweiligen Trennregel hinter das Wort.
*Ho- se (2), Ur- opa (1) ...*

**3** Suche selbst fünf Wörter zu jeder Regel und schreibe sie auf.

**4** Schlage die unten stehenden Fachbegriffe und Fremdwörter im Wörterbuch nach und schreibe sie mit Silbentrennungsstrichen auf.

Magnet, Interesse, Konjunktion, Addition, Nationalität, Mikroskop, konkret, Problem, sympathisch, Konstruktion, Diskussion

# Das Komma bei Aufzählungen

Ein guter Freund sollte ehrlich sein viel Zeit für mich haben ein Handy besitzen und spendabel sein. Er sollte kein Streber kein Angeber und kein Superman sein.

Ich suche einen Freund, der sich auch für Computer interessiert Basketball spielt gern Musik hört und Skateboard fährt.

**Was ich von einer guten Freundin/ einem guten Freund erwarte:**
– ehrlich
– ...

**Welche Hobbys er/sie haben sollte:**
– Computer
– ...

**Was ich nicht mag:**
– Angeber
– ...

**1 a)** Sprecht über die hier dargestellten Vorstellungen von einem guten Freund/ einer guten Freundin.
Entsprechen sie auch euren Vorstellungen?
**b)** In den beiden Sprechblasen fehlen fünf Kommas. Schreibt die Sätze ab und setzt die fehlenden Kommas. Lest dazu die Info.

**2 a)** Wie stellst du dir eine gute Freundin oder einen guten Freund vor? Lege stichwortartig einen Steckbrief wie oben an.
**b)** Formuliere deine Stichwörter anschließend aus. Beachte dabei die Kommasetzung bei Aufzählungen.
**c)** Kontrolliert gegenseitig die Kommasetzung in euren Texten.

**INFO**

**Das Komma bei Aufzählungen**
Wenn du Wörter der gleichen Wortart oder Wortgruppen aufzählst, werden sie durch Kommas voneinander getrennt:
*Ein Freund sollte nett, freundlich, höflich und fair sein.*
*Er sollte mit mir Fußball spielen, Hausaufgaben machen, ins Kino gehen und Lehrer ärgern.*
Werden die aufgezählten Wörter oder Wortgruppen durch *und/oder/sowie* verbunden, dann steht kein Komma.

# Das Komma zwischen Hauptsätzen

1. Vor vielen Millionen Jahren lebten Dinosaurier auf der Erde
2. Manche Forscher begründen das Aussterben der Dinos mit einer Klimaveränderung
3. Diese riesigen Tiere lebten in warmen, feuchten Gebieten
4. Den Tieren soll durch die Klimaveränderung allmählich die Nahrung ausgegangen sein
5. Vielleicht sind die Dinos aber auch durch einen Meteoriteneinschlag ausgestorben

oder sie sind durch große Vulkanausbrüche ums Leben gekommen.

doch diese wurden allmählich trocken und kalt.

dies beweisen zahlreiche Knochenfunde und Abdrücke von Spuren.

aber das ist bis heute nicht geklärt.

denn die Wasserpflanzen als ihr Hauptnahrungsmittel verschwanden schließlich vollkommen.

**1** Hier gehören immer zwei Hauptsätze zusammen. Sucht die einzelnen Paare heraus und schreibt sie auf.
(Mehrere Lösungen sind möglich.)
Beachtet die richtige Kommasetzung.
Die Info hilft euch dabei.

**2** Schreibe den Text rechts ab und setze die fehlenden Kommas.

### INFO

**Das Komma zwischen Hauptsätzen**
Zwischen Hauptsätzen kannst du anstelle eines Punktes auch ein Komma setzen. Hauptsätze werden häufig durch die Konjunktionen *und, oder, aber, denn, doch* miteinander verbunden.
*Ich interessiere mich für Dinos,*
*doch leider gibt es heute keine mehr.*
Vor *und* bzw. *oder* muss kein Komma stehen.

**Dinosaurier**
Auf der Erde hat es vor vielen Millionen Jahren tatsächlich Dinosaurier gegeben dies beweisen zahlreiche Knochenfunde sowie weitere Überreste. Der längste Dinosaurier war wahrscheinlich der Brachiosaurier Breviparapus doch das ist heute umstritten. Das Tier soll eine Länge von 48 m gehabt haben aber genau lässt sich dies nicht mehr feststellen denn von dieser Riesenechse wurde nur eine versteinerte Fußspur gefunden. Allerdings sollen in Mexico fast genauso große Tiere gelebt haben Knochenvergleiche ergaben hier eine Länge zwischen 38 m und 45 m. Auch der Tyrannosaurus muss sehr mächtig gewesen sein denn sein Gewicht wird auf 20 Tonnen geschätzt. Die meisten Dinosaurier waren riesengroß doch es gab auch kleinere Tiere von der Größe eines Huhnes.

# Das Komma zwischen Haupt- und Nebensatz

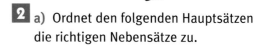

Die Party war ein voller Erfolg weil alle gute Laune mitgebracht hatten. Die Musik war echt stark obwohl wir sie gern noch lauter gedreht hätten. Als der Schulleiter zu Hip-Hop tanzte erreichte die Stimmung ihren Höhepunkt. Schade war nur, dass das Fest so schnell zu Ende ging.

**1** Hier fehlt in jedem Satz ein Komma. Findet heraus, an welchen Stellen die Kommas eingefügt werden müssen. Die Info hilft euch dabei.

**2** a) Ordnet den folgenden Hauptsätzen die richtigen Nebensätze zu.
 b) Schreibt die Sätze auf. Setzt die Kommas.

1. Der Clown verlor die Hose weil sie vor Freude laut quietschte.
2. Der Artist jonglierte mit fünf Flaschen die ihm der Dompteur zuwarf.
3. Das Lama spuckte eine Zuschauerin an als seine Hosenträger rissen.
4. Der Schimpanse turnte am Reck nachdem drei heruntergefallen waren.
5. Der Seehund fing geschickt die Bälle auf während er eine Banane fraß.

## INFO

**Das Komma zwischen Haupt- und Nebensatz**
Haupt- und Nebensatz werden durch Komma voneinander getrennt.

1. Nebensatz **vor** dem Hauptsatz:
   *Da die Party Spaß machte,*
   *blieb ich bis zum Schluss.*
2. Nebensatz **nach** dem Hauptsatz:
   *Ich blieb bis zum Schluss,*
   *da die Party Spaß machte.*
3. Nebensatz **im** Hauptsatz:
   *Ich blieb, da die Party Spaß machte,*
   *bis zum Schluss.*

Ein Nebensatz wird durch eine Konjunktion *(als, nachdem, weil, obwohl, dass ...)* oder durch ein Fürwort (Relativpronomen) *(der, die, das, dessen, dem, den, ...)* eingeleitet.
Lies auch auf Seite 148 nach, woran du einen Nebensatz erkennst.

**3** Schreibt die Sätze ab. Unterstreicht den Nebensatz im Hauptsatz. Setzt zu Beginn und zum Ende des Nebensatzes ein Komma.

1. Der Zirkusdirektor der hinter dem Vorhang stand ging in die Manege.
2. Er dankte dem Publikum das begeistert klatschte herzlich.
3. Am Schluss traten alle Artisten die etwas aufgeführt hatten gemeinsam auf.
4. Sie winkten weil sie sich für den Beifall bedanken wollten dem Publikum zu.

# Immer diese Kommas!

## Einladung zur Party
### An alle Klassen der Kilian-Hauptschule!

Wenn ihr einmal wieder so richtig etwas erleben wollt dann kommt am Donnerstag zu unserer Fete. Ihr werdet sicherlich viel Spaß haben da wir so einiges vorbereitet haben.

Hier einige Kostproben: Gleich zu Beginn der Feier wird Benni seine neue Musikanlage vorstellen. Wir werden das Tanzbein schwingen laut mitsingen und uns amüsieren. Eine Stunde später gibt es allerdings eine kurze Unterbrechung da zu dieser Zeit ein wichtiges Bundesligaspiel im Fernsehen übertragen wird.

Hierfür wird uns von der Schulleitung ein Fernsehgerät zur Verfügung gestellt sodass wir alle zusammen das Spiel live mitverfolgen können. (Ich hoffe dass ihr alle Fußballfans seid!) Aber das ist eigentlich auch egal weil nach dem Spiel die Bombenstimmung ja weitergeht.

Also: Lasst euch die Party nicht entgehen denn ihr würdet wirklich etwas Tolles verpassen!

Bis dann,
euer Christian

---

Liebe Anna,

die Geschichte die ich dir jetzt erzählen werde ist kaum zu glauben. Wie du ja weißt war ich am letzten Wochenende auf einer Party. Da die Feier recht langweilig war hatten wir schon bald keine Lust mehr. Da schlug Sabrina vor dass wir doch kurz in die Eisdiele gehen könnten. Ich war damit einverstanden denn fürs Eisessen bin ich immer zu haben. Ich ging allein in die Eisdiele da Sabrina noch einen Schulkameraden getroffen hatte.

Als ich gerade bestellen wollte stand plötzlich einer von den „Rock Five" neben mir. Natürlich war es der Junge der mir aus der Band ohnehin am besten gefällt. Ich erkannte ihn natürlich sofort. Doch ich blieb ganz cool obwohl ich innerlich sehr aufgeregt war.

Ruhig bestellte ich das Eis nahm das Wechselgeld und verließ die Eisdiele. Erst draußen bemerkte ich dass ich mein Eis vergessen hatte. Also ging ich in den Eissalon zurück und fragte den Verkäufer der etwas entgeistert schaute nach meiner Eiswaffel. Ehe er jedoch etwas erwidern konnte sagte der Typ von den „Rock Five" zu mir: „Du findest dein Eis in deiner Tasche in die du es eben gerade hineingesteckt hast!" Das war vielleicht peinlich oder?

Viele Grüße,
deine Gina

---

**1** Im Text oben fehlen acht Kommas. Schreibt den Text ab und setzt die fehlenden Zeichen.

**2** **a)** In dem Brief rechts fehlen 16 Kommas. Diktiert euch abwechselnd die Abschnitte. Setzt dabei die fehlenden Zeichen. Achtung: Zweimal steht der Nebensatz im Hauptsatz.
**b)** Ihr könnt auch die Copy 28 verwenden und dort die Kommas einsetzen.

# Zeichen für wörtliche Rede

**Witzig! Witzig!**
Die beiden Diebe Harry und Eddy hören während ihres Raubzuges plötzlich eine Polizeisirene.
Laut schreit Eddy Du, Harry, wir müssen verschwinden!
Ich weiß, aber durch die Wohnungstür kommen wir nicht mehr raus. Da steht schon die Polizei entgegnet dieser.
Da schlägt Harry vor Dann müssen wir über den Balkon fliehen!
Bist du verrückt? Wir befinden uns hier im 13. Stock! schreit nun der entsetzte Eddy.
Daraufhin entgegnet Harry ganz entgeistert Eddy, du wirst doch in dieser Situation nicht abergläubisch sein!

**1** a) Schreibt den Witz ab.
b) Unterstreicht alle Begleitsätze und unterstrichelt die wörtliche Rede.
c) Setzt anschließend die fehlenden Satzzeichen (Anführungszeichen, Komma, Doppelpunkt). Lest hierzu die Info.

**2** Schmückt den folgenden Witz aus. Verwendet vorangestellte und nachgestellte Begleitsätze:
*Die Mutter rief Jonas: „Komm ...*

> Mutter: Komm, Jonas, schau dir doch einmal die Familienfotos an!
> Jonas: Wer ist denn die Frau dort?
> Mutter: Das ist Oma, als sie dreißig war.
> Jonas: Und wer ist der Mann mit den langen Haaren und den tollen Muskeln?
> Mutter: Das ist Papa!
> Jonas: Ach, und wer ist dann der Dicke mit der Glatze, der bei uns wohnt?

### INFO

**Zeichensetzung bei wörtlicher Rede**
1. Vorangestellter Begleitsatz:
*Der Dieb schrie: „Du bist gemein!"*
_____**:** „_____**!"**
  Begleitsatz        wörtliche Rede

2. Nachgestellter Begleitsatz
*„Kannst du mir helfen?", fragte er.*
„_____**?"**, _____.
*„Ich will dir helfen", sagte sein Kumpel.*
„_____**",**_____.
  wörtliche Rede        Begleitsatz

Beim nachgestellten Begleitsatz kann die wörtliche Rede mit einem Frage- oder Ausrufezeichen enden, nicht aber mit einem Punkt. Zwischen der wörtlichen Rede und dem nachgestellten Begleitsatz steht immer ein Komma.

# Aufpassen: eingeschobener Begleitsatz

**Gaunereien**

1. Du warst heute Nacht nicht bei der Arbeit ☆ denn heute steht gar nichts von einem Einbruch in der Zeitung!
2. Wieso haben wir uns heute zum letzten Mal gesehen, Herr Richter ☆ gehen Sie etwa in Pension?
3. Wir haben parkende Autos aufgebrochen ☆ weil wir nicht mehr die Jüngsten sind und deshalb fahrende Wagen für uns zu schnell sind.
4. Lieber Herr Wachtmeister ☆ wie soll ich bei dem Tempo das Schild mit der Geschwindigkeitsbegrenzung gesehen haben?
5. Natürlich hat der Dieb während des Verhörs gestanden ☆ oder glauben Sie, ich habe ihm auch noch einen Stuhl angeboten?

erklärt der Temposünder dem Polizisten

wirft die eifersüchtige Gangsterbraut ihrem Mann vor

erzählt der junge Polizist seinem Vorgesetzten

geben die beiden Autodiebe zu

meint der Angeklagte bei Gericht

---

**1** Ergänzt die eingeschobenen Begleitsätze. Achtet beim Aufschreiben auf die richtige Zeichensetzung. Lest dazu die Info.

**INFO**

**Eingeschobener Begleitsatz**

wörtliche Rede    wörtliche Rede
↓                 ↓

*„Bitte“, bat sie ihn, „hör mir mal zu!"*
„————", ————, „————!"
          ↑
eingeschobener Begleitsatz

Vor und nach dem Begleitsatz steht ein Komma.
Das Satzschlusszeichen steht immer vor den letzten Anführungsstrichen.

**Zwei chaotische Diebe**

1. Bist du sicher meint Harry zu seinem Komplizen dass das der richtige Geldschrank ist?
2. Es nervt mich schimpft daraufhin Jimmy dass du an allem zweifelst.
3. Ich hab es ja gleich gewusst schreit Harry schließlich dass der Geldschrank leer ist!
4. Nur die Ruhe bewahren ruft sein Komplize denn hier steht noch ein Schrank.
5. Nun haben wir schon vier Schränke aufgeschweißt beschwert sich Harry und haben noch nicht einen Euro gefunden.
6. Du, Harry flüstert Jimmy kleinlaut ich glaube, wir sind in das Lager einer Geldschrankfabrik eingebrochen!

**2** a) Schreibe die Sätze ab.
   b) Ergänze die fehlenden Satzzeichen. Die Info hilft dir dabei.

# Denken musst du!

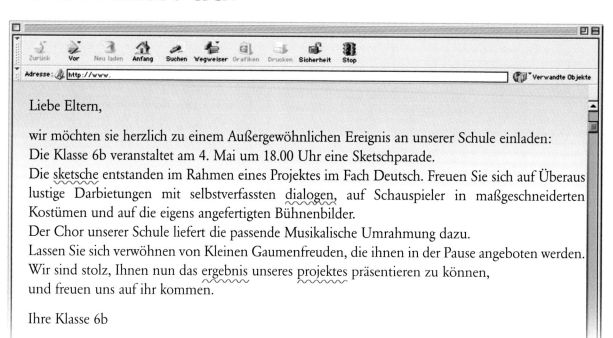

Liebe Eltern,

wir möchten sie herzlich zu einem Außergewöhnlichen Ereignis an unserer Schule einladen:
Die Klasse 6b veranstaltet am 4. Mai um 18.00 Uhr eine Sketschparade.
Die sketsche entstanden im Rahmen eines Projektes im Fach Deutsch. Freuen Sie sich auf Überaus
lustige Darbietungen mit selbstverfassten dialogen, auf Schauspieler in maßgeschneiderten
Kostümen und auf die eigens angefertigten Bühnenbilder.
Der Chor unserer Schule liefert die passende Musikalische Umrahmung dazu.
Lassen Sie sich verwöhnen von Kleinen Gaumenfreuden, die ihnen in der Pause angeboten werden.
Wir sind stolz, Ihnen nun das ergebnis unseres projektes präsentieren zu können,
und freuen uns auf ihr kommen.

Ihre Klasse 6b

**1** Die Rechtschreibprüfung hat in dem Brief
vier Wörter als falsch markiert.
Wie werden diese richtig geschrieben?

**2** Das Programm hat aber noch viele Fehler in
der Groß- und Kleinschreibung übersehen.
a) Überprüft den Text und sucht
die falsch geschriebenen Wörter.
b) Eine große Hilfe für die Großschreibung
bieten Signalwörter.
Schlagt dazu die Info auf Seite 185 nach.
c) Höflichkeitspronomen *(Sie, Ihre)* werden
immer groß geschrieben. Welche wurden in
dem Brief fälschlicherweise klein geschrieben?
Drei Fehler wurden übersehen.

**3** a) Lest die Info.
b) Beurteilt den Nutzen der Rechtschreibprüfung für die Groß- und Kleinschreibung.

## INFO

**Prüfung der Groß- und Kleinschreibung
mit dem Computer**
Das Rechtschreibprogramm besitzt ein
Wörterbuch. Jedes eingegebene Wort wird
damit verglichen. Kann ein Wort nicht
gefunden werden, wird es markiert.
Das Wort ist dann falsch oder ein Wort,
das das Programm noch nicht „kennt".
Das Wörterbuch, mit dem das Programm
arbeitet, kennt fast alle Wörter
groß und klein geschrieben:
*Freuen Sie sich auf überaus
lustige Darbietungen.*
*Überaus lustige Darbietungen ...*
Allerdings erkennt es nicht, wenn eine
Schreibweise falsch verwendet wird:
*Freuen Sie sich auf Überaus lustige
Darbietungen.*
Die Rechtschreibprüfung erkennt nur
Wörter als Fehler, die es klein geschrieben
nicht gibt: *Die sketsche sind entstanden ...*

## Bingo

**Anzahl der Spielerinnen/Spieler:**
3–4 (kann auch mit der ganzen Klasse gespielt werden)

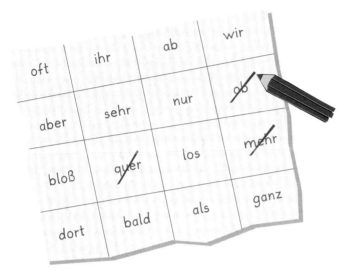

**Material:**
1 Spielplan pro Mitspieler/Mitspielerin

**Herstellung:**
Jeder von euch stellt einen Spielplan mit 4 mal 4 Feldern her.
Legt gemeinsam 16 Übungswörter fest.
Diese Wörter werden nun auf jeden Plan in beliebiger Reihenfolge übertragen.

**Spielanleitung:**
Ein Kind übernimmt die Spielleitung und liest die Wörter aus seinem beschrifteten Spielplan vor.
Die anderen streichen diese Wörter auf ihren Plänen durch.
Gewonnen hat, wer zuerst eine Reihe von oben nach unten oder von links nach rechts oder schräg über den Spielplan ausgestrichen hat.

## Wörtersuchspiel

**Anzahl der Spielerinnen/Spieler:**
2

**Material:**
2 selbst gemachte Spielvorlagen

**Herstellung:**
Jedes Kind zeichnet auf Karopapier ein Feld von 10 mal 10 Feldern und trägt waagerecht und senkrecht 10–15 rechtschreibschwierige Wörter ein. Die Lücken werden dann mit beliebigen Buchstaben ausgefüllt.

**Spielanleitung:**
Die ausgefüllten Spielvorlagen werden ausgetauscht. Jeder sucht die versteckten Wörter und streicht sie an.

## Dosendiktat

In einer Dose befinden sich mehrere Streifen.
Auf jedem Streifen steht ein Satz.
- Hole alle Streifen aus der Dose.
- Nimm einen Streifen.
- Lies ihn genau durch.
- Drehe den Streifen um und schreibe
  den Satz auswendig in dein Heft.
- Vergleiche deinen geschriebenen Satz
  mit dem Satzstreifen.
- Verbessere falsch geschriebene Wörter.
- Lege den Satzstreifen in die Dose zurück.
- Übe auf diese Weise mit mehreren Satzstreifen.

## Schnipseldiktat

In kleinen Gruppen werden Problemwörter geübt.
- Jedes Kind in der Gruppe schreibt
  fünf Problemwörter aus seiner Fehlerkartei
  auf einen kleinen Zettel oder Schnipsel.
- Die Schnipsel werden umgedreht
  in die Mitte des Gruppentisches gelegt.
- Nummeriert die Schnipsel durch.
- Zieht einen Schnipsel, merkt euch
  die Wörter, legt den Schnipsel zurück
  und schreibt die Wörter auf.
- Notiert euch die dazugehörige Nummer
  des Schnipsels.
- Korrigiert eure Wörter gegenseitig.

## Partnerdiktat

- Je zwei arbeiten zusammen.
- Beide lesen den Text gründlich durch.
- Einigt euch, wer den ersten Satz diktiert.
- Diktiert werden zusammengehörende
  Wortgruppen von drei bis vier Wörtern.
- Wer schreibt, spricht diese Wörter leise nach.
- Jetzt wird die Wortgruppe aufgeschrieben.
- Jeder niedergeschriebene Satz wird sofort
  kontrolliert.
- Anschließend tauscht ihr die Rollen:
  Wer geschrieben hat, diktiert dem anderen
  den zweiten Satz.

**A**
- ⚀ Auf der <u>ganzen</u> <u>Welt</u> spielt das Wetter <u>zurzeit</u> <u>verrückt</u>.
- ⚁ In einigen <u>südlichen</u> <u>Ländern</u> sind die Winter <u>sehr</u> kalt.
- ⚂ In <u>Mitteleuropa</u> hat es schon lange keinen <u>strengen</u> Winter <u>mehr</u> gegeben.
- ⚃ Und <u>meistens</u> sind in unseren <u>Breitengraden</u> auch die Sommer <u>sehr</u> <u>heiß</u>.
- ⚄ <u>Außerdem</u> ist es in der warmen <u>Jahreszeit</u> <u>viel</u> zu <u>trocken</u>.
- ⚅ Das hat <u>zur Folge</u>, dass die <u>Trinkwasserreserven</u> fast aufgebraucht werden.

**B**
- ⚀ Den Menschen machen <u>besonders</u> die <u>Temperaturwechsel</u> <u>zu schaffen</u>.
- ⚁ <u>Plötzliche</u> <u>Kopfschmerzen</u> und <u>Kreislaufstörungen</u> <u>überkommen</u> sie <u>auf einmal</u>.
- ⚂ Auch die Natur ist <u>ziemlich</u> stark von den <u>Klimaschwankungen</u> betroffen.
- ⚃ Im Januar, bei teilweise <u>zehn</u> <u>Grad</u>, treiben <u>Bäume</u> und <u>Sträucher</u> <u>Knospen</u>.
- ⚄ <u>Vier</u> Wochen später kann es <u>passieren</u>, <u>dass</u> wieder Schnee fällt.
- ⚅ Die <u>Klimaforscher</u> stehen vor einem <u>Rätsel</u>.

**C**
- ⚀ Tina, Nina und Paulina <u>beschlossen</u>, <u>endlich</u> Nägel mit Köpfen <u>zu machen</u>.
- ⚁ Das ewige <u>Spielen</u> am <u>Computer</u> hatten sie satt.
- ⚂ Zuerst <u>fiel</u> <u>ihnen</u> <u>nichts Richtiges</u> <u>stattdessen</u> ein.
- ⚃ Doch <u>dann</u> hatte Tina die <u>Idee</u>:
- ⚄ „<u>Lasst</u> uns einen <u>Freizeitclub</u> gründen!"
- ⚅ Ihre <u>Freundinnen</u> waren gleich Feuer und Flamme.

**D**
- ⚀ <u>Zunächst</u> <u>mussten</u> sie einen <u>Termin</u> für ein <u>regelmäßiges</u> Treffen finden.
- ⚁ <u>Dann</u> <u>wollten</u> sie auch noch einen <u>Sportverein</u> um <u>Unterstützung</u> bitten.
- ⚂ Sie <u>veröffentlichten</u> <u>ihr Vorhaben</u> <u>kurze</u> Zeit später in der Schülerzeitung.
- ⚃ <u>Daraufhin</u> <u>bekamen</u> die drei Mädchen <u>unzählige</u> Rückmeldungen.
- ⚄ Wie sich <u>herausstellte</u>, hatten <u>viele</u> nur auf eine solche <u>Aktion</u> gewartet.
- ⚅ Tina, Nina und Paulina <u>konnten</u> mit <u>ihrem</u> Erfolg <u>außerordentlich</u> <u>zufrieden sein</u>.

**E**
- ⚀ <u>Früh</u> <u>am Morgen</u> sollte es <u>endlich</u> <u>losgehen</u>.
- ⚁ Die <u>Familie</u> wollte <u>zum ersten Mal</u> seit langer Zeit in den <u>Urlaub</u> fahren.
- ⚂ Alle <u>waren</u> am <u>Frühstückstisch</u> <u>ziemlich</u> aufgeregt.
- ⚃ Ein <u>bisschen</u> Angst hatten sie schon, <u>etwas Wichtiges</u> zu <u>vergessen</u>.
- ⚄ Sie gingen noch <u>einmal</u> durch alle <u>Räume</u>.
- ⚅ Doch <u>ihnen</u> <u>fiel</u> <u>nichts</u> auf.

**F**
- ⚀ Später als <u>geplant</u> <u>fuhren</u> sie Richtung <u>Autobahn</u>.
- ⚁ Nach <u>fünfzehn</u> Minuten <u>schrie</u> Mark, der <u>Jüngste</u>, laut auf.
- ⚂ „Wir <u>müssen</u> sofort <u>umkehren</u>", stammelte er <u>aufgeregt</u>.
- ⚃ „Wir haben Willy, meinen Hamster, <u>zu Hause</u> <u>gelassen</u>."
- ⚄ Seine Mutter <u>konnte</u> <u>ihn</u> <u>beruhigen</u>:
- ⚅ „Unsere <u>Nachbarin</u> <u>pflegt</u> Willy, <u>solange</u> wir <u>weg</u> sind."

# Laut

## Konsonant (Mitlaut)

*b, c, d, f, g, h, j, k, l, m, n, p, qu, r, s, t, u, v ...*
**Doppelkonsonant:** *ff, ll, mm, nn, pp, tt ...*

## Vokal (Selbstlaut)

*a, e, i, o, u*
**Doppelvokal:** *aa, ee, oo.*

## Doppellaut

*au, eu, ei, äu, ai ...*

## Umlaut

*ä, ö, ü*

# Wort

## Silben

**Einsilbige Wörter:** *Haus, bunt, laut.*
**Mehrsilbige Wörter:** *ges-tern, Te-le-fon.*
Die neue Silbe beginnt immer mit einem
Konsonanten. Man gebraucht diese
Sprechsilben beim Trennen von Wörtern.
S. 207

## Wortstamm

Viele Wörter haben einen gemeinsamen
Wortstamm, z. B. *-fahr-* in: *fahren, Gefahr,
wegfahren.*

## Wortableitungen

Durch Wortbausteine lässt sich der Wortstamm erweitern.
**Vorangestellte Wortbausteine** verändern die
Bedeutung der Wörter:
*anfahren, wegfahren, Rückfahrt.*
**Nachgestellte Wortbausteine** geben Hinweise auf
die Wortart und damit auf die Groß- und Kleinschreibung: *fahren, gefährlich, Fahrer.*
S. 150–151

## Wortzusammensetzungen

Wörter, die aus Wörtern zusammengesetzt sind:
*Pferde + Buch = Pferdebuch,*
*Pfeil + schnell = pfeilschnell.*
Das **Bestimmungswort** (*das Pferdebuch*)gibt die
genaue Bedeutung der Zusammensetzung an.
Das **Grundwort** (*das Pferdebuch*) legt die Grund-
bedeutung der Zusammensetzung fest und be-
stimmt die Wortart. Bei Zusammensetzungen aus
zwei Nomen richtet sich der Artikel nach dem
Grundwort. S. 150

## Wortfamilie

Wörter, die einen gemeinsamen Wortstamm
haben, bilden eine Wortfamilie. Verwandte Wörter
werden meistens gleich geschrieben:
*fahren, du fährst, er fuhr, Fähre.* S. 152–153

## Wortfeld

Wörter der gleichen Wortart, die eine ähnliche
Bedeutung haben, bilden ein Wortfeld.
*gehen: rennen, laufen, humpeln ...* S. 154–155

## Ober- und Unterbegriff

Oberbegriffe sind allgemeiner, Unterbegriffe
haben eine engere Bedeutung.
**Oberbegriff:** *Gewürz*
**Unterbegriff:** *Paprika, Kümmel, Salz, Curry*
S. 158

## Vergleich

Mit der Sprache kann man vergleichen und dadurch etwas anschaulich darstellen: *Ali kämpfte
wie ein Löwe. Sie schoss pfeilschnell davon.*
Vergleiche findet man auch in Redensarten wie
z. B. *den Kopf in den Sand stecken.* Dabei ist
nicht die wörtliche Aussage gemeint, sondern die
übertragene Bedeutung: jemand will nichts hören
oder sehen, so als hätte er den Kopf im Sand.
Da Vergleiche sehr anschaulich sind, spricht man
auch von sprachlichen Bildern.
S. 79, S. 94, S. 160

# Wortarten

## Nomen (Namenwort)

Wortart, mit der Lebewesen (Menschen, Tiere, Pflanzen) und Gegenstände sowie Gedachtes und Gefühle bezeichnet werden:
*Mädchen, Haus, Ferien, Spaß, Angst.*
Die meisten Nomen können im **Singular** (Einzahl: *die Lampe*) oder im **Plural** (Mehrzahl: *die Lampen*) gebraucht werden.
Bei der Beugung des Nomens unterscheidet man folgende Fälle:
**1. Fall (Werfall)**
*Das Mädchen liest.*
**2. Fall (Wessenfall)**
*Das Buch des Mädchens ist spannend.*
**3. Fall (Wemfall)**
*Das Buch gefällt dem Mädchen.*
**4. Fall (Wenfall)**
*Die Mutter ruft das Mädchen.*
S. 117–118

## Artikel (Begleiter)

Der Artikel gibt das Geschlecht des Nomens an:
*der Spaß* (männlich), *die Angst* (weiblich),
*das Mädchen* (sächlich).
**Bestimmter Artikel:** *der, die, das.*
**Unbestimmter Artikel:** *ein, eine, ein.*

## Adjektiv (Eigenschaftswort)

Wortart, mit der man Eigenschaften von Lebewesen, Dingen und Tätigkeiten genau beschreibt: *groß, langsam, eckig.*
Die meisten Adjektive können gesteigert werden:
*groß – größer – am größten.*
S. 127

## Pronomen (Fürwort)

Das **Personalpronomen** (persönliches Fürwort) steht stellvertretend für Personen oder Sachen:
*ich, du, er, sie, es, wir, ihr, sie.*

Das **Possessivpronomen** (besitzanzeigendes Fürwort) gibt an, wem etwas gehört:
*mein, dein, sein, unser, euer, ihr.*
S. 119–120

## Verb (Zeitwort)

Das Verb gibt an, was geschieht oder getan wird.
**Infinitiv (Grundform):** *spielen, lernen, schlafen.*
Die Endung der gebeugten Form richtet sich danach, wer etwas tut: *Ich lerne. Sie spielen Ball. Schläfst du schon?*
**Zeitformen:**
**Präsens (Gegenwart):** *Ich lerne English.*
**Präteritum (1. Vergangenheit):**
*Ich lernte Englisch.*
**Perfekt (2. Vergangenheit):**
*Ich habe Englisch gelernt.*
*Ich bin nach Hause gelaufen.*
**Plusquamperfekt (3. Vergangenheit):**
*Nachdem ich Englisch gelernt hatte, hörte ich auf.*
**Futur (Zukunft):**
*Ich werde Englisch lernen.*
*Ich werde nach Hause laufen.*
S. 121–126

## Präposition (Verhältniswort)

Präpositionen bestimmen den Fall des folgenden Nomens oder Pronomens:
*während des Regens* (2. Fall);
*mit seinem Schirm* (3. Fall);
*ohne seinen Schirm* (4. Fall).
Präpositionen und Artikel können verschmelzen:
*am = an dem, beim = bei dem, ins = in das.*
S. 128–130

## Konjunktion (Bindewort)

Wortart, die Wörter, Wortgruppen oder Sätze miteinander verbindet: *und, oder , aber, denn, doch, weil, nachdem, als, dass, obwohl ...*
S. 131–132

# Satz

## Satzglieder

Satzglieder nennt man Teile eines Satzes, die bei der **Umstellprobe** zusammenbleiben.
Ein Satzglied kann aus einem oder aus mehreren Wörtern bestehen.

*Eva begrüßt in der Schule ihre Freundin Ayse.*
*In der Schule begrüßt Eva ihre Freundin Ayse.*
*Ihre Freundin Ayse begrüßt Eva in der Schule.*
S. 133

## Subjekt (Satzgegenstand)

Das Satzglied gibt an, wer etwas macht.
Frage: Wer oder was?
*Renate bringt ihrer kranken Freundin die Hausaufgaben.*
S. 135–136

## Prädikat (Satzaussage)

Das Prädikat wird mit Verben gebildet. Es beschreibt, was jemand tut oder was geschieht.
Frage: Was tut (tun) …? Was geschieht?
*Renate bringt ihrer kranken Freundin die Hausaufgaben.*
Das Prädikat kann zweiteilig sein:
*Renate hat ihrer kranken Freundin die Hausaufgaben gebracht.*
*Wann kommt Renate bei ihrer Freundin an?*
S. 134

## Objekt (Satzergänzungen)

Das Objekt ergänzt das Prädikat.
**Objekt im 3. Fall:**
Frage: Wem?
*Renate bringt ihrer kranken Freundin die Hausaufgaben.*
**Objekt im 4. Fall:**
Frage: Wen oder was?
*Renate bringt ihrer kranken Freundin die Hausaufgaben.*
S. 137–139

## Angaben (Adverbialien)

**Angaben des Ortes:**
Frage: Wo? Wohin? Woher?
*Renate bringt ihrer kranken Freundin die Hausaufgaben nach Hause.*
**Angaben der Zeit:**
Frage: Wann? Wie lange? Seit wann?
*Renate bringt heute ihrer kranken Freundin die Hausaufgaben nach Hause.*
**Angabe des Grundes:**
Frage: Warum? Weshalb? Weswegen?
*Renate bringt wegen der kommenden Klassenarbeit heute ihrer kranken Freundin die Hausaufgaben nach Hause.*
**Angabe der Art und Weise:**
Frage: Wie?
*Renate bringt wegen der kommenden Klassenarbeit heute ihrer kranken Freundin die Hausaufgaben schnell nach Hause.*
S. 140–143

## Satzarten

**Aussagesatz:** *Wir spielen heute Basketball.*
**Fragesatz:** *Wer von euch spielt mit?*
**Aufforderungssatz:** *Spiel doch ab!*
**Ausrufesatz:** *Das hast du super gemacht!*

## Satzverknüpfungen

Sätze können mit **Konjunktionen (Bindewörter)** wie *und, oder, denn, als, wenn, weil, obwohl, nachdem* … verknüpft werden.
Wenn Hauptsätze miteinander verbunden werden, spricht man von einer **Satzreihe:**
*Ayse erzählt einen Witz und Peter lacht.*
Verbindet man einen **Hauptsatz** mit einem **Nebensatz** entsteht ein **Satzgefüge:**
*Peter lacht laut, als Ayse einen Witz erzählt.*

Der **Hauptsatz** ist für sich verständlich.

Der **Nebensatz** wird durch ein Bindewort eingeleitet. Er ergibt alleine keinen Sinn.

S. 146–149

# Stichwortverzeichnis

# Texte

18    Astrid Lingren, *Ronja Räubertochter,*
© Verlag Friedrich Oetinger, Hamburg 2002
(Textauszug aus dem 9. Kapitel)

25    Astrid Lingren, *Ronja Räubertochter*
© Verlag Friedrich Oetinger, Hamburg 2002
(Textauszug aus dem 16. Kapitel)

27    *Die Rose von Jericho;* aus: GEOlino, Heft 3,
© Gruner + Jahr AG & Co., Hamburg 2003

37    *Die Kilianimesse;* aus: Werner Dettelbacher,
Die Kilianimesse zu Würzburg, Echter Verlag,
Würzburg 1977

60    *Der Hundebiss;* aus: Dietmar M. Woesler, Spiele,
Feste, Gruppenprogramme, S. Fischer Verlag,
Frankfurt/Main1978

70    *Flugkünstler;* aus: Löwenzahn-Kinderlexikon,
Terzio, © Möllers & Bellinghausen Verlag GmbH,
München 2000

74    Heribert Haberhausen, *Bitterschokolade; aus:*
*Neues Vorlesebuch Religion – Geschichten für*
*Kinder von 6–14, hrsg. von Dietrich Steinwede,*
*Ernst Kaufmann Verlag, Lahr 1996*

76    *KROKODIL, GIRAFFE, VERLASSEN;* aus: Sprachbastelbuch, hrsg. von Hans Domenego u. a.,
Verlag Jugend und Volk, Wien und München 1975

76    Timm Ulrichs, *Ebbe und Flut/ordung – unord-*
*nung;* aus: Konkrete Poesie – Deutschsprachige
Autoren, hrsg. von Eugen Gomringer, Verlag
Philipp Reclam jun., Stuttgart 1972

77    Renate Welsh, *Die Wand/Die Brücke;* aus:
Sprachbastelbuch, hrsg. von Hans Domenego
u. a., Verlag Jugend und Volk, Wien und München
1975
Christian Morgenstern, *Die Trichter;* aus:
Clemens Hesselhaus (Hrsg.), Jubiläumsausgabe
in vier Bänden, Band I, © Piper Verlag, München
1979
*Die Pyramide;* aus: Klaus Ensikat, Füchse, Fez
&Firlefanz, Rowohlt Taschenbuch Verlag GmbH, R
Reinbek bei Hamburg, 1992

78    Joachim Ringelnatz, *Die Ameisen;* aus:
Ringelnatz in kleiner Auswahl als Taschenbuch,
Karl H. Hensel Verlag, Berlin 1955
Heinz Erhardt, *Knabe mit erkältetem Käfer;*
aus: Heinz Erhardt, Satirliches und himmlicher
Käse, © Fackelträger-Verlag, Oldenburg 1999
Joachim Ringelnatz, *Ein männlicher Briefmark;*
aus: und aufeinmal steht es neben dir, © Karl H.
Hensel Verlag, Berlin 1980

79    Lulu von Strauß und Torney, *Löwenzahn;* aus:
Neue Balladen und Lieder, © Diederichs Verlag,
Jena und Düsseldorf o. J

80    Erwin Moser, *Gewitter;* aus: Hans Joachim
Gelberg (Hrsg.), Überall und neben dir, © Beltz
Verlag, Programm Beltz & Gelberg, Weinheim
und Basel 1986

82    Äsop, *Das Schilfrohr und die Eiche;* aus: Fabeln
von Äsop und Äsopische Fabeln des Phädrus,
© Goldmann Taschenbuchverlag, München 1959

86    *Der Teufelsfelsen und die Teufelskanzel;* www.
altmuehltal.de/bad-abbach/loewendenkmal.htm

87    *Knödelsage von Deggendorf;* aus: Ingrid Bolte/
Marie Luise Hoffmann/Renate Könke,
Die Schwarzen Führer/Niederbayern – Oberpfalz,
© Eulen Verlag Harald Gläser, Freiburg i. Br. 2000
(Text verändert)

96    *Das Ei des Kolumbus;* aus: Friedrich Wilhelm
Foerster, Jugendlehre, Rainer-Verlag, Berlin 1904
(Text verändert)

125    Bruno Horst Bull, *Ein schlechter Schüler;* aus:
B. H. B., Eine Katze ging ins Wirtshaus, W. Heyne
Verlag, München 1972

163    Seite aus: Unser Wortschatz, Wolfgang
Menzel/Günter Rudolph (Hrsg.) Westermann
Schulbuchverlag, Braunschweig 1997

165    Stichwort *laufen;* aus: Duden – Die deutsche
Rechtschreibung, Dudenverlag, © Bibliographi-
sches Institut & F. A. Brockhaus AG, Mannheim
2004

# Abbildungen